高职高专经济管理类精品规划教材

BASIC ACCOUNTING

基础会计

刘春应　郭梦茜 ◎ 主编

上海财经大学出版社
SHANGHAI UNIVERSITY OF FINANCE & ECONOMICS PRESS
上海学术·经济学出版中心

图书在版编目(CIP)数据

基础会计/刘春应,郭梦茜主编. —上海:上海财经大学出版社,2024.1
高职高专经济管理类精品规划教材
ISBN 978-7-5642-4255-8/F.4255

Ⅰ.①基… Ⅱ.①刘… ②郭… Ⅲ.①会计学—高等职业教育—教材
Ⅳ.①F230

中国国家版本馆 CIP 数据核字(2023)第 190242 号

□ 策划编辑　陆迎东　陈　佶
□ 责任编辑　朱晓凤
□ 封面设计　贺加贝

基础会计

刘春应　郭梦茜　主编

上海财经大学出版社出版发行
(上海市中山北一路 369 号　邮编 200083)
网　　址:http://www.sufep.com
电子邮箱:webmaster@sufep.com
全国新华书店经销
上海颛辉印刷厂有限公司印刷装订
2024 年 1 月第 1 版　2024 年 1 月第 1 次印刷

787mm×1092mm　1/16　18.25 印张　307 千字
定价:56.00 元

前　　言

基础会计是会计类专业的入门课程，也是高等院校经济管理类相关专业的基础课程。本书编写以二十大精神为引领，以优化职业教育为定位，以找准职业教育支撑国家全面现代化、民族全面复兴和人的全面发展为着力点，按照工学结合、理实一体的教育思想，立足会计岗位技能、知识与素质需要，根据最新版《企业会计准则》和增值税改革有关政策，结合财务工作核算实例安排教学内容。旨在通过课程教学，使学生掌握基本的会计知识与技能，为提高学生综合素质，培养他们成为高素质的财务会计人才，打下一定的会计理论和实践技能基础。

本书主要体现以下特色：

一、在教学内容的选取上，根据高等教育特点和基础会计课程的培养目标，本书对教学内容的设置以实用性为准，力求突出课程教学的系统性、应用性和综合性。充分体现了培养学生职业岗位能力的需要，合理把握会计理论知识的难度，做到深入浅出，注重对基本理论知识和实践技能的培养。在阐述基本理论时，通过实例进行讲解，易学易懂，易于操作，充分提高学生的学习兴趣，为后续学习会计专业课程打下坚实的基础。

二、在教材编写上，本书设有知识目标、能力目标、素质目标、任务寻入、任务活动等模块，并且每章都配有课后练习题，以供学生思考和练习，以丰富的内容形式提升教学效果，拓宽学生视野。

三、教材在技术应用上，充分与现代信息技术相结合。在继承传统教材优点的同时，整合教学资源的多媒介、多形态、多层次展示的特点，具有开放性与动态性。

本书共设十个项目，包括认识会计与会计职业、运用会计恒等式、复式记账、核算企业经济业务、填制和审核会计凭证、填写会计账簿、清查财产、编制会计报表、选择会计核算组织程序、管理会计档案。

本书由刘春应、郭梦茜担任主编，副主编为李琳、刘佳佳、王利，参编人员为牛佳、张梦影、魏玮萍。

本书为河南测绘职业学院高职会计专业立体化教材项目成果，适用于高职高专院校、成人高校会计类专业及经济管理类专业的教学，也可供自学者参考。

由于编者水平有限，加之时间仓促，难免出现疏忽，恳请各位专家及读者批评指正。

编　者

2024年1月

目　　录

项目一

认识会计与会计职业

学习目标

知识目标

1. 熟悉会计的概念、基本特征和职能。
2. 了解会计的发展阶段。
3. 理解会计的目标、前提和工作技术方法。
4. 了解会计职业的概念与特点。
5. 了解会计的职场环境。

能力目标

1. 能解释说明会计的前提与核算基础。
2. 能对会计的职业生涯进行初步规划。

素质目标

1. 培养对会计及会计职业的认同感。
2. 具备基本的会计从业素质和职业道德。

项目描述

会计实践需要会计相关理论的指导，了解并掌握一定的会计基本知识，这是做好会计工作的必要基础。认识会计职业，了解会计职业相关知识，有助于进行职业生涯规划。

本项目主要介绍会计与会计职业的入门知识，包括会计的概念、基本特征和职能，会计的发展阶段，会计的目标、前提和工作技术方法，会计职业的概念与特点，以及会计的职场环境。

任务一　认识会计

【任务导入】

会计与我们的日常生活、学习和工作有密切的关系，在还没有接触基础会计之前，有些人可能已经同会计打过交道，如曾见过银行支票、机打发票等会计凭证，还有的人家里可能有人在从事会计职业。但问到会计是什么，有些人也许会说：会计就是写写算算。那从学科或专业的角度思考，会计是什么呢？对我们有哪些作用呢？

【知识精编】

一、会计的概念和基本特征

会计的概念与基本特征

（一）会计的概念

会计是以货币为主要计量单位，采用专门的方法，对一定主体的经济活动或者业务收支活动进行综合、全面、系统、连续的核算和监督，以提供经济信息和反映受托责任履行情况为主要目的的经济管理工作。

会计已经成为现代企业的一项重要的管理工作。企业的会计工作主要是通过一系列会计程序，对企业的经济活动和财务收支进行核算和监督，不仅反映企业财务状况、经营成果和现金流量，还反映企业管理层受托责任履行情况，为会计信息使用者提供对决策有用的信息，并积极参与经营管理决策，提高企业经济效益，促进市场经济健康有序发展。

会计按其报告对象的不同，又可分为财务会计和管理会计。财务会计主要侧重于向企业外部关系人提供有关企业财务状况、经营成果和现金流量情况等过去信息；管理会计主要侧重于向企业内部管理者提供进行经营规划、经营管理、预测决策所需的未来信息。

（二）会计的基本特征

1. 会计以货币为主要计量单位

经济活动中常用的计量单位有三种：实物计量单位（如千克、吨、件等）、劳动计量单位（如天、小时等）、货币计量单位。前两种计量单位都能够具体反映各项财产、物资的增减变动和生产过程中的劳动消耗，对核算和经济管理都是必要的，但都不能综合反映会计的内容。会计要求运用多种计量单位，且以货币计量单位为主，综合使用实物计量单位和劳动计量单位，以全面地、系统地反映和监督特定单位的财产物资、财务收支、生产过程中的劳动消耗和成果，并计算出最终财务成果。因此，以货币为主要计量单位，综合反映特定单位的经济活动情况，是现代会计的一个重要特点。

2. 会计采用一系列专门的方法和程序

国家对会计核算制定了一系列的法律、法规和制度，有一套科学完整的专门核算方法。因此，主体在进行会计核算时要按照规定的核算方法进行，只有这样，才能保证会计核算信息的合法性、一致性和可比性。

3. 会计核算具有综合性、全面性、系统性和连续性

综合性是指会计将大量零星、分散的数据，加以分类、汇总并用货币金额反映，使之成为有用的信息。全面性是指会计在反映经济业务时，要全面反映、分文不漏。系统性是指会计在反映经济业务时，要按经济业务性质的不同，分门别类地进行登记反映。连续性是指按业务发生的时间顺序逐笔、逐日记录，不能中断。

4. 会计是一个经济信息系统

人类发明并不断丰富和完善会计的目的在于借助其对经济活动进行控制，提高经济效益。会计将企业分散的经济活动的各种数据转化为货币化的会计信息，供有关各方了解企业的基本情况，并作为企业内部、外部利益相关者进行相关经济决策的重要依据。

二、会计的发展阶段

会计是随着社会生产的发展和加强管理的要求而产生的，并随着社会经济，特别是市场经济的发展和科学技术的进步而不断完善、提高。物质资料的生产是人类社会存在和发展的基础。人们进行生产活动时，总是力求以尽可能少的劳动耗费，取得尽可能多的劳动成果，做到所得大于所费，提高经济效益。为达到这一目的，人们在社会生产中

除了不断采用新技术、新工艺，还必须对劳动过程进行组织和规划，同时对劳动耗费和劳动成果进行记录和计算，并将计算的结果与以往的结果或他人的结果进行比较和分析。这种对所得与所费进行记录和比较的要求，正是会计产生的前提。随着人类社会的发展，会计也由简单的记录和计算逐渐发展成以货币为单位来综合核算和监督单位经济活动的一种经济管理工作。整体来说，会计的发展可划分为古代会计、近代会计和现代会计三个阶段。

(一)古代会计阶段

会计的产生始于人类社会的生产早期，它最初只是生产职能的附带部分，在古希腊、古巴比伦曾有在树木、石头上刻记符号的会计遗迹。我国上古时期，尚无文字，人们"结绳记事""刻契记数"，这是会计产生的萌芽。那时只是"生产职能的附带部分"，没有统一的计量尺度和记账方法，只是人类的原始计量和记录行为。

古代会计经历了漫长的发展过程。在我国西周时期，就出现了"会计"一词。西周王朝设立了专门管理钱粮赋税的官员——司会，并对财物收支采取"月计岁会"(零星算之为计，总合算之为会)的方法。唐、宋两代是我国古代会计全面发展的时期，出现了"四柱结算法"，通过"旧管(期初结存)＋新收(本期收入)＝开除(本期支出)＋实在(期末结存)"的平衡公式进行结账，结算本期财产物资增减变化及其结果，这是我国会计学科发展的一个重大成就，它为我国通行多年的收付记账法奠定了理论基础。明、清两代，会计工作者又在"四柱结算法"原理的启发下，设计了"龙门账"的会计核算方法。而后随着货币经济的发展和资本主义经济关系的萌芽，民间商业界出现了"四脚账"，标志着我国的会计由单式记账法向复式记账法过渡。

我国的记账方法一度在世界上处于领先地位，但在几千年的封建社会中，自给自足的自然经济始终占主导地位，阻碍了生产力的发展，也使会计的发展随之滞后，并逐渐落后于西方资本主义国家。

(二)近代会计阶段

近代会计的发展是以欧洲工业革命和资本主义商品经济的发展为背景的。1494年，意大利的卢卡·帕乔利所著的《算术、几何比及比例概要》一书确立了复式记账法，该书是公认的第一部会计理论著作。因此，复式记账法的产生被称为会计发展史上的一个重要里程碑。随后，以借贷记账法为代表的复式记账法相继传至世界各国，并在实践中不断发展和完善，直至今日仍被世界绝大多数国家所采用。

中华人民共和国成立后，我国一度是工业企业采用借贷记账法，商业企业采用增减记账法，行政事业单位采用收付记账法。后来经过一系列的修订和实施，企业记账开始统一使用借贷记账法，从而使我国的会计工作既能满足管理上的需要，又能适应改革开放不断深入发展的要求。

（三）现代会计阶段

现代会计阶段是指20世纪50年代以后的时期。这一时期科学技术的高速发展以及现代管理科学的进步，极大地推动了现代会计的发展。首先，由于计算机在会计上的应用，会计的技术方法发生了质的飞跃，由手工簿记系统发展为信息化系统；其次，由于生产和管理科学的飞速发展，作为对内报告会计的管理会计产生，从而使传统会计逐步分化为财务会计和管理会计两大分支。

随着会计与信息技术、网络技术相结合，管理信息系统实现了综合化、系统化。现在，云记账、财务共享、数字化、人工智能等新的会计技术、方法和组织形式的出现，扩大了会计信息的应用范围，提高了会计信息的精确性和及时性，为会计职能充分发挥作用创造了有利条件。

三、会计的职能

会计职能

会计职能是会计在经济管理中所具有的功能。会计的基本职能是会计核算和会计监督。

（一）会计的核算职能

会计的核算职能，又称反映职能，是指会计运用一系列专门方法对经济活动过程及其结果进行确认、记录、计量和报告，最后以财务会计报告的形式进行总结，并报告给有关各方。会计核算贯穿于经济活动的全过程。从核算时间看，既包括事后的核算，也包括事前、事中的核算；从核算的内容看，既包括记账、算账、报账，又包括预测、分析和考核。

（二）会计的监督职能

会计的监督职能，是指以一定的标准和要求利用会计核算所提供的信息对各单位的经济活动或会计事项的真实性、合法性、合理性进行审查，从而达到有效的指导、控制和调节，以实现预期的目的。

会计核算和监督两者不可分割，相辅相成。核算是监督的基础，没有核算就无法进行监督，只有正确地进行核算，监督才有真实可靠的依据；而监督是核算的继续，只有严格地进行监督，核算所提供的数据资料，才能在经济管理中发挥更大的作用。

随着经济的发展，会计的职能也在不断拓展，在核算和监督经济活动的基础上，会计还发挥着预测经济前景、参与经济决策、评价经营业绩的职能。会计预测是根据财务会计报告等提供的信息定量或者定性地判断和推测经济活动的发展变化规律，以指导和调节经济活动，提高经济效率。会计决策是根据财务会计报告等提供的信息，运用定量和定性分析方法，对备选方案进行经济可行性分析，为企业经营管理等提供对决策有用的信息。会计评价是利用财务会计报告等提供的信息，采用适当的方法，对企业一定经营期间的资产运营、经济效益等经营成果，对照相应的评价标准，进行定量及定性对比分析，做出真实、客观、公正的综合评判。

四、会计的目标、前提与工作技术方法

（一）会计的目标

会计目标是指在一定的会计环境下，人们期望通过会计活动所要达到的境地或结果。会计目标取决于相关的会计环境，尤其是相关会计环境中会计信息使用者的特征。一般来说，有什么样的会计环境，就有什么样的会计信息使用者，从而就有什么样的会计目标。

根据《企业会计准则——基本准则》的定位，“财务会计报告的目标是向企业财务会计报告使用者（包括投资者、债权人、政府及相关部门和社会公众等）提供与企业财务状况、经营成果和现金流量等有关的会计信息，反映企业管理层受托经济责任的履行情况，有助于财务会计报告使用者作出经济决策”。

（二）会计的前提

会计的前提

会计基本假设是会计确认、计量和报告的前提，是对会计核算所处范围、时间环境等所作的合理设定。会计基本假设包括会计主体、持续经营、会计分期和货币计量。

1. 会计主体

会计主体是指会计所核算和监督的特定单位或者组织，是会计确认、计量和报告的空间范围。典型的会计主体是企业。在会计主体假设下，企业应当对其自身发生的交易或事项进行会计确认、计量和报告，反映企业本身所从事的各项生产经营活动。

界定这一基本前提的主要意义在于：一是将特定主体的经济活动与该主体的所有者及职工个人的经济活动区别开来；二是将该主体的经济活动与其他单位的经济活动区别开来。

需要注意的是，会计主体与法律主体（法人）并不是对等的概念，法律主体是指具有法人资格的单位。一般来说，法律主体往往是会计主

体，而会计主体不一定是法律主体。任何企业，无论是独资、合资还是合伙企业，都是会计主体。在企业规模较大的情况下，还可以将分支机构作为一个会计主体。因此，会计主体可以是独立法人，也可以是非独立法人；可以是一个企业，也可以是企业内部某单位或企业中的一个特定的部门；可以是单一企业，也可以是由几个企业组成的企业集团。例如，某母公司拥有几家子公司，母公司和所有的子公司均属于不同的法律主体，所以母公司和所有的子公司都是不同的会计主体。在这种情况下，尽管企业集团不属于法人，但它是会计主体。企业内部的部门，如分公司、营业部、生产车间等，也可以单独进行会计核算，并编制内部会计报表。这些单独核算的部门，也是会计主体，但不是法人。

2. 持续经营

持续经营是指会计主体在可以预见的未来，其经营活动是持续正常进行的，不会面临破产清算。企业会计确认、计量和报告应当以持续经营为前提。

持续经营要求会计人员以会计主体持续、正常的经营活动为前提，在此前提下选择会计程序及会计处理方法，进行会计核算。只有假设会计主体持续经营，才能进行正常的会计处理。如采用历史成本计价，是假设特定单位在正常情况下运用它所拥有的各种经济资源和依照原来的偿还条件偿付其所负担的各种债务；否则，就不能继续采用历史成本计价。

由于持续经营是根据特定单位发展的一般情况所作的假设，特定单位在生产经营过程中增减经营规模乃至停业的可能性总是存在的。为此，往往要求定期对企业持续经营这一前提做出分析和判断。当然，企业一旦进入破产清算、持续经营的前提就不复存在，就应改变会计核算的方法。

3. 会计分期

会计分期是指将一个会计主体持续经营的生产经营活动过程人为划分为若干个相等的会计期间，以便分期结算账目和编制财务会计报告。会计核算应当划分会计期间，应分期结算账目和编制财务会计报告。

会计期间分为年度和中期。会计年度是基本的会计期间。我国企业的会计期间按年度划分，以日历年度为一个会计年度，即从每年的公历 1 月 1 日至 12 月 31 日为一个会计期间。会计中期是指短于一个完整的会计年度的报告期间。年度、半年度、季度和月度均按公历起讫日期确定。企业会计制度中所称会计期间的期末和定期，是指月末、季末、半年末和年末。

这一基本假设的主要意义在于：界定会计信息的时间范围，为分期结算账目、编制财务会计报告以及相关会计原则的使用奠定了理论和实务的基础。

4. 货币计量

货币计量是指会计核算必须以货币作为统一计量单位。计量企业的经济活动，并假设货币本身的价值是稳定不变的。

在会计核算过程中之所以选定货币为主要计量单位，是由货币本身的属性所决定的。货币是一般等价物，是衡量商品价值的共同尺度。其他的计量单位，如重量、长度、体积、数量等，只能从一个侧面反映企业的生产经营情况，无法在量上进行汇总和比较，不便于管理和会计计量。所以，为全面反映企业的生产经营情况、业务收支等情况，会计就选定货币作为主要计量单位，以实物计量和劳动时间计量为辅助计量单位。我国企业的会计核算以人民币为记账本位币。

会计核算的四项基本假设，具有相互依存、相互补充的关系。会计主体确立了会计核算的空间范围，持续经营与会计分期确立了会计核算的时间长度，货币计量为会计核算提供了必要手段。没有会计主体，就不会有持续经营；没有持续经营，就不会有会计分期；没有货币计量，就不会有现代会计。

（三）会计工作技术方法

会计工作技术方法

会计工作技术方法，也就是会计工作的方法体系，由会计核算方法、会计分析方法和会计检查方法构成。会计核算方法是完成会计核算的计量、记录和报告方面的方法，是会计方法的基本环节；会计分析方法是评议会计核算效果方面的方法。会计检查方法是审核会计核算是否合规方面的方法。其中，会计核算方法处于基础和核心的地位，是其他各种方法的基础。会计分析、会计检查都是在会计核算的基础上利用会计核算资料进行的。因此，下面主要介绍会计核算基础与会计核算方法。

1. 会计核算基础

会计核算基础

会计核算基础主要有两种：权责发生制和收付实现制。

（1）权责发生制

权责发生制，也称应计制。权责发生制要求，凡当期已经实现的收入和已经发生或应当负担的费用，无论款项是否收付，都应当作为当期的收入和费用，计入利润表；凡不属于当期的收入和费用，即使款项已在当期收付，也不应当作为当期的收入和费用。例如，甲公司 2022 年

9月以银行存款8 800元支付某项租入设备9月份和10月份的租金。根据权责发生制要求，甲公司应在2022年9月和10月分别确认费用4 400元，而不应在9月份一次性确认费用8 800元。

（2）收付实现制

收付实现制，也称实收实付制或现金制。收付实现制是与权责发生制相对应的一种会计核算基础，它是以收到或支付现金作为确认收入和费用等的依据。在这种会计核算基础下，凡在本期实际收到现金（包括银行存款）的收入，不论其是否归属于本期，均应作为本期的收入处理；凡在本期实际以现金（包括银行存款）付出的费用，不论其是否在本期收入中取得补偿，均应作为本期的费用处理。例如，甲公司2022年9月以银行存款8 800元支付某项租入设备9月份和10月份的租金。根据收付实现制的要求，此项业务，甲公司不应在2022年9月和10月分别确认费用4 400元，而应在9月份一次性确认费用8 800元。

显然，按照权责发生制确认收入与费用，会使得各有关会计期间损益的确定更为合理。在实际工作中，企业会计确认、计量和报告并非绝对只能采用权责发生制。当某项经济业务的发生金额很小，对企业经营成果基本没有影响的情况下，根据重要性原则，为简化核算，可采用收付实现制。

2. 会计核算方法

会计核算方法主要包括设置会计科目和账户、复式记账、填制和审核会计凭证、登记会计账簿、成本计算、财产清查和编制会计报表等。

（1）设置会计科目和账户

会计科目是按照经济业务的内容和经济管理的要求，对会计要素做进一步分类的项目。账户是根据会计科目开设的，是用来连续记录经济业务，全面反映会计对象的增减变化及其结果。设置账户是会计核算的一种专门方法。

（2）复式记账

复式记账是指对每一笔经济业务，都以相同的金额，同时在相互联系的两个或两个以上的账户中进行登记。采用复式记账法既能全面、完整、相互联系地反映经济业务，又便于检查账簿记录的正确性，它是一种科学的记账方法。

（3）填制和审核会计凭证

会计凭证是记录经济业务发生和完成情况、明确经济责任的书面证明，也是登记账簿的依据。任何一项经济业务都要按照实际发生和完成情况，填制会计凭证，并经会计机构、会计人员审核，确认无误后，才能据以登记会计账簿。填制和审核会计凭证是为了保证会计记录完整、可靠,审查经济活动是否合理、合法而采用的一种专门方法。

(4)登记会计账簿

会计账簿是由具有一定格式的账页组成,是以会计凭证为依据,用以全面、系统、连续、分类地登记经济业务的簿籍。登记会计账簿就是将所发生的经济业务记入各类账簿,反映经济活动和财务收支的一种专门方法。

(5)成本计算

成本计算就是把生产经营过程中所发生的各种费用支出按照成本计算对象进行归集和分配,分别计算出各个对象的总成本和单位成本的一种专门方法。通过成本计算,可以了解成本构成,分析和考核成本计划完成情况,寻找成本升降的原因,促进企业加强成本核算和管理,节约费用,降低成本。

(6)财产清查

财产清查是指通过对货币资金、实物资产和往来款项的盘点或核对,确定其实存数,查明账存数与实存数是否相符的一种专门方法。在实际工作中,某些主客观原因会造成账面记录与实际数不一致,为了保证账簿记录的正确性和财产安全,应定期或不定期地对企业财产进行清查,并根据清查结果,查明原因,明确责任,调整账簿记录,保证账实相符。

(7)编制会计报表

会计报表是综合反映企业某一特定日期的资产、负债和所有者权益状况,以及某一特定时期的经营成果和现金流量情况的书面文件。编制会计报表的目的就是向有关人员提供反映企业财务状况、经营成果和现金流量方面的信息,以便其做出决策。编制会计报表是会计核算的一种专门方法。

会计核算的各种方法相互联系、相互制约而形成有机的整体。当交易或事项发生后,要填制或取得原始凭证,按照设置的会计科目和账户,依据复式记账法的要求,编制和审核记账凭证,依据记账凭证并结合原始凭证登记会计账簿,依据会计账簿和有关资料,采用一定方法进行成本计算,按规定进行财产清查,在保证账实相符的基础上,根据会计账簿资料和有关资料编制财务会计报告。在会计核算过程中,填制和审核会计凭证是开始环节,登记会计账簿是中间环节,编制会计报表是终结环节,以这三个环节为联结点,联结其他核算方法而形成会计核算方法体系。

【任务活动】

1. 绘制本任务的知识思维导图。

要求：形式不限，至少整理至“1.”级标题。

2. 提取并整理本任务中的术语。

3. 以小组为单位，讨论本任务“任务导入”中的问题。

4. 以小组为单位，各成员就会计的某一前提或某一核算基础进行解释说明。

任务二　认识会计职业

【任务导入】

来自一位学生的困惑：

我学的是会计，毕业以后如果从事会计工作，必须考取会计从业资格证吗，是上学时候考还是工作时候考更好一点呢？

我毕业以后只能做一名会计吗，对此我不甘心，以后我还能如何发展呢？

【知识精编】

一、会计职业的概念与特点

（一）会计职业的概念

职业是指人们从事的作为主要生活来源的工作。职业的本质是参与社会分工，利用专门的知识和技能，为社会创造物质财富和精神财富，获取合理报酬，作为物质生活来源，并满足精神需求的工作。

会计职业是指个人在社会中所从事的作为主要生活来源的会计工作。从事具体会计工作的会计职业者，按职业立场标准划分为企业会计师和注册会计师两类。

（二）会计职业的特点

1. 与其他职业在行为上的差异

各种职业在行为目的上有较大的差异，其中会计职业从行业行为上看和其他职业的行为目的存在较大差异，表现为：其他职业在不违反职业道德的前提下，完全站在维护客户利益的立场，如律师完全站在委托人的角度进行工作；而会计职业所要维护的利益则是广泛的，包括股东、债权人、监管部门、客户以及其他利益相关者，这些利益相关者力图对会计职业施加影响来维护自己的利益，会计人员需要从中谋求平衡、协调各种利益体之间的冲突。

2. 会计职业既是传承历史的职业，又是与时俱进的职业

会计的产生源于人们有了数字的概念，但其真正成为一种职业，应该是在出现剩余价值后的原始社会晚期。会计职业伴随着人类文明史的发展而发展。在当今网络技术和计算机日益被广泛采用的背景下，会计职业也面临新的机遇和挑战。例如，随着数据量的增加，会计师可以利用大数据技术进行数据分析，包括数据挖掘、机器学习和人工智能等技术。大数据分析可以帮助会计师更精确、更准确地把握企业信息，更好地管理财务活动。

二、会计职场环境

会计职场环境是指会计从业人员在履行会计工作职责时的法律环境、业务素质、业务技能和工作条件。会计职场环境按影响会计工作职责的外部和内部关系的不同，可以分为外部环境和内部环境。会计职场外部环境主要是指对会计工作产生直接影响的会计行业的法律制度、行政管理规章等；会计职场内部环境主要是指会计行业的组织机构、人员分工、管理制度、办公条件等。

（一）我国会计政策法规

1. 会计规范体系

会计法规是我国经济法规的一个组成部分。它由国家和地方立法机关及中央、地方各级政府和行政部门制定颁发的有关会计方面的法律、法规、制度、办法和规定组成。这些法律、法规、制度和办法是贯彻国家有关方针、政策和规范会计工作的重要依据，是处理会计工作的总原则。

会计法律体系可以从法律来源上划分为下列四个层次：

（1）会计法律

它是一部规范我国会计活动的基本会计法规。在会计领域，只有《中华人民共和国会计法》（以下简称《会计法》）属于国家法律的层次。

（2）会计行政法规

它是由国务院制定的会计行政法规，如《总会计师条例》《企业财务会计报告条例》，它是按照基本会计法规的要求制定的专项会计法规，是制定会计制度的依据。

（3）会计部门规章

它是指国家主管会计工作的行政部门——财政部，以及其他相关部委制定的会计方面的规范，属于这个层次的有《会计基础工作规范》《会计电算化管理办法》《会计档案管理办法》及会计准则和会计制度等。

(4)地方性会计法规规章

主要指各省、自治区、直辖市根据会计法律、会计行政法规和国家统一的会计制度的规定，结合本地实际情况制定，在各自的行政区域内实施的地方性会计法律规范。

2. 会计法

《会计法》是会计法规体系中权威性最高、最具法律效力的法律规范，是制定其他各层次会计法规的依据，是会计工作的基本大法。《会计法》于 1985 年公布，后经过 1993 年、1999 年、2017 年 3 次修改，其目的主要是规范会计行为，保证会计资料真实和完整，加强经济管理和财务管理，提高经济效益和维护社会主义市场经济秩序。

新修订的《会计法》共分 7 章 52 条，包括：总则，会计核算，公司、企业会计核算的特别规定，会计监督，会计机构和会计人员，法律责任，附则。

3. 其他会计规范

(1)《企业会计准则》

我国企业会计准则体系包括基本准则、具体准则、应用指南和解释公告等。2006 年财政部发布了《企业会计准则》，自 2007 年 1 月 1 日起执行。自 2014 年起，财政部又陆续对《企业会计准则》进行了新增或修订。

(2)《小企业会计准则》

2011 年财政部发布了《小企业会计准则》，要求符合条件的小企业自 2013 年 1 月 1 日起执行，并鼓励提前执行。《小企业会计准则》一般适用于在我国境内依法设立、经济规模较小的企业。

(3)《事业单位会计准则》

2012 年财政部修订发布了《事业单位会计准则》，自 2013 年 1 月 1 日起在各级各类事业单位施行。该准则对我国事业单位的会计工作予以了规范。

(4)《政府会计准则——基本准则》

财政是国家治理的基础和重要支柱，政府会计是财政工作的重要组成部分。各级政府、各部门、各单位(政府会计主体)自 2017 年 1 月 1 日起施行《政府会计准则——基本准则》(财政部令第 78 号)。

(5)地方性会计法规

各省、自治区、直辖市也可以根据会计法律、会计行政法规和会计部门规章的规定,制定一些在本行政区城内实施的地方性会计法规。

(二)会计机构

所谓会计机构,是指各企事业单位内部直接从事和组织领导会计工作的职能部门。合理设置会计机构是保证会计工作顺利进行的必要条件。

《中华人民共和国会计法》第三十六条规定:"各单位应当根据会计业务的需要,设置会计机构,或者在有关机构中设置会计人员并指定会计主管人员;不具备设置条件的,应当委托经批准设立从事会计代理记账业务的中介机构代理记账。"

各单位应根据其规模大小、会计工作繁简来确定会计机构的设置形式。通常实行独立核算的大中型企业、实行企业化管理的事业单位,以及财务收支数额较大、会计业务较多的机关团体和其他组织,都要设置有本单位领导人直接领导的财务会计机构,并配备必要的会计人员。在一些财务收支数额不大、单位业务形式比较简单、会计核算不太复杂的单位,可以不设置专门的会计机构,可在有关机构中设置会计人员并指定会计主管人员。

不具备设置会计机构和会计人员条件的单位,应当委托经批准设立从事会计代理记账业务的中介机构代理记账。

(三)会计工作岗位

会计工作岗位是指一个单位会计机构内部根据业务分工而设置的职能岗位。在会计机构内部和会计人员中建立岗位责任制,定人员、定岗位,明确分工,各司其职,有利于会计工作程序化、规范化,有利于落实责任和会计人员钻研分管的业务,有利于提高工作效率和工作质量。

1. 会计工作岗位设置原则

(1)满足本单位会计业务需要

由于各单位所属行业性质、自身规模、业务内容和数量以及会计核算与管理的要求不同,会计工作岗位的设置条件和要求也不同。在设置会计工作岗位时,必须结合本单位的实际情况,以满足会计业务需要为原则。

(2)符合内部牵制制度的要求

会计工作可以一人一岗、一人多岗或一岗多人,但必须符合内部牵制制度的要求。出纳员不得兼管稽核、会计档案保管和收入、费用、债权债务账目的登记工作;财产物资保管与明细账的登记不得由一人兼任;总账与明细账原则上应由不同会计人员登记;业务执行人员与稽核人员分离。

(3)有利于会计人员全面熟悉业务,不断提高业务素质

会计人员的工作岗位应当有计划地轮换,可以激励会计人员不断进取、改进工作,也能在一定程度上有助于防止违法乱纪,保护会计人员。

2. 会计工作岗位设置情况

会计人员的工作岗位一般分为:会计主管、出纳、资产核算、工资核算、成本费用核算、收入利润核算、资本金核算、往来核算、总账报表稽核等。这些岗位可以一人一岗、一岗多人,各单位可以根据自身的特点具体确定。

(四)会计人员

会计人员是指从事会计工作,处理会计业务,完成会计任务的人员。会计人员是企业重要的管理人员。在企业管理系统中,会计人员的特定职能决定了其特定的地位和作用。会计人员在实际的工作中,负有双重责任:一方面要做好本单位的会计工作,维护本单位的合法利益;另一方面又要严格执行国家的财经法规、会计制度,维护国家、投资者和债权人等多方面的利益,对本单位的财务收支活动进行严格的监督,抵制各种违法行为。会计人员要做好上述工作,要求具有较高的政治素质和较强的业务素质。每个会计主体都应根据工作的需要,合理配备会计人员,这是做好会计工作的决定性因素。

1. 会计人员的配备与任免

《会计法》规定,国有的和国有资产占控股地位或者主导地位的大中型企业必须设置总会计师,负责组织领导本单位的会计核算和会计监督等方面的工作。总会计师由具有会计师以上专业技术资格的人员担任。总会计师的任职资格、任免程序、职责权限按《总会计师条例》规定办理。《会计法》规定,各单位应当根据会计业务的需要,设置会计机构,或者在有关机构中设置会计人员,并指定会计主管人员。会计机构负责人(会计主管人员)是在一个单位内具体负责会计工作的业务领导人员,主要负有组织、管理包括会计基础工作在内的所有会计工作的责任。《会计法》规定,不设置会计机构,只在其他机构中设置专职或兼职会计人员的单位,应在会计人员中指定会计主管人员,会计主管人员行使会计机构负责人的职权。会计主管人员必须具有较高的专业素质和能力。会计机构应该按照精简节约、提高素质和廉洁奉公的原则配备会计人员,并赋予必要的工作职责和权利,以便切实完成会计工作

任务。

会计工作者既要为本单位经营管理服务，维护本单位的合法经济利益，又要执行国家的财政、财务制度和财经纪律，维护国家的整体利益，同各种本位主义行为、违法乱纪行为作斗争。针对会计的这一工作特点，国家对会计从业人员，特别是对会计机构负责人和会计主管人员的任免，在《会计法》和其他相关法规中做了若干特殊的规定。

2. 会计人员的职责与权限

(1)会计人员的主要职责

会计人员的职责也是会计机构的职责，包括四项内容：一是进行会计核算；二是实行会计监督；三是编制业务计划及财务预算，并考核、分析其执行情况；四是制定本单位办理会计事项的具体办法。

(2)会计人员的权限

为了保障会计人员更好地履行其职责，《会计法》及其他相关法规在明确了会计人员职责的同时，也赋予了会计人员相应的权限，具体有以下三个方面的权限：一是会计人员有权要求本单位各有关部门及相关人员认真执行国家、上级主管部门批准的计划和预算。严格遵守国家财经纪律、会计准则和相应会计制度。如果发现有违反上述规定的，会计人员有权拒绝付款、拒绝报销或拒绝执行，对属于会计人员职权范围内的违规行为，在自己的职权范围内予以纠正，超出其职权范围的应及时向有关部门及领导汇报，请求依法处理。二是会计人员有权履行其管理职能，也就是有权参与本单位编制计划、制定定额、签订合同，参加有关的生产、经营管理会议和业务会议，并以会计人员特有的专业地位对有关事项提出自己的建议和意见。三是会计人员有权监督、检查本单位内部各部门的财务收支、资金使用和财产保管、收发、计量、检验等情况，各部门应该大力支持和协助会计人员工作。

会计人员在日常工作过程中的权限是受法律保护的，任何人干扰、阻碍会计人员依法行使其正当权利，都会受到法律的追究及制裁。

3. 会计专业技术资格与职务

会计专业技术资格是指担任会计专业职务的任职资格，分为初级会计专业技术资格、中级会计专业技术资格、高级会计专业技术资格和正高级会计师资格（含全国会计领军人才）。初级会计专业技术资格考试科目包括《初级会计实务》和《经济法基础》。中级会计专业技术资格考试科目包括《中级会计实务》《财务管理》和《经济法》。高级会计专业技术资格采用考评结合的方式取得，正高级会计师资格实行评审制度。

会计专业职务是区别会计人员业务技能的技术等级。会计专业职务分为高级会计师、会计师、助理会计师和会计员。高级会计师（又分为正高级会计师和副高级会计师）为高级职务，会计师为中级职务，助理会计师和会计员为初级职务。

会计人员在规划自己的会计职业生涯时，要做到“高目标、低起点”，也就是首先要想到自己是一名管理家、企业家，其次才是一名会计。只有制定远大的目标，才会有长远的职业生涯规划。有了远大的目标还不够，还必须踏踏实实从基层做起，从单位的具体工作干起，熟悉单位的经济业务，掌握单位的工作流程，成为一名合格、优秀的会计。当然，万丈高楼平地起，在校的同学目前最根本的任务就是认真学习每一门功课，从方方面面培养自己，为达到远大的目标而付出实际行动。

4. 会计人员的职业风险与安全

（1）职业风险是会计从业人员在执业过程中，由于职业环境、职业能力、职业道德等因素的影响，可能蒙受职业损失或受到职业惩戒的不确定性。会计职业风险按其产生的责任人，可以分为主动风险、被动风险和混合风险。主动风险，即会计人员在没有明确的行政指令的情况下，背离会计法规和财经制度，违反工作条例和操作规则，引起不良后果而应承担责任的风险；被动风险，即会计人员在行政指令下非自愿背离会计法规、财经制度和会计工作操作规则应承担责任的风险；混合风险，即由于企业内部控制制度不健全或运行无序或他人失职造成损失等给会计人员带来的责任风险

（2）职业安全。会计职业风险一旦产生，会计工作者就要承担一定的责任，轻者可造成道德危机、经济就业压力，重者要受到行政处分，承担法律责任，从而引起会计人员职业的不安全。在市场经济环境下，树立会计人员职业风险意识，采取措施（如法律保障、制度保障、提高会计人员胜任力和职业操守等）降低会计职业风险，对于集体利益，保障会计人员的职业安全等都有重大意义。

【任务活动】

1. 绘制本任务的知识思维导图。

要求：形式不限，至少整理至“1.”级标题。

2. 提取并整理本任务中的术语。

3. 以小组为单位，讨论本任务“任务导入”中的问题。

4. 下载并阅读《中华人民共和国会计法》或其他某一会计准则。

【巩固练习】

一、单项选择题

1. 作为会计主要计量单位的是（　　）。

A. 货币　　B. 实物

C. 工时　　D. 劳动耗费

2. 会计的基本职能是（　　）。

A. 预测和决策　　B. 核算和监督

C. 管理生产经济活动　　D. 分析和考核

3. 下面关于会计职能的说法中，错误的是（　　）。

A. 会计核算与监督是会计的两大职能，它们之间是辩证统一的关系

B. 会计监督是会计核算的基础，没有监督，会计核算很难提供真实的会计信息

C. 会计还具有参与经济决策、评价经营业绩的职能

D. 会计监督是会计核算质量的保障，会计核算是会计监督的基础

4.（　　）为会计核算确立了核算的空间范围，（　　）为会计核算提供了必要手段。

A. 会计分期货币计量　　B. 会计主体会计分期

C. 会计主体货币计量　　D. 持续经营货币计量

5. 企业会计分期的基础是（　　）。

A. 会计主体　　B. 权责发生制

C. 持续经营　　D. 货币计量

6. 按风险产生责任人分类，不属于会计职业风险类型的是（　　）。

A. 主动风险　　B. 被动风险

C. 混合风险　　D. 意外风险

二、多项选择题

1. 下列关于会计的概念及其特征的表述中，正确的有（　　）。

A. 会计是一种经济信息系统

B. 会计是一种经济管理活动

C. 会计采用一系列专门的方法

D. 会计核算具有综合性、全面性、系统性和连续性

2. 下列各项中，属于会计信息使用者的有（　　）。

A. 政府相关部门　　B. 企业内部管理者

C. 投资者　　　　　　　　　D. 债权人

3. 下列各项中，属于会计核算方法的有（　　）。

A. 建立会计机构并配备会计人员

B. 设置会计科目和账户

C. 复式记账

D. 填制和审核会计凭证

4. 关于会计职业，说法正确的是（　　）。

A. 会计职业是指个人在社会中所从事的作为主要生活来源的会计工作

B. 会计职业是传承历史的职业

C. 会计职业是与时俱进的职业

D. 会计职业从行业行为和其他职业从业行为存在着差异

三、判断题

1. 会计核算以人民币为记账本位币。（　　）

2. 零星算之为会，总合算之为计。（　　）

3. 会计监督是一种事后监督。（　　）

4. 会计主体可以是独立法人，也可以是非法人。（　　）

5. 收付实现制是以收取或支付的现金作为确认收入和费用的依据。（　　）

项目二
运用会计恒等式

学习目标

知识目标

1. 熟悉并掌握会计等式。
2. 熟悉并掌握会计科目的设置与分类。
3. 熟悉并掌握账户的设置与分类。
4. 熟悉并掌握经济业务对会计等式的影响。

能力目标

1. 能解释说明会计等式的原理。
2. 能运用会计等式解决问题。

素质目标

1. 培养对会计及会计职业的认同感。
2. 具备基本的会计从业素质和职业道德。

项目描述

本项目主要介绍会计等式、会计科目的设置与分类、账户的设置与分类以及经济业务对会计等式的影响。通过本项目的学习，要求理解会计要素之间的关系，即会计等式，明确会计科目的作用等。

通过本项目的学习，使同学们了解并掌握会计等式以及会计科目、账户的相关知识，为以后走上职业岗位提供理论基础。

任务一　确认会计对象与要素

【任务导入】

在财务会计中，确认会计要素和对象是建立准确财务报表的基础。假如同学们是一家小型餐厅的会计，每天都有许多交易发生，同学们需要记录和整理这些数据，确保财务报表的准确性。这时，确认会计要素和对象就成为我们日常工作中的关键任务。那我们该如何去确认会计对象和要素呢？

【知识精编】

一、会计对象

会计对象

（一）会计对象的定义

会计对象是会计所要反映核算和监督的内容，即说明会计核算和监督什么。社会再生产过程中发生的、能用货币表现的经济活动，就构成了会计的一般对象。社会再生产过程是由生产、分配、交换和消费四个相互联系的环节所构成的，它包括各种各样的经济活动，既有事物运动，又有价值运动。任何一个会计主体，如企业、事业单位和其他组织经济活动的内容虽然各不相同，但它们的各项财产物资都可以用货币形式表现出来，这些以货币形式表现的财产物资以及货币本身就是资金。如企业进行生产经营活动的资金称为经营资金，行政专业单位的财务收支活动的资金称为预算资金等。然而，这些资金不是闲置不动的，而是随着经济业务的变化而不断运动的。因此，会计核算和监督的内容是那些能够用货币表现的资金运动。由于不同的会计主体在国民经济中所处的地位和作用不同，它们的经济活动的内容和应达到的目标也不一样，因此，每个会计主体的经济活动所包括的具体内容、形式也不相同，从而使会计核算和监督的具体内容产生了差异。下面就以产品制造企业为例来说明企业会计核算和监督的具体内容。

（二）产品制造企业的资金运动

产品制造企业的主要经济活动是生产和销售产品，为社会提供商品或劳务，同时也为投资者和企业自身赚取利润，以满足国家经济发展的需要，满足企业自身扩大再生产的需要。产品制造企业的生产经营活动分为供应、生产和销售 3 个阶段。制造业企业的资金在企业的生产经营活动中，随着供应、生产、销售过程的不断进行，而沿着“货币资金—储备资金—生产资金—成品资金—货币资金”的轨道不断地改变其存在的形态，从而形成了产品制造企业资金的循环。企业的生产经营活动是连续不断的，资金循环也是不断重复的，这种周而复始的资金循环称为资金周转。资金周转过程作为生产的储备过程，主要是为产品生产提供所需原材料等。在供应过程中，企业用货币资金购买原材料、支付材料运输及装卸费用等，并将所购材料存放在仓库备用。在这个过程中，物资货款的结算、采购费用的支付、物资采购成本的计算、物资的验收入库等，构成了供应过程核算的主要内容。资金的形态由货币资金转化为储备资金。生产过程是各种劳动资料的消耗过程。在生产过程中，车间从仓库领用材料投入生产，生产工人借助劳动工具对材料进行加工，使其改变原有的实物形态，变为半成品，最后形成产成品。在这个过程中，除要消耗各种材料物资外，机器设备也发生了磨损，同时还要支付生产工人工资及其他相关费用。这些物化劳动和活劳动的耗费，形成了产品的使用价值和价值。生产过程中的生产费用的发生、归集和分配以及产品成本的计算，构成产品生产活动业务核算的主要内容。随着产品的生产完工和验收入库，资金又从生产资金形态转化为成品资金形态。

销售过程是企业实现产品价值，取得收入、抵偿消耗、获得盈利的过程。在销售过程中，企业主要通过对产品进行包装、运输、广告宣传等活动将产品销售出去，并收回货币资金。销售过程核算的主要内容是确认营业收入的实现、计算和结转营业成本、计算和缴纳营业税金、支付营业费用和确定营业利润。在销售过程中，资金从成品资金形态转化为货币资金形态。

企业将取得的货币资金，补偿生产、销售过程中的全部耗费之后，剩余部分是企业实现的利润。企业实现的利润须按国家有关规定进行分配，分配结束后，产品制造业便完成了一个完整的生产经营过程。

以上分析可见，产品制造企业所拥有的资金随着经济活动的进行而不断运动、变化。概括地说，产品制造企业会计核算和监督的内容就是企业的资金及资金的运动。

二、会计要素

（一）会计要素的概念

会计要素是对会计核算和监督的内容，即企业的资金运动，按照一定标准所进行的概括和基本分类，是会计对象的具体化。

前已述及，资金运动由资金投入、资金循环与周转、资金退出三部分组成。资金投入包括企业所有者投入和债权人投入两类，从而形成企业的资产总额。债权人对投入资产的求偿权称为债权人权益，表现为企业的负债；企业所有者对投入资产（净资产，即资产、负债的差额）的所有权称为所有者权益，表现为企业的所有者权益。一方面，从某一特定日期来看，资产总额、负债及所有者权益的合计总额必然相等，由此分离出资产、负债及所有者权益三项资金运动相对静止状态的会计要素；另一方面，企业的各项资产经过一定时期的营运，将发生一定的耗费，产生特定种类和数量的产品，产品销售后获得货币收入，收支相抵后确认当期损益，由此分离出收入、费用及利润三项资金运动显著变动状态的会计要素。资产、负债及所有者权益构成资产负债表的基本框架，收入、费用及利润构成利润收入、费用及利润表的基本框架，因此这六项会计要素又被称为财务报告要素。

（二）反映财务状况的会计要素

财务状况是指企业一定日期的资产及权益情况，是资金运动状态相对静止时的表现，反映财务状况的会计要素包括资产、负债、所有者权益三项。

1. 资产

会计要素：资产

（1）定义

资产是指企业过去的交易或者事项形成的、由企业拥有或者控制的、预期会给企业带来经济利益的资源。

一个企业从事生产经营活动，必须具备一定数量的物质条件。这些物质条件一般统称为资产，它们是企业从事生产经营活动的物质基础。这些物质基础可以具有实物形态，如建筑物、机器设备、现金、原材料等；也可以不具有实物形态，如以债权形态出现的各种应收款项，以特殊权利形态出现的专利权、商标权等无形资产。

资产具有如下特点：

①资产是由过去的交易或者事项形成的。过去的交易或者事项包

括购买、生产、建造行为等。只有过去发生的交易或者事项的结果才能增加或减少企业的资产，未来的、尚未发生的、计划中的事项的可能不能确认为资产。

②资产应为企业拥有或控制。拥有是指拥有所有权（产权）；控制是指虽然没有所有权，但有支配使用权，如从银行取得借款存在企业的账户上，就形成企业的一项资产。企业只有拥有或控制资产，这些资源带来的经济利益才能为企业获得或享有。

③资产预期会给企业带来未来经济利益。所谓经济利益是指直接或间接地流入企业的现金或现金等价物。资产预期会给企业带来经济利益是指资产具有直接或间接导致现金和现金等价物流入企业的潜力。预期能给企业带来经济利益表明资产作为企业的资源，通过合理、有效的使用，在未来时期内能给企业带来经济利益。也就是说，资产有直接或者间接带来现金流入企业的潜力。反之，在未来时期内不能给企业带来经济利益的资源，就不能归入企业的资产，如已明确无法收回的应收款项等。

（2）资产的确认条件

在符合资产定义的基础上，同时满足以下两个条件时，才能确认为资产：

①该资源有关的经济利益很可能流入企业。能否带来经济利益是资产的一个本质特征，但在现实生活中，由于经济环境瞬息万变，与资源有关的经济利益能否流入企业或者能够流入多少，实际上带有不确定性。因此，资产的确认应当与对经济利益流入的不确定性程度的判断结合起来。如果根据编制财务报表时所取得的证据，与该资源有关的经济利益很可能流入企业，那么就应当将其作为资产予以确认；反之，不能确认为资产。

②该资源的成本或者价值能够可靠地计量。可计量性是所有会计要素确认的重要前提，只有当有关资源的成本或价值能够可靠计量时，资产才能确认。比如，管理者的素质、职工群众的工作积极性和责任心、企业内部良好有效的控制制度等对企业经营成功具有不可低估的作用，但因无法以货币计量，就不能作为资产处理。只有同时符合资产定义和资产确认条件的项目，才能确认为企业的资产，列入资产负债表。

（3）资产的分类

企业的资产按其流动性可以分为流动资产和非流动资产。

①流动资产是指企业主要为交易目的而持有，预计在一年内或超

过一年的一个正常营业周期内变现、出售或者耗用的资产。流动资产按其变现能力的大小,主要包括货币资金、应收及预付款项、交易性金融资产、存货等。

流动资产的变现能力强,在企业生产经营过程中,其价值是一次计入成本,或在较短的时间内分几次转入成本费用,并从销售收入中得到补偿。流动资产具有价值周转快、实物形态不断变化的特点。货币资金包括企业的库存现金、银行存款和其他货币资金。库存现金是存放在企业保险柜里的现金;银行存款是企业存放在银行或其他金融机构的货币资金;其他货币资金是企业除现金和银行存款以外的其他货币资金,包括外埠存款、银行汇票存款、银行本票存款、信用证存款、信用卡存款和存出投资款等。

应收及预付款项包括企业在日常生产经营中发生的各项债权,如应收账款、应收票据、其他应收款和预付账款。应收账款是指因销售商品或提供劳务应向购货单位或接受劳务的单位收取的款项。应收票据是指采用商业汇票结算方式下,企业因销售商品和提供劳动而收到的、尚未到期兑现的商业汇票。其他应收款是指其他原因所产生的应收款项,包括企业的备用金、应收各种赔偿款、应收各种罚款、应向职工收取的各种垫付款等。预付账款是指企业按照购货合同的约定,预先支付给供应单位的货款。

交易性金融资产是指为交易目的而持有的债券投资、股票投资和基金投资等。

存货是企业在日常活动中持有以备出售的产成品或商品、处在生产过程中的在产品、在生产过程或提供劳务过程中耗用的材料和物料等。制造业企业的存货包括原材料、燃料、辅助材料、周转材料、在产品及产成品等。

②非流动性资产是指不能在 1 年或者超过 1 年的一个营业周期内变现或者耗用的资产。非流动资产是指流动资产以外的资产,主要包括持有至到期投资、长期应收款、长期股权投资、工程物资、投资性房地产、固定资产、在建工程、无形资产、长期待摊费用等。

持有至到期投资是指企业购入的准备持有至到期收回的债券投资以及委托银行或金融机构向其他单位贷出的款项等。

长期股权投资是指企业以购买其他企业股票或以其他直接方式取得被投资企业的股权,是为了长远利益而影响、控制其他在经济业务上相关联的企业。

固定资产是指企业为生产商品、提供劳务、出租或经营管理而持有的，使用寿命超过一个会计年度的有形资产，如房屋、建筑物、机器设备、运输工具以及其他与生产、经营有关的设备、工具、器具等。对于一些特殊的资产，企业虽不拥有其所有权，但能够实际控制，如融资租入固定资产，按照实质重于形式原则的要求，也应作为企业的资产予以确认。

无形资产是指企业拥有或者控制的没有实物形态的可辨认的非货币资产，它包括专利权、非专利技术、商标权、著作权、土地使用权、特许权等。

其他非流动资产是指除上述资产以外的资产，如长期待摊费用、特种储备物资以及冻结的资产等。

2. 负债

（1）负债的定义

会计要素：负债

负债是指企业由过去的交易或者事项形成的、预期会导致经济利益流出企业的现时义务。负债具有以下基本特征。

①负债是由过去的交易或者事项形成的。只有过去的交易或者事项才能形成负债，过去的交易或者事项包括购买货物、使用劳务、接受银行贷款等。企业将在未来发生的承诺、签订的合同等交易或者事项，不形成负债。

②负债预期会导致经济利益流出企业。负债是要用资产或劳务进行清偿的，而清偿必然导致企业未来经济利益的流出。如果履行义务不会导致企业经济利益流出，就不符合负债的定义。在履行现时义务清偿负债时，导致经济利益流出企业的形式多种多样，例如，用现金偿还或以实物资产形式偿还，以提供劳务形式偿还，以部分转移资产、部分提供劳务形式偿还，将负债转为资本等。

③负债是企业承担的现时义务。现时义务是指企业在现行条件下已承担的义务，也就是说，企业要在未来偿还该项义务。如果是未来发生的交易或者事项形成的义务，就不属于现时义务，从而不是企业承担的债务，也就不能确认为企业的负债。这里所指的义务可以是法定义务，也可以是推定义务。法定义务是指具有约束力的合同或者法律法规规定的义务，通常必须依法执行。例如，企业购买原材料形成应付账款，企业向银行贷入款项形成借款，企业按照《中华人民共和国税法》（以下简称《税法》）规定应当缴纳的税款等，均属于企业承担的法定义务，需要依法予以偿还。推定义务是指根据企业多年来的习惯做法、公开的承诺或者公开宣布的政策而导致企业将承担的责任。例如，预期将为出售商品提供的保修服务就属于推定义务。

(2)负债的确认条件

在符合负债定义的基础上,同时满足以下条件时,才能确认为负债:

①与该义务有关的经济利益很可能流出企业。履行义务所需流出的经济利益带有不确定性,因此,负债的确认应当与对经济利益流出的不确定性程度的判断结合起来。如果有确凿证据表明,与现时义务有关的经济利益很可能流出企业,就应将其作为负债予以确认;反之,如果企业承担了现时义务,但是导致经济利益流出企业的可能性已不复存在,就不符合负债的确认条件,就不应将其作为负债予以确认。例如,企业由于赊购材料形成一笔应付账款,由于供应方破产,并已清算完毕,债权人已不复存在,该项现时义务已不会导致经济利益流出企业,因此在资产负债表中就不应再将其确认为负债。

②未来流出的经济利益的金额能够可靠计量。对于与法定义务有关的经济利益流出金额,通常可以根据合同或者法律规定的金额予以确定。对于与推定义务有关的经济利益流出金额,企业应当根据履行相关义务所需支出的最佳估计数进行估计。由于经济利益的流出一般发生在未来期间,有时未来期间的时间还很长,在这种情况下,有关金额的计量通常需要考虑货币时间价值等因素的影响。

只有同时符合负债定义和负债确认条件的项目,才能确认为企业的负债,列入资产负债表;符合负债的定义,但不符合负债确认条件的项目,不能列入资产负债表。

(3)负债的分类

企业的负债按偿还期的长短划分为流动负债和非流动负债。

①流动负债是指在一年内或超过一年的一个营业周期内偿还的债务,包括短期借款、应付票据、应付账款、预收账款、应付职工薪酬、应交税费、应付利润、其他应付款、其他流动负债等。

短期借款是指企业为维持正常生产经营周转的需要而向银行或其他金融机构借入的、偿还期限在一年以内的各种借款。

应付票据是指企业因赊购货物或接受劳务而开出并承兑的商业汇票。

应付账款是指因赊购货物或接受劳务而应付给供应单位的货款。

预收账款是指企业按照购货合同的规定,向购货单位预先收取的货款。

应付职工薪酬是指企业应该支付给员工的劳动报酬及福利。

应交税费是企业根据《税法》规定计算的应当缴纳的各种税款,包括增值税、消费税、所得税、资源税、房产税、城镇土地使用税等。

应付利润是指企业应该支付给投资者的利润，包括国家、其他单位和个人的投资利润。

②非流动负债是指偿还期在一年内或超过一年的一个营业周期以上的负债，包括长期借款、应付债券、长期应付款等。

长期借款是指企业向银行或其他金融机构借入的偿还期在一年以上的各种借款。

应付债券是指企业为筹集长期资金而依照法定程序发行的，约定于某一特定日期还本付息的有价证券。

长期应付款是指除长期借款和应付债券以外的其他各种长期应付款项，如以分期付款方式购买的资产的应付款项、应付融资租赁固定资产的租赁费等。

3. 所有者权益

（1）所有者权益的定义

会计要素：所有者权益

所有者权益是指资产扣除负债后由所有者享有的剩余权益，它在数值上等于企业的全部资产减去全部负债后的余额，其实质是企业从投资者手中所吸收的投入资本及其增值。

企业投资者可以是国家、集体、法人，也可以是自然人。投资者把自己所拥有的经济资源投入企业，形成企业的资产，并通过企业经营使之增值，就自然应该享有一种可主张的权益，或称索求权，即所有者权益，如有权参与企业经营决策、有权参加分配股利等。所有者权益具有以下基本特征：

①所有者投资可供企业长期使用，除非发生减资、清算，企业不需要偿还所有者权益。

②企业破产清算时，只有在清偿所有的负债后，所有者权益才返还给所有者。

③投资者可按其出资的份额享受企业利润的权利和承担企业经营风险的责任。

（2）所有者权益的确认条件

所有者权益体现的是所有者在企业中的剩余权益，其金额的大小取决于资产和负债的计量，即所有者权益＝资产－负债。因此，所有者权益的确认主要依赖于其他会计要素，尤其是资产和负债的确认，所有者权益金额的确认也主要取决于资产和负债的计量。例如，企业接受投资者投入的资产，在该资产符合企业资产确认条件时，就相应地符合了所有者权益的确认条件。

(3)所有者权益的分类

在会计核算中,所有者权益具体包括实收资本(或股本)、资本公积、盈余公积和未分配利润。

①实收资本。实收资本是指投资者按照企业章程或合同与协议的约定实际投入企业的资本,也是企业在工商部门注册的资本,在股份公司称为“股本”。

②资本公积。资本公积是由投资者投入的超出其在注册资本或股本中所占份额的部分,但不能构成实收资本,属于资本溢价;直接计入所有者权益的利得和损失也属于资本公积的内容,归为其他资本公积。

③盈余公积。盈余公积是指企业按照规定的比例从税后利润中提取的各种积累,根据其用途不同又分为法定盈余公积和任意盈余公积两种。

④未分配利润。未分配利润是指企业留待以后年度分配的利润,在数量上等于期初未分配利润加本期实现的净利润扣除提取的盈余公积和分配给投资者利润后的余额。

(4)所有者权益的来源

所有者权益的来源包括所有者投入的资本、直接计入所有者权益的利得和损失、留存收益等。

①所有者投入的资本。它是所有者投入企业的资本额,包括构成企业注册资本或股本部分的金额,也包括投入资本超过注册资本或股本部分的金额。所有者投入资本时可投入货币,也可以投入非货币资产,如厂房、设备、商标等。

②直接计入所有者权益的利得和损失。它是指不应计入当期损益、会导致所有者权益发生增减变动的、与所有者投入资本或者与所有者分配利润无关的利得或损失。其中,利得是指由企业非日常活动所形成的、会导致所有者权益增加的、与所有者投入资本无关的经济利益的流入。损失是指由企业非日常活动所发生的、会导致所有者权益减少的、与向所有者分配利润无关的经济利益的流出。

通常利得和损失包括直接计入所有者权益的利得和损失,以及直接计入当期利润的利得和损失。前者反映在资产负债表中,后者反映在利润表中。

③留存收益。它是企业从历年实现的利润中提取或形成的留存于企业的内部积累,主要包括累计计提的盈余公积和未分配利润。

(三)反映经营成果的会计要素

1. 收入

(1)收入的定义

会计要素：
收入和费用

收入是指企业在日常活动中形成的、会导致所有者权益增加的、与所有者投入资本无关的经济利益的总流入。

收入有以下基本特征：

①收入是从企业日常活动中形成，而不是从偶发的交易或者事项中产生的。日常活动是指企业为完成其生产经营目标而从事的所有活动，以及与之相关的其他活动。例如，制造业出售产品。企业非日常活动形成的经济利益的流入不能确认为收入，应计入利得。例如，出售固定资产所得就不作为收入。

②收入会导致所有者权益增加。与收入相关的经济利益的流入会导致所有者权益的增加，不会导致所有者权益增加的经济利益的流入不应确认为收入。例如，从银行取得借款。

③收入是与所有者投入资本无关的经济利益的总流入。收入能导致企业经济利益的流入，所有者投入资本也能导致企业经济利益的流入，但只有与所有者投入资本无关的经济利益的流入才是收入。例如，企业销售商品收到的现金。

(2)收入的确认条件

收入的确认除了应当符合定义外，还应当满足下列条件：

①收入相关的经济利益很可能流入企业。

②经济利益流入企业的结果表现为企业资产的增加或负债的减少，或二者兼而有之。

③经济利益的流入额能够可靠计量。

(3)收入的构成

收入主要包括主营业务收入、其他业务收入、投资收益等。

①主营业务收入，也称基本业务收入，指企业在其基本或主营业务活动中所获得的收入，包括因销售产品、商品、提供劳务等获得的收入。

②其他业务收入，也称附营业务收入，指企业在非主营业务活动中所获得的收入，包括因销售材料、技术转让、出售固定资产、出租包装物等获得的收入。

③投资收益，指企业对外投资所获得的收益减去发生的投资损失后的净额。

以上所述的收入是狭义的收入，又称营业收入。广义的收入还包括营业外收入。营业外收入是指企业发生的与其生产经营活动无直接关系的各项收入，包括处置固定资产净收益、处置无形资产净收益、接受捐赠财产净收益、无法支付的应付账款和罚款收入等。

2. 费用

(1)费用的定义

费用是指企业在日常活动中发生的、会导致所有者权益减少的、与向所有者分配利润无关的经济利益的总流出。

费用具有以下特征：

①费用是日常活动中形成的。企业非日常活动所形成的经济利益的流出不能确认为费用，如企业出售非流动资产形成的损失。

②费用会导致所有者权益减少。与费用相关的经济利益的流出，会导致所有者权益的减少。不会导致所有者权益减少的经济利益的流出不符合费用的定义，不应确认为费用，如对其他单位的投资。

③费用是与向所有者分配利润无关的经济利益的总流出。费用的发生应当会导致经济利益的流出，从而导致资产的减少或者负债的增加，主要表现为现金的流出、存货的消耗等。尽管向所有者分配利润也会导致经济利益的流出，但这种经济利益的流出属于所有者权益的抵减，不应确认为费用。

(2)费用的确认条件

费用的确认除了应符合定义外，还应当满足下列条件：

①与费用相关的经济利益很可能流出企业。经济利益是否很可能流出企业，是费用确认的基本条件。如果经济利益很可能流出企业，则在满足其他条件时才能确认为费用；如果经济利益不太可能流出企业，或者流出企业的可能性不小于能流出企业的可能性，则即使满足其他确认条件，也不能确认为费用。

②经济利益流出的结果表现为资产的减少或负债的增加，或二者兼而有之。

③经济利益流出额能够可靠计量。流出企业的经济利益只有在能够可靠计量时，才有可能确认并在利润表中加以列示；反之，则无法在利润表中加以列示。

(3)费用的构成

费用是在企业日常活动中发生的。企业在销售产品、提供劳务等日常活动中所发生的费用可分为两类：一类是应计入产品成本的生产费用，即成本，包括直接材料、直接人工和制造费用；另一类是不应计入产品成本而应直接计入当期损益的期间费用，包括管理费用、财务费用和销售费用、营业税金及附加、资产减值损失、投资净损失等。

上面所说的费用是狭义费用。广义费用还包括所得税费用，以及非日常活动中形成的直接计入当期利润的损失（或支出），即营业外支出，如固定资产盘亏净损失，处置固定资产、无形资产净损失，罚款支出，捐赠支出和非常损失等。所得税费用是指企业确认的应当从当期利润总额中扣除的按《税法》规定向国家缴纳的所得税，作为计入当期损益的一项费用。所得税费用既包括日常活动形成的所得税费用，也包括非日常活动形成的所得税费用，故所得税费用既不属于（狭义）费用，也不属于“损失”。

3. 利润

（1）利润的定义

利润是指企业在一定会计期间的经营成果，包括收入减去费用后的净额、直接计入当期利润的利得和损失等。

直接计入当期利润的利得和损失，是指应当计入当期损益、会导致所有者权益发生增减变动、与所有者投入资本或者向所有者分配利润无关的利得或者损失，如固定资产处置损益等。

利润具有以下特征：

①利润既反映企业日常活动的经营业绩，又反映非日常活动的业绩。日常活动的经营业绩是指狭义收入减去狭义费用后的净额，称为营业利润。非日常活动的业绩是指利得减去损失（即“营业外收入－营业外支出”）的收支净额。也就是说，利润是一定会计期间的收入与费用、利得与损失配比后的利润的实现，反映会计期间的经营成果。

②利润的实现，其结果是所有者权益的增值。

（2）利润的确认条件

利润反映的是收入减去费用、利得减去损失后的净额。因此，利润的确认主要依赖收入和费用以及利得和损失的确认，其金额的确定也主要取决于收入、费用、利得、损失金额的计量。

（3）利润的组成内容

在利润表中利润分为营业利润、利润总额和净利润三个层次。

①营业利润是指营业收入加上投资收益（或减去投资损失）、公允价值变动收益（或减去公允价值变动损失），减去营业成本、营业税金及附加、期间费用、资产减值损失后的金额。计算公式如下：

营业利润＝营业收入－营业成本－营业税金及附加－销售费用－管理费用－财务费用－资产减值损失＋/－公允价值变动损益＋/－投资损益

②利润总额又称税前利润，是营业利润加上营业外收入，减去营业

外支出(即利得和损失)后的金额。计算公式如下:

利润总额=营业利润+营业外收入-营业外支出

③净利润又称税后利润,是利润总额减去所得税费用后的金额。计算公式如下:

净利润=利润总额-所得税费用

总之,会计要素是对会计对象进行的基本分类,它在核算和监督企业的经济管理活动中发挥了重要作用。

【任务活动】

1. 绘制本任务的知识思维导图。

要求:形式不限,至少整理至“1.”级标题。

2. 提取并整理本任务中的术语。

3. 以小组为单位,讨论本任务“任务导入”中的问题。

任务二　设置会计科目与账户

【任务导入】

会计科目与账户,是会计在从事财务工作时,必须记录的两个项目。设置会计科目,是设置账户、账务处理所遵循的规则和依据,而账户的设置,则能够反映会计要素的增减变动及结余情况,因此两者缺一不可。会计等式则是表明会计要素之间的基本关系。

【知识精编】

一、认识会计等式

会计等式,又称会计平衡式,它是利用数学等式对会计要素之间的内在经济联系所做的概括和科学表达,用来表明各会计要素之间的基本关系。

一个企业为了独立地进行生产经营活动,以获取利润,必须拥有一定数额可供支配运用的资产,而企业的资产最初进入企业的来源渠道不外乎两种:一是由债权人提供,二是由所有者提供。企业对这些资产的使用不是无偿的,企业的债权人和投资者对企业资产拥有一定的要求权,这种要求权在会计上称为“权益”。这样,在资产和权益之间就存在着相互依存的等量关系。资产和权益实际上是同一事物的两个方面，资产表明企业经济资源的存在形态，权益表明资产的取得渠道。资产不能离开权益而存在，权益也不能离开资产而存在，并且两者在数量上一定相等，这两者的平衡关系用会计等式可表述为：

资产＝权益

企业的资产可从两个渠道取得，对资产的要求权，即权益，也由两部分构成：一部分属于债权人，是债权人权益，会计上称为“负债”；另一部分属于投资者，是所有者权益。因此会计等式可进一步表述为：

资产＝负债＋所有者权益

这一会计等式体现了企业资金运动过程中某一时点上会计要素之间的数量关系，是资金运动的静态表现形式，是静态会计等式，又被称为基本的会计等式、第一平衡等式。这一等式表明，在某一时点企业所掌握或拥有的经济资源的数额，债权人和企业所有者对这些资源所拥有的权益。

在企业生产经营过程中，资产不断被消耗，形成费用，并获得相应收入。费用的发生必然带来经济利益的流出，收入的发生必然带来经济利益的流入；收入和费用相抵减，形成利润。利润是企业经济利益流入与流出的结果，最终带来所有者权益的增加。因此，企业的资产、负债、所有者权益、收入、费用、利润之间也存在着一种内在的联系，可表述为：

利润＝收入－费用

资产＝负债＋所有者权益＋利润

＝负债＋所有者权益＋(收入－费用)

资产＋费用＝负债＋所有者权益＋收入

这一会计等式揭示了企业在某一时点的资产、负债、所有者权益和截止到该时点的某一时期的收入、费用金额，即企业在某一时点有多少资产、负债、所有者权益，以及截止到该时点的某一时期有多少收入、费用。这一会计等式也被称为扩展的会计恒等式。

到会计期末，企业的收入抵减费用，计算出利润(亏损)后，利润并入所有者权益。最后，会计等式仍然表现为：

资产＝负债＋所有者权益

综上所述，“资产＝负债＋所有者权益”是反映企业生产经营的基本会计等式，它是各会计主体设置账户或会计科目、进行复式记账、编制财务报告的理论依据。

二、认识账户与会计科目

（一）账户及其设置原则

账户及其
设置原则

所谓账户，是对会计要素的增减变动及其结果进行分类记录、反映的工具。账户是会计信息的“储存器”，设置账户是会计核算的一种专门方法。

如前所述，会计上为了记录经济业务，提供会计信息，需要将会计对象按照一定的标准划分为若干个项目，我们称这些项目为会计要素。这是对会计对象的第一次分类，也是最基本的分类。例如，欲了解一个企业拥有或控制的经济资源有多少，承担的债务有多少，投资人的收益是多少，以及一定时期内企业取得多少收入，发生多少耗费，实现多少利润等信息，我们可以通过前述各项会计要素提供的资料来满足有关信息使用者的需要。然而，会计信息使用者在决策过程中，除了需要上述概括性资料外，往往还需要详细的资料。例如，在掌握了企业有多少资产、负债和所有者权益后，还需要知道资产都有哪些，企业的债务构成如何，所有者权益的组成怎样等。但是按照会计要素分类核算提供的资料，就满足不了会计信息使用者的需要。于是，就需要在会计要素的基础上进行再分类，以便分门别类地核算，提供信息使用者所需的会计信息。账户就是在会计对象划分为会计要素的基础上，对会计要素的具体内容所做的进一步分类。利用账户，可以分类、连续地记录经济业务增减变动情况，再通过整理和汇总等方法，反映会计要素的增减变动情况及其结果，从而提供各种有用的数据和信息。例如，为了核算和监督各项资产的增减变动情况，需要设置“库存现金”“银行存款”“原材料”“固定资产”等账户；为了核算和监督负债及所有者权益的增减变动情况，需要设置“短期借款”“应付账款”“长期借款”“实收资本”“资本公积”“盈余公积”等账户；为了核算和监督收入、费用和利润的增减变动情况，需要设置“主营业务收入”“生产成本”“管理费用”“本年利润”“利润分配”等账户。

各会计主体设置账户应遵循以下原则：

1. 必须结合会计要素的特点，全面反映会计要素的内容

账户作为对会计对象具体内容，即会计要素进行分类核算的工具，其设置应保证全面、系统地反映会计要素的全部内容，不应有任何遗漏。同时，账户的设置还必须反映会计要素的特点。各会计主体除了需要设置各行各业的共性账户外，还应根据本单位经营活动的特点，设置相应的账户。例如，制造业企业的主要经营活动是制造产品，因而需

要设置反映生产耗费的账户，如"生产成本""制造费用"等账户就是为适应这一特点而设置的。

2.既要符合对外报告的要求，又要满足内部经营管理的需要

企业会计核算资料应满足各方面的需要：满足政府部门加强宏观调控、制定方针政策的需要；满足投资者、债权人及有关方面对企业经营业绩和财务状况做出准确判断的需要；满足企业内部加强经营管理的需要。因此，在设置账户时必须兼顾对外报告和企业内部经营管理的需要。例如，根据会计信息使用者所需数据的详细程度的不同，企业不但要设置总分类账户，还要设置明细分类账户。总分类账户（简称总账）是对会计对象具体内容进行总括分类核算的账户，如"固定资产""实收资本"等账户。总分类账户提供的总括性信息基本上能满足企业对外报告的需要。明细分类账户（简称明细账）是对总分类账户的进一步分类，如在"库存商品"总分类账户下按照商品的类别或品名分设的明细分类账户，它提供的明细核算资料主要为企业内部经营管理服务。

3.既要适应经济业务发展的需要，又要保持相对稳定。

账户的设置，要适应社会经济环境的变化和本单位业务发展的需要。例如，随着商业信用的发展，为了核算和监督商品交易中的提前付款或延期交货而形成的债权债务关系，核算中应单独设置"预付账款"和"预收账款"账户，即把预收、预付货款的核算从"应收账款"和"应付账款"账户中分离出来。再如，随着技术市场的形成和专利法、商标法的实施，对企业拥有的专有技术、专利权、商标权等无形资产的价值及其变动情况，有必要专设"无形资产"账户予以反映。但是，账户的设置应保持相对稳定，以便在一定范围内综合汇总以及在不同时期对比分析其所提供的核算指标。

4.统一性与灵活性相结合

所谓统一性，是指在设置账户时，要按照国家有关会计制度中对账户的名称，即会计科目的设置及其核算内容所做的统一规定，以保证会计核算指标在一个部门乃至全国范围内可以综合汇总、分析利用。所谓灵活性，是指在保证提供统一核算指标的前提下，各会计主体可以根据本单位的具体情况和经营管理要求，对统一规定的会计科目做必要的增补、分拆或合并。例如，财政部颁布的《企业会计准则应用指南》附录中列示的会计科目，未设置"待摊费用"和"预提费用"科目，但企业如果沿用实务中的惯例，仍可以保留这两个账户。

5.简明适用，称谓规范

每一个账户都应有特定的核算内容，各账户之间既要有联系，又要

有明确的界限，不能含混不清。所以，在设置账户时，对每一个账户的特定核算内容必须严格、明确地界定。总分类账户的名称应与国家有关会计制度的规定相一致，明细分类账户的名称也要含义明确、通俗易懂。账户的数量和详略程度应根据企业规模的大小、业务的繁简和管理的需要而定。

（二）账户的基本结构

账户的基本结构

如前所述，账户是用来记录经济业务，反映会计要素的具体内容增减变动及其结果的工具。因此，随着会计主体会计事项的不断发生，会计要素的具体内容也必然随之发生变化，而且这种变化不管多么错综复杂，从数量上看不外乎增加和减少两种情况。所以用来积累企业在某一会计期间内各种有关数据的账户，在结构上就应分为两方，即左方和右方：一方登记增加数，另一方则登记减少数。至于哪一方登记增加，哪一方登记减少，则由采用的记账方法和记录的经济内容决定。这就是账户的基本结构。这一基本结构，不会因企业在实际中使用的账户的具体格式不同而发生变化。

当然对于一个完整的账户而言，除了必须有反映增加数和减少数的两栏外，还应包括其他栏目，以反映其他相关内容。一个完整的账户结构应包括：（1）账户名称，即会计科目；（2）会计事项发生的日期；（3）摘要，即经济业务的简要说明；（4）凭证号数，即表明账户记录的依据；（5）金额，即增加额、减少额和余额。

为了说明问题和学习方便，在会计教学中，我们通常用一条水平线和一条将水平线平分的垂直线来表示账户，称为 T 型账户（亦称丁字形账户）。其格式如下：

左方　　　　账户名称（会计科目）　　　　右方

每个账户一般有四个金额要素，即期初余额、本期增加发生额、本期减少发生额和期末余额，账户如有期初余额，首先应当在记录增加额的那一方登记，会计事项发生后，要将增减内容记录在相应的栏内。一定期间记录到账户增加方的数额合计，称为增加发生额；记录到账户减少方的数额合计，称为减少发生额。正常情况下，账户四个数额之间的关系如下：

账户期末余额＝账户期初余额＋本期增加发生额－本期减少发生额

账户本期的期末余额转入下期，即为下期的期初余额。每个账户的本期发生额反映的是该类经济内容在本期内变动的情况，而期末余额则反映变动的结果。例如，某企业在某一期间“银行存款”账户的记录如下：

左方	银行存款		右方
期初余额	10 000		
本期增加额	8 000	本期减少额	11 000
本期发生额	8 000	本期发生额	11 000
期末余额	7 000		

根据上述账户的记录，可知企业期初在银行的存款为10 000元，本期增加了8 000元，本期减少了11 000元，到期末，企业还有7 000元存款。

（三）账户的设置

对会计对象的具体内容按照一定的标准进行基本分类，可划分为资产、负债、所有者权益、收入、费用和利润六个会计要素。账户是对会计要素的再分类，于是，作为连续、系统地记录会计对象的账户，就相应地需要设置六大类。然后，再根据每一类的具体内容、特点和管理要求，分别设置若干个账户，每个账户都记录某一特定的经济内容，具有一定的结构和格式。

1. 资产类账户

资产类账户，是用来反映和监督各种资产（包括各种财产、债权和其他权利）增减变动情况和结果的账户。例如，“库存现金”“银行存款”“应收账款”“在途物资”“原材料”“库存商品”“固定资产”“无形资产”“长期股权投资”等账户均为典型的资产类账户。

2. 负债类账户

负债类账户，是用来反映和监督各种负债增减变动情况和结果的账户。例如，“短期借款”“应付账款”“应付职工薪酬”“应交税费”“应付股利”“长期借款”“应付债券”等账户为典型的负债类账户。

3. 所有者权益类账户

所有者权益类账户，是用来反映和监督所有者权益增减变动情况和结果的账户。例如，“实收资本”（或“股本”）“资本公积”“盈余公积”等账户为典型的所有者权益类账户。

4. 收入类账户

收入类账户，是用来反映和监督企业生产经营过程中取得的各种营业收入的账户。例如,“主营业务收入”“其他业务收入”“投资收益”等账户为典型的收入类账户。由于收入有广义与狭义之分,所以广义上的收入类账户还包括“营业外收入”账户。广义的收入是利润表(亦称损益表)的构成项目,因此,广义的收入类账户属于损益类账户。

5. 费用类账户

费用类账户,是用来反映和监督企业生产经营过程中所发生的各种耗费的账户。例如,“主营业务成本”“税金及附加”“管理费用”“财务费用”“销售费用”“资产减值损失”等账户为典型的费用类账户。由于费用也有广义与狭义之分,所以广义的费用类账户还包括“生产成本”“制造费用”“营业外支出”和“所得税费用”等账户。广义的费用中的“生产成本”和“制造费用”属于成本类费用,这类费用是通过形成主营业务成本的形式来计入利润表的。除此之外,其他广义的费用均为利润表的构成项目,因此,“生产成本”“制造费用”账户又称为成本类账户,其他广义的费用类账户也均属于损益类账户。

6. 利润类账户

利润类账户,是用来反映和监督企业利润的实现和分配情况的账户。例如,“本年利润”和“利润分配”账户为典型的利润类账户。由于利润属于所有者的权益,所以“本年利润”和“利润分配”账户也属于所有者权益类账户。

由此可见,企业按会计要素设置的上述六类账户也可整合为资产类、负债类、所有者权益类、成本类和损益类五类账户。当然,账户不论如何分类,其基本结构都是分为左右两方,用一方登记增加,另一方登记减少。至于哪一方登记增加,哪一方登记减少,除了取决于反映的经济内容外,还受具体的记账方法制约。其具体结构用途将在下文予以说明。

三、会计科目

(一)会计科目的含义

在上一个问题的讨论中我们已经指出,为了序时、连续、系统地记录由于经济业务的发生而引起的会计要素的增减变动情况,以及提供各种会计信息,各会计主体必须设置账户。正确地设置和运用账户,可以将各种经济业务的发生情况,以及由此而引起的资产、负债、所有者权益、收入、费用和利润各要素的变化,进行系统地、分门别类地反映和监督,进而向会计信息使用者提供各种会计信息,这对于加强宏观、微观经济管理具有重要意义。

从理论上来讲，会计科目和账户在会计学中是两个不同的概念，但它们之间既有联系又有区别。会计科目是账户的名称，同时也是各单位设置账户的一个重要依据。会计科目与账户的共同点是：都分门别类地反映某项经济内容，即两者所反映的经济内容是相同的。账户是根据会计科目开设的，账户的名称就是会计科目。

会计科目与账户的主要区别是：会计科目通常由国家统一规定，是各单位设置账户、处理账务所必须遵循的依据，而账户则由各会计主体自行设置，是会计核算的一个重要工具；会计科目只表明某项经济内容，而账户不仅表明相同的经济内容，还具有一定的结构格式，并通过账户的结构反映某项经济内容的增减变动情况，即会计科目仅仅是对会计要素具体内容进行分类的项目名称，而账户还具有一定的结构、格式。由于账户是根据会计科目设置的，并按照会计科目命名，也就是说会计科目是账户的名称，两者的称谓及核算内容完全一致，因而在实际工作中，会计科目与账户通常被当作同义语来理解，互相通用，不加区别。

（二）会计科目的级次

会计科目按其提供的指标的详细程度，或者说提供的信息的详细程度，可以分为以下两类：

1. 总分类科目

总分类科目也称一级科目或总账科目。它是对会计要素的具体内容进行总括分类的账户名称，是进行总分类核算的依据，所提供的是总括指标。总分类科目原则上由财政部统一制定，以会计核算制度的形式颁布实施。现将制造业企业的常用会计科目列示，见表2—1。

表2—1　　会计科目表

编号	会计科目	编号	会计科目
	一、资产类	2211	应付职工薪酬
1001	库存现金	2221	应交税费
1002	银行存款	2231	应付利息
1101	交易性金融资产	2232	应付股利
1121	应收票据	2241	其他应付款
1122	应收账款	2501	长期借款
1123	预付账款	2502	应付债券
1131	应收股利	2701	长期应付款

续表

编号	会计科目	编号	会计科目
1221	其他应收款	2801	预计负债
1231	坏账准备		**三、所有者权益类**
1401	材料采购	4001	实收资本
1402	在途物资	4002	资本公积
1403	原材料	4101	盈余公积
1404	材料成本差异	4103	本年利润
1405	库存商品	4104	利润分配
1411	周转材料		**四、成本类**
1471	存货跌价准备	5001	生产成本
1511	长期股权投资	5101	制造费用
1512	长期股权投资减值准备		**五、损益类**
1601	固定资产	6001	主营业务收入
1602	累计折旧	6051	其他业务收入
1603	固定资产减值准备	6101	公允价值变动损益
1604	在建工程	6111	投资收益
1606	固定资产清理	6115	资产处置损益
1701	无形资产	6301	营业外收入
1702	累计摊销	6401	主营业务成本
1703	无形资产减值准备	6402	其他业务成本
1801	长期待摊费用	6403	营业税金及附加
1901	待处理财产损溢	6601	销售费用
	二、负债类	6602	管理费用
2001	短期借款	6603	财务费用
2201	应付票据	6701	资产减值损失
2202	应付账款	6711	营业外支出
2203	预收账款	6801	所得税费用

2. 明细分类科目

明细分类科目，是对总分类科目所含内容再做详细分类的会计科目。它所提供的是更加详细具体的指标。例如，在“应付账款”总分类科目下再按具体单位分设明细科目，具体反映应付哪个单位的货款。

为了适应管理上的需要，当总分类科目下设置的明细分类科目太多时，可在总分类科目与明细分类科目之间增设二级科目（也称子目）。二级科目所提供的指标的详细程度介于总分类科目和明细分类科目之间。例如，在“原材料”总分类科目下，可按材料的类别设置二级科目“原料及主要材料”“辅助材料”“燃料”等。

由此可见，在设置二级科目的情况下，会计科目即分为三个级次：总分类科目（一级科目）、二级科目（子目）、明细分类科目（三级科目、细目），总分类科目统辖下属若干个二级或明细分类科目。现以“原材料”“生产成本”两个科目为例，将会计科目按所提供的指标的详细程度分类列示，见表2—2。

表2—2　　　　会计科目按提供指标详细程度的分类

总分类科目（一级科目）	二级与明细分类科目	
	二级科目（子目）	明细分类科目（三级科目、细目）
原材料	原料及主要材料	圆钢、生铁
	辅助材料	润滑油 防锈剂
	燃料	汽油 柴油
生产成本	第一车间	甲产品 乙产品
	第二车间	丙产品 丁产品

3. 总分类核算与明细分类核算

在实际工作中，为满足会计信息使用者的不同需求，各会计主体应分别按总分类科目开设总分类账户，按二级或明细分类科目开设二级或明细分类账户。总分类账户提供的是总括分类核算指标，因而一般只用货币计量；二级或明细分类账户提供的是明细分类核算指标，因而除用货币量度外，有的还用实物量度（如吨、千克、件、台等）。经济业务通过总分类账户进行核算的，称为总分类核算；通过有关二级或明细分类账户进行核算的，称为明细分类核算。总分类账户和明细分类账户之间的关系是统驭与被统驭的关系。它们的登记方法则采用平行登记。

【任务活动】

1. 绘制本任务的知识思维导图。

要求：形式不限，至少整理至“1. ”级标题。

2. 提取并整理本任务中的术语。

3. 以小组为单位，讨论本任务“任务导入”中的问题。

任务三　经济业务发生对会计恒等式的影响

【任务导入】

在企业的日常经营活动过程中，会发生各种各样的经济业务，而经济业务的不同，对会计等式产生的影响也不一样。因此，了解经济业务对会计等式的影响很有必要。

【知识精编】

经济业务是指企业在生产经营过程中发生的能以货币计量，并能引起会计要素发生增减变化的交易或者事项。国际上通常将会计需要确认的各类经济业务具体化为会计交易与会计事项两类。其中，会计交易是指发生在两个不同会计主体之间的价值转移，如向投资者筹集资金，向供货方购货，向银行归还借款，向购货方销货，企业将自产产品发给职工用作福利和奖金等；会计事项主要是指发生在一个会计主体内部各部门之间资源的转移，如企业在生产经营过程中耗用的材料、机器设备的折旧、工资的分配以及收入和费用的结转、自然灾害导致的财产受损等。我国习惯将会计交易与会计事项统称为经济业务。企业在生产经营过程中必然会发生各种各样的经济业务，每项经济业务的发生都会对会计要素产生一定的影响，但都不会破坏资产与权益之间的平衡关系，即不会破坏会计等式。因为一个企业的经济业务虽然数量多、花样繁多，但归纳起来不外乎以下几种。

经济业务的发生仅引起等式一边发生增减变化，但增减金额相等，总额不变。具体又可分为以下5种情况：

①经济业务的发生导致等式左边资产项目此增彼减，但增减金额相等。

②经济业务的发生导致等式右边负债项目此增彼减，但增减金额相等。

③经济业务的发生导致等式右边所有者权益项目此增彼减，但增减金额相等。

④经济业务的发生导致等式右边负债项目增加，而所有者权益项目减少，但增减金额相等。

⑤经济业务的发生导致等式右边的所有者权益项目增加，而负债项目减少，但增减金额相等。

经济业务的发生，引起等式两边发生同时增加或减少的变化，但增加或减少的金额相等，等式保持平衡，而两边的总额或增加或减少。这里又可分为以下 4 种情形：

①经济业务的发生导致等式左边的资产项目增加，而同时等式右边的负债项目也增加相同金额。

②经济业务的发生导致等式左边的资产项目增加，而同时等式右边的所有者权益项目也增加相同金额。

③经济业务的发生导致等式左边的资产项目减少，而同时等式右边的负债项目也减少相同金额。

④经济业务的发生导致等式左边的资产项目减少，而同时等式右边的所有者权益项目也减少相同金额。

【任务活动】

1. 绘制本任务的知识思维导图。

要求：形式不限，至少整理至“1.”级标题。

2. 提取并整理本任务中的术语。

3. 以小组为单位，讨论本任务“任务导入”中的问题。

【巩固练习】

一、单项选择题

1. 下列选项中属于反映企业财务状况的会计要素的是(　　)。

A. 收入　　B. 所有者权益

C. 费用　　D. 利润

2. 企业的原材料属于会计要素中的(　　)。

A. 资产　　B. 负债

C. 所有者权益　　D. 权益

3. 下列选项中属于企业流动资产的是(　　)。

A. 长期股权投资　　B. 固定资产

C. 预付账款　　D. 无形资产

4. 下列各项中属于流动负债的是(　　)。

A. 应付债券(1 年以上到期)　　B. 预收账款

C. 应收及预付款　　D. 存货

5. 企业收入的增加会引起(　　)。

A. 负债增加　　B. 资产减少

C. 资产增加　　D. 所有者权益减少

6. 下列会计业务中会使企业月末资产总额发生变化的是(　　)。

A. 从银行提取现金　　B. 购买原材料,货款未付

C. 购买原材料,货款已付　　D. 现金存入银行

7. 对会计对象的具体划分称为(　　)。

A. 会计科目　　B. 会计原则

C. 会计要素　　D. 会计方法

8. 关于所有者权益与负债的区别,下列说法中不正确的是(　　)。

A. 负债的求偿力高于所有者权益

B. 所有者的投资收益取决于企业的经营成果

C. 债权人的求偿权有固定到期日

D. 所有者承受的风险低于债权人

9. 以银行存款 50 000 元偿还企业前欠货款。这项经济业务所引起的会计要素变动情况属于(　　)。

A. 一项资产与一项负债同时增加

B. 一项资产与一项负债同时减少

C. 一项资产增加,另一项资产减少

D. 一项负债增加,另一项负债减少

10. 下列选项中能引起资产和权益同时减少的业务是(　　)。

A. 用银行存款偿还应付账款

B. 向银行借款直接偿还应付账款

C. 购买材料货款暂未支付

D. 工资计入产品成本但暂未支付

二、多项选择题

1. 下列等式中正确的会计等式有(　　)。

A. 资产＝权益

B. 资产＝负债＋所有者权益

C. 收入－费用＝利润

D. 资产＝负债＋所有者权益＋(收入－费用)

E. 资产＋负债－费用＝所有者权益＋收入

2. 下列关于会计等式的说法中,正确的是(　　)。

A. "资产＝负债＋所有者权益"是最基本的会计等式,表明了会计主体在某一特定时期所拥有的各种资产与债权人、所有者之间

的动态关系

B.“收入－费用＝利润”这一等式动态反映了经营成果与相应期间的收入和费用之间的关系，是企业编制利润表的基础

C.“资产＝负债＋所有者权益”这一会计等式说明了企业经营成果对资产和所有者权益所产生的影响，体现了会计六要素之间的内在联系

D. 企业各项经济业务的发生并不会破坏会计基本等式的平衡关系

E. 会计等式反映了六大会计要素的恒等关系

3. 企业的资产按流动性可以分为(　　)。

A. 流动资产　　B. 非流动资产

C. 长期股权投资　　D. 无形资产

E. 长期待摊费用

4. 下列选项中，属于无形资产的有(　　)。

A. 期权　　B. 专利权

C. 商标权　　D. 土地使用权

E. 著作权

5. 下列选项中关于负债的表述正确的有(　　)。

A. 负债按其流动性不同，分为流动负债和非流动负债

B. 负债通常是在未来某一时日通过交付资产或提供劳务来清偿的

C. 正在筹划的未来交易事项，也会产生负债

D. 负债是企业由于过去的交易或事项而承担的将来义务

E. 负债是企业由于过去的交易或事项而承担的现时义务

6. 下列选项中，应确认为企业资产的有(　　)。

A. 购入的无形资产

B. 已霉烂变质无使用价值的存货

C. 融资租入的固定资产

D. 计划下个月购入的材料

E. 销售商品暂时尚未收回的款项

7. 下列选项中属于流动资产的有(　　)。

A. 存放在银行的存款　　B. 存放在仓库的材料

C. 厂房和机器　　D. 企业的办公楼

E. 企业的办公用品

8. 下列选项中，属于企业所有者权益组成部分的有(　　)。

A. 股本　　B. 资本公积
C. 盈余公积　　D. 应付股利
E. 未分配利润

9. 企业的费用具体表现为一定期间(　　)。
A. 现金的流出　　B. 企业其他资产的减少
C. 企业负债的增加　　D. 银行存款的流出
E. 企业负债的减少

三、判断题

1. 会计六要素中既有反映财务状况的要素,也含反映经营成果的要素。(　　)

2. 库存中已失效或已毁损的商品,由于企业对其拥有所有权并且能够实际控制,因此应该作为本企业的资产。(　　)

3. 非流动负债的偿还期均在 1 年以上,流动负债的偿还期均在 1 年以内。(　　)

4. 所有者权益是指企业投资人对企业资产的所有权。(　　)

5. 企业取得收入,便意味着利润可能形成。(　　)

6. 与所有者权益相比,负债一般有规定的偿还期,而所有者权益没有。(　　)

7. 与所有者权益相比,债权人无权参与企业的生产经营、管理和收益分配,而所有者则相反。(　　)

8. 期间费用是资产的耗费,它与一定的会计期间相联系,而与生产哪一种产品无关。(　　)

9. 制造费用、税金及附加、销售费用、管理费用、财务费用均属于期间费用。(　　)

10. 从本质上说费用就是资产的转化形式,是企业总资产的耗费。(　　)

项目三

复式记账

学习目标

知识目标

1. 深入了解会计等式，即资产等于负债加所有者权益的基本原理。
2. 了解不同会计科目的作用与意义。
3. 学习复式记账的基本原理与实践操作。
4. 了解会计凭证的重要性，学会正确填制会计凭证。
5. 分析不同类型的经济业务对会计等式的影响。

能力目标

1. 能解释复式记账的原理与意义。
2. 能正确应用复式记账法。
3. 能合理填制会计凭证与账簿。

素质目标

培养学生对复式记账的运用有深入的理解和熟练的技能。

项目描述

本项目旨在深入介绍基础会计学中的复式记账，帮助同学们掌握会计核心概念与实践技能。通过学习复式记账，同学们将理解会计等式的重要性以及会计科目的设置和分类，进而掌握账户的建立与分类方法，以及经济业务对会计等式的影响。

通过本项目的学习，同学们将逐步掌握基础会计学中复式记账的核心概念与技能，为未来步入职场、从事会计相关工作奠定坚实的理论基础。

任务一　认识记账方法

【任务导入】

会计记账方法是根据单位所发生的经济业务(或会计事项)，采用特定的记账符号并运用一定的记账原理(程序和方法)，在账簿中进行登记的方法。

会计记账方法有单式记账法、复式记账法。复式记账法主要有借贷记账法、增减记账法和收付记账法。

【知识精编】

一、记账方法概述

在会计工作中，为了有效地反映和监督会计对象，各会计主体除了要按照规定的会计科目设置账户外，还应采用一定的记账方法。所谓记账方法，是指按照一定的规则，使用一定的符号，在账户中登记各项经济业务的技术方法。会计上的记账方法，最初是单式记账法，随着社会经济的发展和人们的实践与总结，单式记账法逐步改进，从而演变为复式记账法。

(一)单式记账法

单式记账法是一种比较简单、不完整的记账方法。这种方法的主要特征是：对于每项经济业务，通常只登记现金和银行存款的收付业务，以及应收款、应付款的结算业务，而不登记实物的收付业务；除了有关应收款、应付款的现金收付业务需要在两个或两个以上的账户中各自进行登记外，其他业务只在一个账户中登记或不予登记。例如，企业以现金 500

元支付办公费用。对于这项经济业务，如果采用单式记账法，就只在有关的现金账户中做减少 500 元的登记，至于费用的发生情况，则不予反映。又如，企业从某单位购入一批材料，计价 1 000 元，货已收到，款尚未支付。对于这项经济业务，如果采用单式记账法，就只在结算债务账户中做增加 1 000 元的登记，而材料的增加，则不予登记。

采用单式记账法，对于有关应收款、应付款的现金收付业务，虽然在记现金账的同时也记往来账，但现金账与往来账是各记各的，彼此没有直接的联系。

由此可见，在单式记账法下，对支付费用以及采用付现或赊购方式购买实物性资产的经济业务，只核算现金的减少或债务的增加，而对费用的发生或实物性资产的取得，一般不设置账户进行核算。至于实物性资产的结存数额，只能通过定期的实地盘存得到。经营的损益则由前后两期财产结存数的比较求得，即期末资产结存大于期初资产结存的数额为利润；反之，则为亏损。

显然，单式记账法的优点是记账手续比较简单，但由于其账户的设置是不完整的，各个账户之间又互不联系，所以无法全面反映各项经济业务的来龙去脉，也不能正确核算成本和盈亏，更不便于检查账户记录的正确性。因此，这种记账方法只适用于经济业务非常简单的单位，目前已很少采用。

（二）复式记账法

所谓复式记账法，是指对任何一项经济业务，都必须用相等的金额在两个或两个以上的有关账户中相互联系地进行登记，借以反映会计对象具体内容增减变化的一种记账方法。现仍以前例说明其主要特征。例如，企业以现金 500 元支付办公费用。如果采用复式记账法，这项经济业务除了要在有关“库存现金”账户中做减少 500 元的登记外，还要在有关费用账户中做增加 500 元的登记。这样登记的结果表明，企业现金的付出同费用的发生两者之间是相互联系的。又如，企业向其单位购入一批材料，计价 1 000 元，货已收到，款尚未支付。如果采用复式记账法，这项经济业务除了要在结算债务账户中做增加 1 000 元的登记外，还要在有关的材料账户中做增加 1 000 元的记录。这样登记的结果，就使得债务的发生同材料的购进两者之间的关系一目了然。

由上可见，复式记账法的主要特征是：需要设置完整的账户体系，除了“库存现金”“银行存款”账户外，还要设置实物性资产以及收入、费用和各种权益类账户；不仅记录货币资金的收付和债权债务的发生，还要对所有财产和全部权益的增减变化，以及经营过程中发生的费用和获得的收入做全面、系统的反映；对每项经济业务，都要在两个或两个以上的账户中进行等额双重记录，以便反映其来龙去脉；根据会计等式的平衡关系，可以对一定时期发生的全部经济业务的会计记录进行综合试算，以检查账户记录是否正确。

【任务活动】

1. 绘制本任务的知识思维导图。

要求：形式不限，至少整理至"1."级标题。

2. 提取并整理本任务中的术语。

3. 以小组为单位，讨论本任务"任务导入"中的问题。

任务二　运用借贷记账法编制会计分录

【任务导入】

借贷记账法是以"借"和"贷"作为记账符号的一种复式记账方法。这种记账方法大约起源于13世纪的意大利。当时，意大利沿海城市的商品经济特别是海上贸易已有很大的发展，在商品交换中，为了适应借贷资本和商业资本经营者管理的需要，逐步形成了这种记账方法。

【知识精编】

一、借贷记账法的产生与演进

"借""贷"两字的含义，最初是从借贷资本家的角度来解释的。借贷资本家以经营货币资金为主要业务，对于收进来的存款，记在贷主(creditor)的名下，表示自身的债务即欠人的增加；对于付出去的放款，则记在借主(debtor)的名下，表示自身的债权即人欠的增加。这样，"借""贷"两字分别表示借贷资本家的债权(人欠)、债务(欠人)及其增减变化。

随着商品经济的发展，经济活动的内容日趋复杂化，会计记录的经济业务也不再局限于货币资金的借贷，而逐渐扩展到财产物资、经营损益和经营资本等的增减变化，这时，为了求得账簿记录的统一，对于非货币资金的借贷活动，也利用"借""贷"两字来说明经济业务的变化情况。这样，"借""贷"两字逐渐失去了原来的字面含义，演变为一对单纯的记账符号，成为会计上的术语。到15世纪，借贷记账法逐渐完备，被用来反映资本的存在形态和所有者权益的增减变化。与此同时，西方国家的会计学者提出了借贷记账法的理论依据，即“资产＝负债＋资本”的平衡公式（亦称会计方程式），并根据这个理论确立了借贷的记账规则，从而使借贷记账法日臻完善，逐渐为世界各国普遍采用。

中华人民共和国成立以前，借贷记账法就已传入我国，为一部分企业所采用。中华人民共和国成立以后，我国会计工作者在借贷记账法的基础上，提出了一些新的记账方法，如增减记账法、资金收付记账法等，并将其运用于会计实践中。但是，记账方法不统一，既给企业间横向经济联系和国际经济交往带来诸多不便，也不利于经济管理中对会计信息的加工、汇总和利用。因此，我国于 1993 年实施的《企业会计准则——基本准则》明确规定，境内所有企业在进行会计核算时，都必须统一采用借贷记账法。目前，即使是行政、事业单位，也都采用借贷记账法。

二、借贷记账法的记账符号

记账符号，是会计核算中采用的一种抽象标记，表示经济业务的增减变动情况和记账方向。

借贷记账法以“借”和“贷”作为记账符号，“借”（英文简写 Dr）表示记入账户的借方；“贷”（英文简写 Cr）表示记入账户的贷方。

在借贷记账法下，“借”“贷”两个符号对会计等式两边的会计要素规定了相反的含义，抽象地看，无论是“借”还是“贷”都既表示增加，又表示减少。具体地看，“借”对会计等式左边的账户，即资产、费用类账户表示增加，对会计等式右边的账户，即负债、所有者权益、收入和利润类账户则表示减少；“贷”对会计等式左边的资产、费用类账户表示减少，对会计等式右边的负债、所有者权益、收入和利润类账户则表示增加。

三、借贷记账法的账户结构

在借贷记账法下，任何账户都分为“借”“贷”两方，把账户的左方称为“借方”，把账户的右方称为“贷方”。记账时，账户的借贷两方必须做相反方向的记录，即对于每一个账户来说，如果借方用来登记增加额，则贷方就用来登记减少额；如果借方用来登记减少额，则贷方就用来登记增加额。在一个会计期间内，借方登记的合计数称为借方发生额；贷方登记的合计数称为贷方发生额。那么，究竟用哪一方来登记增加额，用哪一方来登记减少额呢？这要根据各个账户反映的经济内容，也就是它的性质来决定。

借贷记账法的账户结构

下面分别说明借贷记账法下各类账户的结构。

(一)资产类账户的结构

资产类账户的结构是:账户的借方登记资产的增加额,贷方登记资产的减少额。由于资产的减少额不可能大于它的期初余额与本期增加额之和,所以这类账户期末如有余额,必定在借方。该类账户期末余额的计算公式如下:

资产类账户期末借方余额=期初借方余额+本期借方发生额
　　　　　　　　　　　　　　　　　　　-本期贷方发生额

资产类账户的简化结构如下所示:

借方	资产类账户		贷方
期初余额	×××		
增加额	×××	减少额	×××
本期发生额	×××	本期发生额	×××
期末余额	×××		

(二)负债及所有者权益类账户的结构

根据"资产=负债+所有者权益"的会计等式,负债及所有者权益类账户的结构与资产类账户正好相反,其贷方登记负债及所有者权益的增加额,借方登记负债及所有者权益的减少额。由于负债及所有者权益的增加额与期初余额之和,通常也要大于其本期减少额,所以,这类账户期末如有余额,必定在贷方。该类账户期末余额的计算公式如下:

负债及所有者权益类账户期末贷方余额=期初贷方余额+本期贷方发生额
　　　　　　　　　　　　　　　　　　　　　　　-本期借方发生额

负债及所有者权益类账户的简化结构如下所示:

借方	负债及所有者权益类账户		贷方
		期初余额	×××
减少额	×××	增加额	×××
本期发生额	×××	本期发生额	×××
		期末余额	×××

(三)费用类账户的结构

企业在生产经营中所发生的各种耗费,大多由资产转化而来,所以费用在抵销收入之前,可将其视为一种特殊资产。因此,费用类账户的结构与资产类账户基本相同,账户的借方登记费用的增加额,贷方登记费用的减少(转销)额。由于借方登记的费用增加额一般都要通过贷方转出,所以该类账户通常没有期末余额。费用类账户的简化结构如下所示：

借方	费用类账户		贷方
增加额	×××	减少额	×××
本期发生额	×××	本期发生额	×××

（四）收入类账户的结构

收入类账户的结构与负债及所有者权益类账户类似，账户的贷方登记收入的增加额，借方登记收入的减少（转销）额。由于贷方登记的收入增加额一般要通过借方转出，所以这类账户通常也没有期末余额。收入类账户的简化结构如下所示：

借方	收入类账户		贷方
减少额	×××	增加额	×××
本期发生额	×××	本期发生额	×××

（五）利润类账户的结构

利润类账户的结构也与负债及所有者权益类账户大致相同，账户的贷方登记利润的增加额，借方登记利润的减少额。期末如有余额，则在贷方。利润类账户的简化结构如下所示：

借方	利润类账户		贷方
		期初余额	×××
减少额	×××	增加额	×××
本期发生额	×××	本期发生额	×××
		期末余额	×××

根据上述内容，可将借贷记账法下各类账户的结构进行归纳，见表3—1。

表3—1　　借贷记账法下各类账户的结构

账户类别	借　方	贷　方	余额方向
资产类	增加	减少	余额在借方
负债类	减少	增加	余额在贷方
所有者权益类	减少	增加	余额在贷方
收入类	减少（转销）	增加	一般无余额
费用类	增加	减少（转销）	一般无余额
利润类	减少	增加	一般在贷方

由此可见，借贷记账法下各类账户的期末余额都在记录增加额的一方，即资产类账户的期末余额在借方，负债及所有者权益类账户的期末余额在贷方。基于此，我们可以得出一个结论：根据账户余额所在的方向，也可判断账户的性质。账户若有借方余额，则为资产（包括有余额的费用）类账户；账户若有贷方余额，则为负债或所有者权益（包括利润）类账户。借贷记账法的这一特点，决定了它可以设置双重性质账户。

所谓双重性质账户，是指既可以用来核算资产、费用，又可以用来核算负债、所有者权益和收入的账户，如“待处理财产损溢”“投资收益”等。由于任何一个双重性质账户都是把原来的两个有关账户合并在一起，并具有合并前两个账户的功能，所以，设置双重性质账户，有利于简化会计核算手续。

四、借贷记账法的记账规则

按照复式记账的原理，任何经济业务都要以相等的金额，在两个或两个以上相互联系的账户中进行记录。那么，在借贷记账法下，如何记录经济业务呢？以下通过几笔简单的业务实例，说明借贷记账法的具体运用，进而总结出借贷记账法的记账规则（也称记账规律）。

【例3－1】 长城公司收到某单位投入的资本800 000元存入银行。

这项经济业务一方面使企业的资产——银行存款增加，应记入“银行存款”账户的借方；另一方面使所有者权益——实收资本增加，应记入“实收资本”账户的贷方。其登账结果如下：

借	银行存款		贷
期初余额	600 000		
(1)	800 000		

借	实收资本		贷
		期初余额	1 000 000
		(1)	800 000

【例3－2】 长城公司用银行存款100 000元偿还前欠某企业账款。

这项经济业务一方面使企业的资产——银行存款减少，应记入“银行存款”账户的贷方；另一方面使企业的负债——应付账款减少，应记入“应付账款”账户的借方。其登账结果如下：

借	银行存款		贷
期初余额	600 000	(2)	100 000
(1)	800 000		

借	应付账款		贷
(2)	100 000	期初余额	160 000

【例3—3】 长城公司用银行存款200 000元购入一辆全新小汽车(暂不考虑增值税)。

这项经济业务一方面使企业资产——固定资产增加，应记入“固定资产”账户的借方；另一方面使企业资产——银行存款减少，应记入“银行存款”账户的贷方。其登账结果如下：

借	银行存款		贷
期初余额	600 000	(2)	100 000
(1)	800 000	(3)	200 000

借	固定资本		贷
期初余额	1 000 000		
(3)	200 000		

【例3—4】 长城公司将资本公积金160 000元按法定程序转增资本。

这项经济业务一方面使所有者权益——资本公积减少，应记入“资本公积”账户的借方；另一方面使所有者权益——实收资本增加，应记入“实收资本”账户的贷方。其登账结果如下：

借	实收资本		贷
		期初余额	1 000 000
		(1)	800 000
		(4)	160 000

借	资本公积		贷
(4)	160 000	期初余额	240 000

【例 3—5】 长城公司签发并承兑一张面额 40 000 元、为期两个月的商业汇票，用以抵付应付账款。

这项经济业务一方面使企业的负债——应付账款减少，应记入“应付账款”账户的借方；另一方面使企业的负债——应付票据增加，应记入“应付票据”账户的贷方。其登账结果如下：

借	应付账款		贷
(2)	100 000	期初余额	160 000
(5)	40 000		

借	应付票据		贷
		(5)	40 000

从以上所举的几个例子可以看出，每一项经济业务发生之后，运用借贷记账法进行账务处理，都必须是在记入某一个账户借方的同时记入另一个账户的贷方，而且记入借方与记入贷方的金额总是相等的。因此，我们可以总结出借贷记账法的记账规则是：有借必有贷，借贷必相等。

以上记账规则，也可用图 3—1 表示。

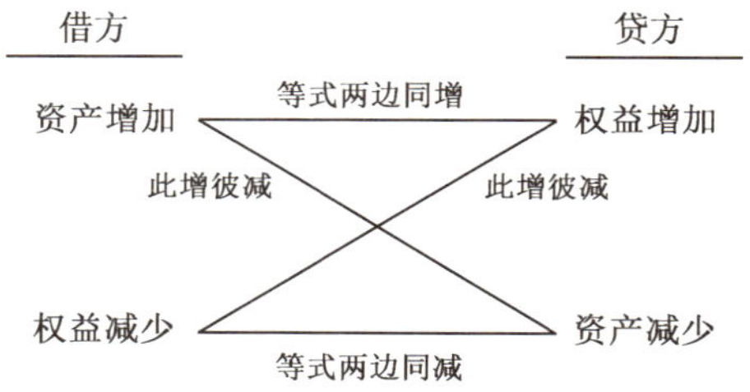

图 3—1　借贷记账法记账规则示意图

五、账户对应关系和会计分录

账户对应关系及会计分录

运用复式记账法处理经济业务，一笔业务所涉及的几个账户之间必然存在着某种相互依存的对应关系，这种关系称为账户对应关系。存在着对应关系的账户称为对应账户。由于账户对应关系反映了每项经济业务的内容，以及由此而引起的资金运动的来龙去脉，因此在采用借贷记账法登记某项经济业务时，应先通过编制会计分录来确定其所涉及的账户及其对应关系，从而保证账户记录的正确性。所谓会计分录（简称分录），是指预先确定每笔经济业务所涉及的账户名称，以及记入账户的方向和金额的一种记录。它是会计语言的表达方式。

编制会计分录是会计工作的初始阶段，在实际工作中，这项工作一般是通过编制记账凭证或登记日记账来完成的。编制会计分录，就意味着对经济业务做会计确认，为经济业务数据记入账户提供依据，所以为了确保账户记录的真实和正确，必须严格把好会计分录这一关。

现将前面所举例3—1至例3—5经济业务的会计分录列示如下：

(1)借：银行存款　　800 000

　　贷：实收资本　　800 000

(2)借：应付账款　　100 000

　　贷：银行存款　　100 000

(3)借：固定资产　　200 000

　　贷：银行存款　　200 000

(4)借：资本公积　　160 000

　　贷：实收资本　　160 000

(5)借：应付账款　　40 000

　　贷：应付票据　　40 000

会计分录按其所运用账户的多少分为简单会计分录和复合会计分录两种。简单会计分录，是指由两个账户所组成的会计分录。每笔会计分录，都只有一“借”一“贷”，故均属于简单会计分录。复合会计分录，是指由两个以上的账户所组成的会计分录，实际上，它是由几个简单会计分录组成的，因而必要时可将其分解为若干个简单会计分录。编制复合会计分录，既可以简化记账手续，又能集中反映某项经济业务的全面情况。现举例说明如下：

【例3—6】　长城公司购进价值30 000元的原材料，其中20 000元货款已用银行存款付讫，其余10 000元货款尚未支付(暂不考虑增值税)。

这项经济业务一方面使企业资产——原材料增加，应记入“原材料”账户的借方；另一方面使企业的资产——银行存款减少，以及企业的负债——应付账款增加，应记入“银行存款”和“应付账款”账户的贷方。其会计分录为：

借：原材料　　30 000

　贷：银行存款　　20 000

　　　应付账款　　10 000

【例3—7】　长城公司以银行存款60 000元，偿还银行短期借款40 000元和前欠某单位货款20 000元。

这项经济业务一方面使企业资产——银行存款减少，应记入“银行存款”账户的贷方；另一方面使企业的负债——短期借款和应付账款减少，应记入“短期借款”和“应付账款”账户的借方。其会计分录为：

借：短期借款	40 000	
应付账款	20 000	
贷：银行存款		60 000

为了使账户对应关系一目了然，在借贷记账法下，只应编制一“借”一“贷”、一“借”多“贷”和一“贷”多“借”的会计分录，一般不编制多“借”多“贷”的会计分录。这是因为，多“借”多“贷”的会计分录容易使账户之间的对应关系模糊不清，难以据此分析经济业务的实际情况。

【任务活动】

1.绘制本任务的知识思维导图。

要求：形式不限，至少整理至“1.”级标题。

2.提取并整理本任务中的术语。

3.思考下面的问题：

(1)何谓借贷记账法？如何理解“借”“贷”二字的增减含义？

(2)借贷记账法下各类账户的结构是怎样的？

(3)什么是借贷记账法的记账规则？它包括哪几层含义？

任务三　编制试算平衡表

【任务导入】

在财务管理中，编制试算平衡表是一项至关重要的工作，它有助于我们对企业的财务状况进行全面的了解。例如，在编制试算平衡表时，我们会从财务系统中提取各项账户的余额，如银行存款、应收账款、应付账款、固定资产等。然后，将这些余额按照借方和贷方进行分类，并计算出各项资产、负债和所有者权益的总额。最终，我们会将这些数据填入试算平衡表，确保所有借贷金额相等，账务记录无误。通过编制试算平衡表，我们可以及时发现并纠正账务错误，确保财务信息的准确性。这不仅有助于公司合规经营，还为企业的决策提供了可靠的依据。因此，编制试算平衡表是每位财务专业人员必备的技能之一。

【知识精编】

所谓试算平衡，是指根据会计恒等式和借贷记账法的记账规则，检查所有账户记录是否正确的一种方法。在借贷记账法下，每一项经济业务都要用借贷相等的金额来记录，全部账户的借方发生额和全部账户的贷方发生额必然相等。由此形成账户之间的平衡关系，这种平衡关系可以表述为：

（1）发生额试算平衡

全部账户本期贷方发生额合计＝全部账户本期借方发生额合计

（2）余额试算平衡

全部账户借方余额合计＝全部账户贷方余额合计

由于余额有期初余额与期末余额之分，因此余额试算平衡也可以分写为：

全部账户期初借方余额合计＝全部账户期初贷方余额合计

合部账户期末借方余额合计＝全部账户期末贷方余额合计

试算平衡工作，一般是在月末结出各个账户的本月发生额和月末余额后，通过编制总分类账户发生额试算平衡表和总分类账户余额试算平衡表来进行的。现将以上所举长城公司的7笔经济业务记入有关总分类账户，并结出各账户本期发生额和期末余额，分别编制总分类账户发生额试算平衡表（见表3—2）和总分类账户余额试算平衡表（见表3—3）。

银行存款

期初余额	600 000	（2）	100 000
（1）	800 000	（3）	200 000
		（5）	20 000
		（7）	60 000
本期发生额	800 000	本期发生额	380 000
期末余额	1 020 000		

原材料

（6）	30 000		
本期发生额	30 000	本期发生额	0
期末余额	30 000		

固定资产

期初余额	1 000 000		
（3）	200 000		
本期发生额	200 000	本期发生额	0
期末余额	1 200 000		

短期借款

借方		贷方	
(7)	40 000	期初余额	200 000
本期发生额	40 000	本期发生额	0
		期末余额	160 000

应付账款

借方		贷方	
(2)	100 000	期初余额	160 000
(5)	40 000	(6)	10 000
(7)	20 000		
本期发生额	160 000	本期发生额	10 000
		期末余额	10 000

实收资本

借方		贷方	
		期初余额	1 000 000
		(1)	800 000
		(4)	160 000
本期发生额	0	本期发生额	960 000
		期末余额	160 000

应付票据

借方		贷方	
		(5)	40 000
本期发生额	0	本期发生额	40 000
		期末余额	40 000

资本公积

借方		贷方	
(4)	160 000	期初余额	240 000
本期发生额	160 000	本期发生额	0
		期末余额	80 000

表 3—2　　总分类账户发生额试算平衡表

2×23 年 11 月 30 日　　单位:元

账户名称	本期发生额	
	借　方	贷　方
银行存款	800 000	380 000
原材料	30 000	

续表

账户名称	本期发生额	
	借　方	贷　方
固定资产	200 000	
短期借款	40 000	
应付账款	160 000	10 000
应付票据		40 000
实收资本		960 000
资本公积	160 000	
合　计	1 390 000	1 390 000

表 3—3　　　　总分类账户余额试算平衡表

2×23 年 11 月 30 日　　　　单位:元

账户名称	期末余额	
	借　方	贷　方
银行存款	1 020 000	
原材料	30 000	
固定资产	1 200 000	
短期借款		160 000
应付账款		10 000
应付票据		40 000
实收资本		1 960 000
资本公积		80 000
合　计	2 250 000	2 250 000

在实际工作中,为了方便起见,还可将总分类账户发生额试算平衡表和总分类账户余额试算平衡表合并在一起,并结合各账户的期初余额数,编制总分类账户发生额及余额试算平衡表(见表 3—4)。这样,在一张表上既可进行总分类账户借贷发生额平衡的试算,又能进行总分类账户借贷余额平衡的试算。

表 3—4　　总分类账户发生额及余额试算平衡表

2×23 年 11 月 30 日　　单位:元

账户名称	期初余额		本期发生额		期末余额	
	借　方	贷　方	借　方	贷　方	借　方	贷　方
银行存款	600 000		800 000	380 000	1 020 000	
原材料			30 000		30 000	
固定资产	1 000 000		200 000		1 200 000	
短期借款		200 000	40 000			160 000
应付账款		160 000	160 000	10 000		10 000
应付票据				40 000		40 000
实收资本		1 000 000		960 000		1 960 000
资本公积		240 000	160 000			80 000
合　计	1 600 000	1 600 000	1 390 000	1 390 000	2 250 000	2 250 000

各账户增减变动情况及其余额,可以看出全部账户的期初借方余额等于全部账户的期初贷方余额、全部账户的借方发生额合计等于全部账户的贷方发生额合计、全部账户期末借方余额等于全部账户的期末贷方余额。通过平衡关系可以检查账户记录的正确性,但应当注意的是,试算平衡表仅能检查账户平衡关系记录的错误,并不能检查实际工作中的全部错误。即如果试算不平衡,则账户记录肯定存在错误;而试算平衡了,并不代表账户记录一定不存在错误。在以下几种情况下虽然试算会平衡,但账户记录可能存在错误:

(1)用错账户。在经济业务处理中,有时会出现用错账户的现象,如用银行存款购买原材料的业务,其会计处理应为"借:原材料,贷:银行存款";但如果把贷方的"银行存款"误记为"库存现金",该业务处理依然成立,只是意思变成"用现金购买原材料"了。这种错误不会影响试算平衡关系。

(2)借贷方向颠倒。有的经济业务处理中,借贷方向颠倒会改变业务的含义,却不会影响试算平衡关系。例如"借:库存现金,贷:银行存款"表示"从银行提取现金";而"借:银行存款,贷:库存现金"则表示"把现金存入银行"。

(3)重记或漏记经济业务。因为每一笔经济业务的处理均依据"有借必有贷,借贷必相等"的记账规则,所以对于重记或漏记经济业务只会使试算平衡的总平衡额增加或减少,但却不会影响平衡关系。因此,要保证账户记录的正确性,需要对一切会计记录进行日常或定期的审核,以消除上述错误的发生。

【任务活动】

1. 绘制本任务的知识思维导图。

要求:形式不限,至少整理至“1.”级标题。

2. 提取并整理本任务中的术语。

3. 思考下列问题:

(1)什么是试算平衡?

(2)借贷记账法的试算平衡方法主要有哪些?

【巩固练习】

一、单项选择题

1. 在借贷记账法下,资产类账户的期末余额一般在( )。

A. 借方　　B. 增加方

C. 贷方　　D. 减少方

2. 进行复式记账时,对任何一项经济业务登记的账户数量应是( )。

A. 一个　　B. 两个

C. 三个　　D. 两个或两个以上

3. 在借贷记账法下,所有者权益账户的期末余额等于( )。

A. 期初贷方余额+本期贷方发生额−本期借方发生额

B. 期初借方余额+本期贷方发生额−本期借方发生额

C. 期初借方余额+本期借方发生额−本期贷方发生额

D. 期初贷方余额+本期借方发生额−本期贷方发生额

4. 借贷记账法试算平衡的依据是( )。

A. 资金运动变化规律　　B. 会计等式平衡原理

C. 会计账户基本结构　　D. 平行登记基本原理

5. 借贷记账法的余额试算平衡公式是( )。

A. 每个账户的借方发生额=每个账户的贷方发生额

B. 全部账户本期借方发生额合计=全部账户本期贷方发生额合计

C. 全部账户期末借方余额合计=全部账户期末贷方余额合计

D. 全部账户期末借方余额合计=部分账户期末贷方余额合计

6. 下列记账差错中,能通过编制试算平衡表判断的记账差错是

(　　)。

A. 漏记了某项经济业务——不影响借贷平衡

B. 错误地使用了应借记的会计科目——不影响借贷平衡

C. 只登记了会计分录的借方或贷方，漏记了另一方——影响借贷平衡

D. 颠倒了记账方向——不影响借贷平衡

7. 复式记账法对每项经济业务都以相等的金额在(　　)中进行登记。

A. 一个账户　　B. 两个账户

C. 全部账户　　D. 两个或两个以上的账户

8. 所有者权益类账户的期末余额根据(　　)计算。

A. 借方期末余额＝借方期初余额＋借方本期发生额－贷方本期发生额

B. 借方期末余额＝借方期初余额＋贷方本期发生额－借方本期发生额

C. 贷方期末余额＝贷方期初余额＋贷方本期发生额－借方本期发生额

D. 贷方期末余额＝贷方期初余额＋借方本期发生额－贷方本期发生额

9. 借贷记账法下的“借”表示(　　)。

A. 费用增加　　B. 负债增加

C. 所有者权益增加　　D. 收入增加

10. 应收账款账户的期初余额为借方 2 000 元，本期借方发生额 8 000 元，本期贷方发生额 6 000 元，该账户的期末余额为(　　)。

A. 借方 4 000 元　　B. 贷方 8 000 元

C. 负 5 000 元　　D. 贷方 5 000 元

二、多项选择题

1. 账户一般可以提供的金额指标有(　　)。

A. 期初余额　　B. 本期增加发生额

C. 期中余额　　D. 本期减少发生额

E. 期末余额

2. 设置会计科目时应遵循的原则有(　　)。

A. 必须全面反映会计要素的内容

B. 符合对外报告的要求

C. 适应需要又要保持相对稳定

D. 统一性与灵活性相结合

E. 会计科目要简明适用

3. 明细分类科目（　　）。

A. 也称一级会计科目

B. 是进行明细分类核算的依据

C. 是进行总分类核算的依据

D. 提供更加详细具体的指标

4. 借贷记账法的记账符号“贷”对于下列会计要素表示增加的有（　　）。

A. 资产　　B. 负债

C. 所有者权益　　D. 收入

E. 利润

5. 下列账户中，用贷方登记增加数的账户有（　　）。

A. 应付账款　　B. 实收资本

C. 累计折旧　　D. 盈余公积

E. 本年利润

6. 采用借贷记账法时，账户的借方一般用来登记（　　）。

A. 资产的增加　　B. 收入的减少

C. 费用的增加　　D. 负债的增加

E. 所有者权益的减少

7. 下列账户中，在会计期末一般没有余额的账户有（　　）。

A. 资产类账户　　B. 负债类账户

C. 所有者权益类账户　　D. 收入类账户

E. 费用类账户

8. 复合会计分录是指（　　）。

A. 一借一贷的会计分录　　B. 一借多贷的会计分录

C. 多借一贷的会计分录　　D. 多借多贷的会计分录

E. 写出明细科目的会计分录

9. 以下各项中，通过试算无法发现的错误有（　　）。

A. 漏记或重记某项经济业务

B. 方向正确但一方金额写少了

C. 借贷记账方向彼此颠倒

D. 记账方向正确但记错账户

E. 账户正确但一方记错了方向

10. 总分类账户与明细分类账户平行登记的要点有(　　)。

A. 登记的内容相同　　B. 登记的时间相同

C. 登记的方向相同　　D. 登记的金额相同

E. 登记的依据相同

三、判断题

1. 会计科目是会计账户设置的依据。(　　)

2. 账户上期期末的余额转入本期即为本期的期初余额。(　　)

3. 定期汇总的全部账户发生额的借贷方合计数平衡说明账户记录完全正确。(　　)

4. 借贷记账法的记账符号表示经济业务的增减变动，也表示记账方向。(　　)

5. 收入类账户与费用类账户一般没有期末余额，但有期初余额。(　　)

6. 双重性质账户一般是指既能反映资产又能反映负债的账户。(　　)

7. 企业购入材料而货款未付，其资产与负债会同时减少。(　　)

8. 会计分录包括业务涉及的账户名称、记账方向和金额三方面内容。(　　)

9. 会计分录中的账户之间的相互依存关系称为账户的对应关系。(　　)

10. 账户按提供资料的详细程度不同可分为总账账户和明细账户两种。(　　)

四、业务处理题

1. 某企业本月月初有关账户的余额如下：

原材料：8 000 元

其中：原材料——H 材料 6 000 元

　　　原材料——Y 材料 2 000 元

应付账款：50 000 元

其中：应付账款——东华机械厂 30 000 元

　　　应付账款——贸发材料公司 20 000 元

该企业本月发生如下经济业务(假设不考虑增值税)：

(1)从东华机械厂购入设备两台，价值 50 000 元，货款尚未支付。

(2)从贸发材料公司购入材料一批，计 18 000 元，其中，H 材料

10 000 元，Y 材料 8 000 元。H 材料货款已用银行存款支付。Y 材料货款尚未支付。

(3)用银行存款偿还东华机械厂设备款 60 000 元。

(4)用银行存款偿还贸发材料公司材料款 28 000 元。

(5)发出 H 材料 8 000 元、Y 材料 6 000 元用于 A 产品生产。

要求：

(1)根据所给经济业务编制会计分录。

(2)开设并登记"原材料""应付账款"和"生产成本"总分类账户和明细分类账户(开设"T"字形账户即可)。

(3)编制"总分类账户与明细分类账户发生额及余额试算平衡表"。

2. 假设某企业期初的资产和权益总额均为 100 万元，当期发生下列经济业务：

(1)从银行提取现金 10 000 元；

(2)接受投资者投入款项 200 000 元；

(3)用银行存款偿还长期借款 100 000 元；

(4)用资本公积转增资本 50 000 元。

要求：逐项说明上述经济业务对企业资产与权益总额有元影响，如有影响，说明影响的方向和金额。

3. 假设鸿达公司本月初有关总分类账户的余额如下：

库存现金 600 元	银行存款 400 000 元
原材料 9 400 元	固定财产 320 000 元
生产成本 30 000 元	短期借钱 20 000 元
应付账款 10 000 元	实收资本 640 000 元

该公司本月发生如下交易或事项：

(1)收到投资者投入的钱币资本 400 000 元，已存入银行。

(2)用银行存款 80 000 元购入不需要安装的设施一台(假设不考虑税金)。

(3)购入材料一批，买价和运费计 30 000 元，货款尚未支付，材料尚未查收入库(假设不考虑税金)。

(4)从银行提取现金 4 000 元备用。

(5)借入短期借款 40 000 元，已存入银行。

(6)用银行存款 70 000 元偿还应付账款。

(7)生产产品领用材料一批，价值 9 000 元。

(8)用银行存款 30 000 元偿还短期借款。

要求：

(1)根据所给交易或事项编制会计分录。

(2)根据账户余额资料和编制的会计分录登记有关总分类账户(开设“丁”字形账户即可)

(3)根据账户登记结果编制“总分类账户发生额及余额试算表”。

项目四

核算企业经济业务

学习目标

知识目标

熟练掌握实收资本、资本公积账户的性质及内容，并熟练运用。

能力目标

熟知筹集过程会发生哪些业务并编制分录。

素质目标

1. 培养学生认真、细致、严谨、规范的实际操作技能和诚实守信的职业品德。

2. 培养学生勤于动手、勇于探究、解决实际问题的能力。

项目描述

本章以企业经济业务核算为例，进一步阐述了设置账户、复式记账方法的实际应用问题。学习本章，要求理解和掌握制造业企业资金筹集业务、供应过程业务、产品生产过程业务、产品销售过程业务以及财务成果的形成与分配业务的具体核算内容，从而提高运用账户和复式记账方法处理企业各种经济业务的熟练程度。

任务一　核算资金筹集业务

核算资金筹集业务

【任务导入】

假如有一位同学想要开设一个服装厂，需要 1 000 万元的资金，但这位同学只有 300 万元，那么他如何才能把服装厂开起来呢？

【知识精编】

一、筹集资金核算内容

企业要进行生产经营活动必须具备一定的资金。资金筹集是企业经营活动的起点。企业资金的来源渠道主要有两条：一是投资人投入的资金，二是从外部债权人处取得的借款。此外，还有在日常生产经营活动过程中临时占用的其他单位或个人的资金。

设立企业必须有一定的资本金，并依法在工商管理机关登记，取得营业执照后方可从事生产经营活动。在工商行政管理机关登记注册的资金，即为注册资本。企业在设立时，由于出资人、出资方式等各不相同，在其设立时遵循的法律、法规也不相同。例如，我国《公司法》规定，有限责任公司在设立时必须具备以下条件：股东出资应达到注册资本最低限额；股东可以货币、实物、无形资产等出资；股东以无形资产出资，其作价不得超过公司注册资本的 20%；股东出资后须经法定验资机构验资，并出具验资证明等。按照投资主体的不同，可以把投资人投入的资本划分为国家资本金、法人资本金、个人资本金和外商资本金。

国家资本金是指有权代表国家的政府部门或者机构以国有资产投入企业形成的资本金。法人资本金是指其他法人单位以其依法可以支配的资产投入企业形成的资本金。个人资本金是指社会个人或本企业内部职工以其合法财产投入企业形成的资本金。外商资本金是指我国香港、澳门和台湾地区以及外国投资者向企业投资形成的资本金。

企业设立时，其生产经营所需的资金并不是全部由投资人出缴的，投资人投入的资金构成企业的注册资本金，而企业生产经营所需的另一部分资金则可以通过向金融机构等筹借来解决，这就形成了借款。借款按偿还时间的不同分为短期借款和长期借款。短期借款是指企业向银行或其他金融机构借入的期限在一年以下的各种借款，一般是为生产经营过程中临时性的周转需要而借入的。长期借款是指企业向银行或其他金融机构借入的期限在一年以上的各种借款，一般与购建固定资产项目相关，为弥补投资人投资的不足而借入的。短期借款形成流动负债，长期借款形成长期负债。此外，企业在具备一定条件的前提下，还可以向社会公开发行债券来筹集资金，偿还期一般也在一年以上，形成应付债券，属于长期负债。

由此可见，对筹集资金过程核算的主要内容包括投资者投入的各种资产、从银行等金融机构取得的借款和向社会公开发行的债券。

二、设置的主要账户

为正确反映和监督企业资金的取得和偿还情况，保证生产经营的顺畅进行，应设置以下账户进行核算。

1.“实收资本”账户

“实收资本”账户属于所有者权益类账户，用来核算所有者对企业的实际投资额。该账户贷方反映实际收到的投资额，借方反映按法定程序减少的资本数，余额在贷方，反映企业实有的资本数额。我国的资本金制度明确规定了资本保全原则，资本一经投入企业，不得随意抽回，但可以依法转让。因此，除非按法定程序减资，否则实收资本账户的借方一般无发生额。“实收资本”账户按投资主体的不同设置明细分类账户进行明细核算。股份公司应设置“股本”账户进行核算。

2.“短期借款”账户

“短期借款”账户属于负债类账户，是指企业向银行或其他金融机构借入的期限在一年以下(含一年)的各种借款，通常是为满足正常生产经营的需要而借入的。企业应按期向债权人偿还借款的本金及利息。该账户贷方反映取得的借款本金；借方反映偿还的借款本金；余额在贷方，反映企业尚未偿还的短期借款的本金。“短期借款”账户按照债权人、借款种类等设置明细分类账户进行明细核算。

3."长期借款"账户

"长期借款"账户属于负债类账户,用来核算企业向银行或其他金融机构借入的期限在一年以上(不含一年)的各种借款。长期借款一般用于固定资产的购建、改扩建工程、大修理工程、对外投资以及保持长期经营能力等方面。该账户贷方反映长期借款本息的增加额;借方反映借款本息的减少额;余额在贷方,反映企业尚未偿还的长期借款。"长期借款"账户按照贷款单位、贷款种类等设置明细分类账户,通过"本金""利息调整"等账户进行明细核算。

4."银行存款"账户

"银行存款"账户属于资产类账户,用来核算企业存入银行或其他金融机构的各种款项。该账户借方反映各种存款的增加数;贷方反映各种存款的减少数;余额在借方,反映企业实际存入银行或其他金融机构的款项。

5."固定资产"账户

"固定资产"账户属于资产类账户,用来核算企业固定资产的原价。该账户借方反映取得的固定资产的原价;贷方反映减少的固定资产的原价;余额在借方,反映企业期末固定资产的账面原价。"固定资产"账户按照用途、类别、型号等设置明细分类账户,进行明细核算。

6."无形资产"账户

"无形资产"账户属于资产类账户,用来核算企业持有的无形资产的成本。该账户借方反映取得的无形资产的成本;贷方反映出售无形资产转出的无形资产账面余额;余额在借方,反映企业无形资产成本。"无形资产"账户按照无形资产的项目设置明细分类账户,进行明细核算。

三、筹资过程主要经济业务核算

本章以振兴公司 2021 年发生的部分经济业务为例(不考虑业务发生的具体时间)进行讲解。

【例 4—1】 收到大华公司投资机器设备一套,协议价为 1 000 000 元。

分析:该业务使固定资产增加,同时实收资本增加。固定资产属于资产类账户,其增加记入借方;实收资本属于所有者权益类账户,其增加记入贷方。编制会计分录为:

借:固定资产　　　　　　　　　　　　1 000 000

　　贷:实收资本——法人资本——大华公司 1 000 000

【例 4—2】 收到宏顺公司投资专利权一项，作价 500 000 元。

分析：该业务使无形资产增加，同时实收资本增加。无形资产属于资产类账户，其增加记入借方；实收资本属于所有者权益类账户，其增加记入贷方。编制会计分录为：

借：无形资产——专利权　　500 000

　　贷：实收资本——法人资本——宏顺公司　　500 000

【例 4—3】 向银行借入期限为六个月的借款 200 000 元，已转入银行存款账户。

分析：该业务使银行存款增加，同时短期借款增加。银行存款属于资产类账户，其增加记入借方；短期借款属于负债类账户，其增加记入贷方。编制会计分录为：

借：银行存款　　200 000

　　贷：短期借款　　200 000

【例 4—4】 向银行借入两年期借款 500 000 元，已转入银行存款账户。

分析：该业务使银行存款增加，同时长期借款增加。银行存款属于资产类账户，其增加记入借方；长期借款属于负债类账户，其增加记入贷方。编制会计分录为：

借：银行存款　　500 000

　　贷：长期借款　　500 000

【例 4—5】 用银行存款偿还到期的短期借款 50 000 元。

分析：该业务使银行存款减少，同时短期借款减少。银行存款属于资产类账户，其减少记入贷方；短期借款属于负债类账户，其减少记入借方。编制会计分录为：

借：短期借款　　50 000

　　贷：银行存款　　50 000

【任务活动】

1. 绘制本任务的知识思维导图。

要求：形式不限，至少整理至“1.”级标题。

2. 提取并整理本任务中的术语。

3. 以小组为单位，讨论本任务“任务导入”中的问题。

任务二　核算供应过程业务

核算供应过程业务(1)

【任务导入】

大祥公司从天能公司购入一批A商品，假设你是大祥公司的采购部部长，你会进行几步来完成采购工作？

【知识精编】

资金在企业经营活动过程的不同阶段，其运动的方式和表现的形态是不同的，因而核算的内容也就不同。我们一般将企业的经营过程划分为供应过程、生产过程和销售过程。其中供应过程是为生产产品做准备的过程。为了生产产品，就要做好多方面的物资准备工作，其中较为重要的就是准备劳动资料，即购建固定资产和准备劳动对象，购买原材料等。

一、固定资产购置业务的核算

(一)固定资产的含义

固定资产是企业经营过程中使用的长期资产，包括房屋建筑物、机器设备、运输车辆以及工具、器具等。我国的《企业会计准则第4号——固定资产》中对固定资产的定义是，固定资产是指同时具有下列两个特征的有形资产：(1)为生产商品、提供劳务、出租或经营管理而持有；(2)使用寿命超过一个会计年度。这里的使用寿命是指企业使用固定资产的预计期间，或者该固定资产所能生产产品或提供劳务的数量。从固定资产的定义可以看出，固定资产具有以下三个特征：第一，固定资产是为生产商品、提供劳务、出租或经营管理而持有；第二，固定资产的使用寿命超过一个会计年度；第三，固定资产为有形资产。

固定资产是企业资产中比较重要的一部分内容，从一定程度上说，它代表着企业的生产能力和生产规模，因此，对其正确地加以确认与计量就成为会计核算过程中一个非常重要的内容。固定资产的确认应考虑以下两个因素：一是该固定资产包含的经济利益很可能流入企业；二是该固定资产的成本能够可靠地计量。固定资产是企业的劳动资料，从其经济用途来看，固定资产是用于生产经营活动的而不是为了出售，这一特征是区别固定资产与商品、产品等流动资产的重要标志。由于固定资产要长期参加企业的生产经营活动，因而其价值周转与其实物补偿并不同步，固定资产的这一特点显然也不同于流动资产。固定资产的价值一部分随其磨损，脱离其实物形态，而另一部分仍束缚在使用价值形态上，这一特点使得固定资产的计价可以按取得时的实际成本和经磨损之后的净值同时表现。

(二)企业取得固定资产时入账价值的确定

《企业会计准则第 4 号——固定资产》规定，固定资产应当按照成本进行初始计量。固定资产取得时的实际成本是指企业购建固定资产达到预定可使用状态前所发生的一切合理的、必要的支出，它反映的是固定资产处于预定可使用状态时的实际成本。对于建造的固定资产已达到预定可使用状态，但尚未办理竣工决算的，会计准则规定应自达到预定可使用状态之日起，根据工程决算、造价或工程实际成本等相关资料，按估计的价值转入固定资产，并计提折旧。这就意味着，是否达到"预定可使用状态"是衡量可否作为固定资产进行核算和管理的标志，而不再拘泥于"竣工决算"这个标准也是实质重于形式原则的一个具体应用。企业的固定资产在达到预定可使用状态前发生的一切合理的、必要的支出中既有直接发生的，如支付的固定资产的买价、包装费、运杂费、安装费等，也有间接发生的，如固定资产建造过程中应予以资本化的借款利息等。这些直接的和间接的支出对形成固定资产的生产能力都有一定的作用，理应计入固定资产的价值。一般来说，构成固定资产取得时实际成本的具体内容包括买价、运输费、保险费、包装费、安装成本等。

由于企业可以从各种渠道取得固定资产，不同的渠道形成的固定资产，其价值构成的具体内容可能不同，因而固定资产取得时的入账价值应根据具体情况和涉及的具体内容分别确定。其中，外购固定资产的成本，包括购买价款、进口关税和其他税费(购买机器设备涉及的增值税应作为进项税额记入"应交税费"账户)，使固定资产达到预定可使用状态前所发生的可归属于该项资产的场地整理费、运输费、装卸费、安装费和专业人员服务费等(以一笔款项购入多项没有单独标价的固定资产，应当按照各项固定资产公允价值比例对总成本进行分配，分别确定各项固定资产的成本)。购买固定资产的价款超过正常信用条件而延期支付，实质上具有融资性质的，固定资产的成本以购买价款的现值为基础确定，实际支付的价款与购买价款之间的差额除应资本化的价款以外，应当在信用期间内计入当期损益；自行建造完成的固定资产，按照建造该项固定资产达到预定可使用状态前所发生的一切合理的、必要的支出作为其入账价值。至于其他途径，诸如接受投资取得固定资产、接受抵债取得固定资产等的入账价值的确定将在其他有关专业课程中介绍。

(三)固定资产的核算

为了核算企业购买和自行建造完成的固定资产价值的变动过程及其结果，需要设置以下账户：

(1)“固定资产”账户。该账户的性质属于资产类，用来核算企业拥有或控制的固定资产原价的增减变动及其结余情况。该账户的借方登记固定资产原价的增加，贷方登记固定资产原价的减少，期末余额在借方，表示固定资产原价的结余额。该账户应按照固定资产的种类设置明细账户，进行明细分类核算。在使用该账户时，必须注意只有固定资产达到预定可使用状态时，其原价已经形成，才可以记入“固定资产”账户。“固定资产”账户的结构见表4—1。

表4—1 **固定资产**

固定资产取得成本的增加	固定资产取得成本的减少
期末余额：原价的结余	

(2)“在建工程”账户。该账户的性质属于资产类，用来核算企业为进行固定资产基建、安装、技术改造以及大修理等工程而发生的全部支出(包括安装设备的支出)，并据以计算确定各该工程成本的账户。该账户的借方登记工程支出的增加，贷方登记结转完工工程的成本。期末余额在借方，表示未完工工程的成本。“在建工程”账户应按工程内容，如建筑工程、安装工程、在安装设备、待摊支出以及单项工程等设置明细账户，进行明细核算。“在建工程”账户的结构见表4—2。

表4—2 **在建工程**

工程发生的全部支出	结转完工工程成本
期末余额：未完工工程成本	

企业购置的固定资产，对于其中需要安装的部分，在交付使用之前，也就是达到预定可使用状态之前，由于没有形成完整的取得成本(原始价值)，因而必须通过“在建工程”账户进行核算。在购建过程中所发生的全部支出，都应归集在“在建工程”账户，待工程达到预定可使用状态，形成固定资产之后，方可将该工程成本从“在建工程”账户转入“固定资产”账户。

企业购买的固定资产，有的购买完成之后当即可以投入使用，也就是当即达到预定可使用状态，因而可以立即形成固定资产；而有的固定资产，在购买之后，还需要经过安装过程，安装之后方可投入使用，这两种情况在核算上是有区别的，所以我们在对固定资产进行核算时，一般将其区分为不需要安装固定资产和需要安装固定资产两种情况，分别进行处理。

以下分别举例说明企业购买的不需要安装和需要安装固定资产的核算内容：

【例4—6】 京连有限责任公司购入一台不需要安装的生产用设备，该设备的买价为125 000元，增值税20 000元，包装费、运杂费2 000元，全部款项使用银行存款支付，设备当即投入使用。

这是一台不需要安装的设备，购买完成之后就意味着达到了预定可使用状态，在购买过程中发生的货款和包装运杂费支出，即127 000元(125 000＋2 000)形成固定资产的取得成本，增值税应作为进项税额记入“应交税费”账户。这项经济业务的发生，一方面使得公司固定资产取得成本增加127 000元，增值税进项税额增加20 000元，另一方面使得公司的银行存款减少147 000元，因此，该项经济业务涉及“固定资产”“应交税费”和“银行存款”三个账户。固定资产的增加是资产的增加，应记入“固定资产”账户的借方，增值税进项税额的增加是负债的减少，应记入“应交税费”账户的借方，银行存款的减少是资产的减少，应记入“银行存款”账户的贷方。这项经济业务应编制的会计分录如下：

借：固定资产　　127 000
　　应交税费——应交增值税(进项税额)　　20 000
　　贷：银行存款　　147 000

【例4—7】 京连有限责任公司用银行存款购入一台需要安装的设备，有关发票等凭证显示其买价为480 000元，增值税76 800元，包装费、运杂费等5 000元，设备投入安装。

由于这是一台需要安装的设备，因而购买过程中发生的货款和包装费、运杂费支出构成购置固定资产安装工程成本，在设备达到预定可使用状态前的这些支出应先在“在建工程”账户中进行归集。这项经济业务的发生，一方面使得公司的在建工程支出增加485 000元(480 000＋5 000)，增值税进项税额增加76 800元，另一方面使得公司的银行存款减少561 800元(480 000＋76 800＋5 000)，因此，该项经济业务涉及“在建工程”“应交税费”和“银行存款”三个账户。在建工程支出的增加是资产的增加，应记入“在建工程”账户的借方，增值税进项税额的增加是负债的减少，应记入“应交税费”账户的借方，银行存款的减少是资产的减少，应记入“银行存款”账户的贷方。这项经济业务应编制的会计分录如下：

借：在建工程　　485 000
　　应交税费——应交增值税(进项税额)　　76 800
　贷：银行存款　　561 800

【例 4—8】 承例 4—7，京连有限责任公司的上述设备在安装过程中发生的安装费如：领用本企业的原材料价值 12 000 元，应付本企业安装工人的薪酬 22 800 元。

设备在安装过程中发生的安装费也构成固定资产安装工程支出。这项经济业务的发生，一方面使得公司固定资产安装工程支出(安装费)增加 34 800 元(12 000＋22 800)，另一方面使得公司的原材料成本减少 12 000 元，应付职工薪酬增加 22 800 元，因此，该项经济业务涉及“在建工程”“原材料”“应付职工薪酬”三个账户。在建工程支出的增加是资产的增加，应记入“在建工程”账户的借方，原材料的减少是资产的减少，应记入“原材料”账户的贷方，应付职工薪酬的增加是负债的增加，应记入“应付职工薪酬”账户的贷方。这项经济业务应编制的会计分录如下：

借：在建工程　　34 800
　贷：原材料　　12 000
　　　应付职工薪酬　　22 800

【例 4—9】 承例 4—7 和例 4—8，上述设备安装完毕，达到预定可使用状态，并经验收合格办理竣工决算手续，现已交付使用，结转工程成本。

工程安装完毕，交付使用，意味着固定资产的取得成本已经形成，于是就可以将该工程全部支出转入“固定资产”账户，工程的全部成本为 519 800 元(485 000＋34 800)。这项经济业务的发生，一方面使得公司固定资产取得成本增加 519 800 元，另一方面使得公司的在建工程成本减少 519 800 元，因此，该项经济业务涉及“固定资产”和“在建工程”两个账户。固定资产取得成本的增加是资产的增加，应记入“固定资产”账户的借方，在建工程成本的结转是资产的减少，应记入“在建工程”账户的贷方。这项经济业务应编制的会计分录如下：

借：固定资产　　519 800
　贷：在建工程　　519 800

【例 4—10】 京连有限责任公司购入一台不需要安装的设备，其购买价款 1 200 000 元，增值税进项税额 192 000 元，款项尚未支付。

这是一项赊购设备的业务，一方面企业的固定资产增加，增值税进项税额增加，另一方面企业的应付账款增加。固定资产的增加是资产的增加，应记入"固定资产"账户的借方，增值税进项税额的增加是负债的减少，应记入"应交税费"账户的借方，应付账款的增加是负债的增加，应记入"应付账款"账户的贷方。这项经济业务应编制的会计分录如下：

借：固定资产　　　　　　　　　　　　　1 200 000
　　应交税费——应交增值税（进项税额）　192 000
　贷：应付账款　　　　　　　　　　　　　1 392 000

固定资产购置业务的总分类核算过程如图 4—1 所示。

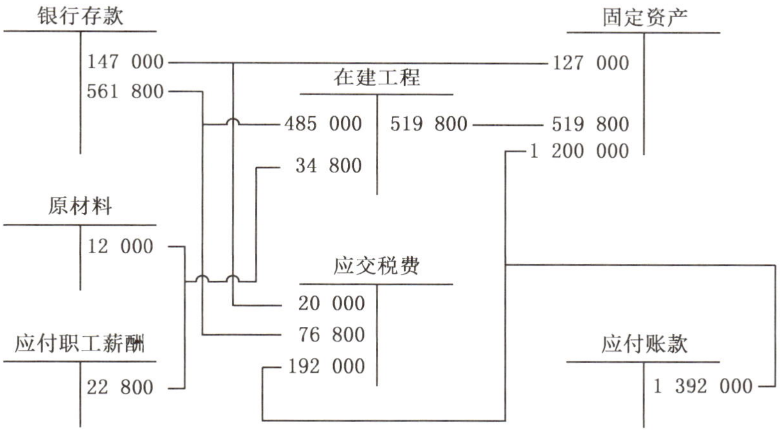

图 4—1　固定资产购置业务总分类核算示意图

二、材料采购业务的核算

核算供应过程业务(2)

企业要进行正常的产品生产经营活动，就必须购买和储备一定品种和数量的原材料，原材料是产品制造企业生产产品不可缺少的物质要素。在生产过程中，材料经过加工而改变其原来的实物形态，构成产品实体的一部分，或者实物消失而有助于产品的生产。因此，产品制造企业要有计划地采购材料，既要保证及时、按质、按量地满足生产上的需要，同时又要避免储备过多，不必要地占用资金。

企业储存备用的材料，通常是向外单位采购而得的。在材料采购过程中，一方面是企业从供应单位购进各种材料，计算购进材料的采购成本；另一方面企业要按照经济合同和约定的结算办法支付材料的买价和各种采购费用，并与供应单位发生货款结算关系。在材料采购业务的核算过程中，还涉及增值税进项税额的计算与处理问题。为了完成材料采购业务的核算，需要设置一系列的账户。

按照《企业会计准则第 1 号——存货》中的规定，存货应当按照成本进行初始计量，存货的成本包括采购成本、加工成本和其他成本。其中存货的采购成本是指在采购过程中所发生的支出，包括购买价款、相关税费、运输费、装卸费、保险费以及其他可归属于存货采购成本的费用。对于企业原材料的核算，其中一个非常重要的问题就是原材料成本的确定，包括取得原材料成本的确定和发出原材料成本的确定。关于取得原材料成本的确定，不同方式取得的原材料，其成本确定的方法不同，成本构成的内容也不同。其中购入的原材料，其实际采购成本由以下几项内容组成：(1)购买价款，是指购货发票所注明的货款金额；(2)采购过程中发生的运杂费(包括运输费、包装费、装卸费、保险费、仓储费等，不包括按规定根据运输费的一定比例计算的可抵扣的增值税税额)；(3)材料在运输途中发生的合理损耗；(4)材料在入库之前发生的整理挑选费用(包括整理挑选中发生的人工费支出和必要的损耗，并减去回收的废料价值)；(5)按规定应计入材料采购成本中的各种税金，如为国外进口材料支付的关税、购买材料发生的消费税以及不能从增值税销项税额中抵扣的进项税额等；(6)其他费用，如大宗物资的市内运杂费等(但这里需要注意的是市内零星运杂费、采购人员的差旅费以及采购机构的经费等不构成材料的采购成本，而是计入期间费用)。以上第(1)项应当直接计入所购材料的采购成本，第(2)、(3)、(4)、(5)、(6)项，凡能分清是某种材料直接负担的，可以直接计入材料的采购成本，不能分清的，应按材料的重量等标准分配计入材料采购成本。

对于材料采购过程中发生的物资毁损、短缺等，合理损耗部分应当作为材料采购费用计入材料的采购成本，其他损耗不得计入材料采购成本，如从供应单位、外部运输机构等收回的物资短缺、毁损赔款，则应冲减材料采购成本。

按照我国会计规范的规定，企业的原材料可以按照实际成本计价组织收发核算，也可以按照计划成本计价组织收发核算，具体采用哪一种方法，由企业根据具体情况自行决定。

(一)原材料按实际成本计价的核算

当企业的经营规模较小，原材料的种类不是很多，而且原材料的收、发业务的发生也不是很频繁的情况下，企业可以按照实际成本计价方法组织原材料的收、发核算。原材料按照实际成本计价方法进行日常的收、发核算，其特点是从材料的收、发凭证到材料明细分类账和总分类账的记录全部按实际成本计价。

购入材料的实际采购成本＝实际买价＋采购费用

原材料按实际成本计价组织收发核算时应设置以下几个账户：

(1)“在途物资”账户。该账户的性质属于资产类，用来核算企业采用实际成本进行材料物资日常核算时外购材料的买价和各种采购费用，据以计算、确定购入材料的实际采购成本，其借方登记购入材料的买价和采购费用(实际采购成本)，贷方登记结转完成采购过程、验收入库材料的实际采购成本，期末余额在借方，表示尚未运达企业或者已经运达企业但尚未验收入库的在途材料的成本。“在途物资”账户应按照供应单位和购入材料的品种或种类设置明细账户，进行明细分类核算。“在途物资”账户的结构，见表4—3。

表4—3　　**在途物资**

购入材料： 买价 采购费用	结转验收入库材料的实际采购成本
期末余额：在途材料成本	

对于“在途物资”账户，在具体使用时，要注意以下两个问题：

其一，企业对于购入的材料，不论是否已经付款，一般都应该先记入该账户，在材料验收入库结转成本时，再将其成本转入“原材料”账户。

其二，购入材料过程中发生的除买价之外的采购费用，如果能够分清是某种材料直接负担的，可直接计入该材料的采购成本，否则就应进行分配。分配时，首先根据材料的特点确定分配的标准，一般来说，可以选择的分配标准有材料的重量、体积、买价等，然后计算材料采购费用分配率，最后计算各种材料的采购费用负担额：

材料采购费用分配率＝共同性采购费用额÷分配标准的合计数

某材料应负担的采购费用额＝该材料的分配标准×材料采购费用分配率

(2)“原材料”账户。该账户的性质属于资产类，用来核算企业库存材料实际成本的增减变动及其结存情况：其借方登记已验收入库材料实际成本的增加，贷方登记发出材料的实际成本(即库存材料实际成本)的减少，期末余额在借方，表示库存材料实际成本的期末余额。“原材料”账户应按照材料的保管地点、材料的种类或类别设置明细账户，进行明细分类核算。“原材料”账户的结构，见表 4—4。

表 4—4　　原材料

验收入库材料实际成本的增加	库存材料实际成本的减少
期末余额：库存材料实际成本	

(3)“应付账款”账户。该账户的性质属于负债类，用来核算企业因购买原材料、商品和接受劳务供应等经营活动应支付的款项。其贷方登记应付供应单位款项（买价、税金和代垫运杂费等）的增加，借方登记应付供应单位款项的减少（即偿还）。期末余额一般在贷方，表示尚未偿还的应付款项的结余额。该账户应按照供应单位的名称设置明细账户，进行明细分类核算。“应付账款”账户的结构，见表 4—5。

表 4—5　　应付账款

应付供应单位款项的减少	应付供应单位款项的增加
	期末余额：尚未偿还的应付款

(4)“预付账款”账户。该账户的性质属于资产类，用来核算企业按照合同规定向供应单位预付购料款而与供应单位发生的结算债权的增减变动及其结余情况（企业进行在建工程预付的工程价款，也在该账户核算）。其借方登记结算债权的增加，即预付款的增加，贷方登记收到供应单位提供的材料物资而应冲销的预付款债权，即预付款的减少。期末余额一般在借方，表示尚未结算的预付款的结余额，如果该账户期末余额出现在贷方，则表示企业尚未补付的款项。该账户应按照供应单位的名称设置明细账户，进行明细分类核算。“预付账款”账户的结构，见表 4—6。

表 4—6　　预付账款

预付供应单位款项的增加	冲销预付供应单位的款项
期末余额：尚未结算的预付款	

如果企业预付款项的情况不多，也可以不设置本科目，将预付的款项直接记入“应付账款”账户。

(5)“应付票据”账户。该账户的性质属于负债类，用来核算企业采用商业汇票结算方式购买材料物资等而开出、承兑商业汇票的增减变动及其结余情况。其贷方登记企业开出、承兑商业汇票的增加，借方登记到期商业汇票的减少。期末余额在贷方，表示尚未到期的商业汇票的期末余额。该账户应按照债权人设置明细账户，进行明细分类核算，同时设置“应付票据备查簿”，详细登记商业汇票的种类、号数、出票日期、到期日、票面金额、交易合同号和收款人姓名或收款单位名称以及付款日期和金额等资料。应付票据到期结清时，在备查簿中注销。“应付票据”账户的结构见表4—7。

表4—7　应付票据

到期应付票据的减少（不论是否已经付款）	开出、承兑商业汇票的增加
	期末余额：尚未到期商业汇票的余额

（6）“应交税费”账户。该账户的性质属于负债类，用来核算企业按税法规定应缴纳的各种税费（印花税除外）的计算与实际缴纳情况。其贷方登记计算出的各种应交而未交税费的增加，包括计算出的增值税、消费税、城市维护建设税、所得税、资源税、房产税、城镇土地使用税、车船税、教育费附加等；借方登记实际缴纳的各种税费，包括支付的增值税进项税额等。期末余额方向不固定，如果在贷方，表示未交税费的结余额；如果在借方，表示多交的税费。“应交税费”账户应按照税费品种设置明细账户，进行明细分类核算。

在材料采购业务中设置“应交税费”账户主要是为了核算增值税。增值税是对在中华人民共和国境内销售货物或者提供加工、修理修配劳务以及进口货物的单位和个人，就其取得的货物或应税劳务的销售额计算税款，并实行税款抵扣制的一种流转税。由于增值税是对商品生产或流通各个环节的新增价值或商品附加值进行征税，所以称为增值税。增值税是一种价外税，采取两段征收法，分为增值税进项税额和销项税额：

当期应纳税额＝当期销项税额－当期进项税额

其中销项税额是指纳税人销售货物或提供应税劳务，按照销售额和规定的税率计算并向购买方收取的增值税税额：

销项税额＝销售货物或提供应税劳务价款×增值税税率

进项税额是指纳税人购进货物或接受应税劳务所支付或负担的增值税税额：

进项税额＝购进货物或接受应税劳务价款×增值税税率

增值税的进项税额与销项税额是相对应的，销售方的销项税额就是购买方的进项税额。“应交税费”账户的结构，见表4—8。

表 4—8　　应交税费

实际缴纳的各种税费(包括增值税进项税额)	计算出的应交而未交的税费(包括增值税销项税额)
期末余额:多交的税费	期末余额:未交的税费

下面举例说明原材料按实际成本计价业务的总分类核算:

【例 4—11】 京连有限责任公司从友谊公司购入下列材料:甲材料 5 000 千克,每千克单价 24 元;乙材料 2 000 千克,每千克单价 19 元,增值税税率 13%,全部款项用银行存款付清。

对于这项经济业务,首先要计算购入材料的买价和增值税进项税额。甲材料的买价为 120 000 元(24×5 000),乙材料的买价为 38 000 元(19×2 000),甲、乙两种材料的买价共计为 158 000 元,增值税进项税额为 20 540 元(158 000×13%)。这项经济业务的发生,一方面使得公司购入甲材料的买价增加 120 000 元,乙材料的买价增加 38 000 元,增值税进项税额增加 20 540 元;另一方面使得公司的银行存款减少 178 540 元(120 000+38 000+20 540)。因此,该项经济业务涉及"在途物资""应交税费——应交增值税""银行存款"三个账户。材料买价的增加是资产的增加,应记入"在途物资"账户的借方,增值税进项税额的增加是负债的减少,应记入"应交税费——应交增值税"明细账户的借方,银行存款的减少是资产的减少,应记入"银行存款"账户的贷方。这项经济业务应编制的会计分录如下:

借:在途物资——甲材料　　120 000
　　　　　　——乙材料　　38 000
　　应交税费——应交增值税(进项税额)　　20 540
　贷:银行存款　　178 540

【例 4—12】 京连有限责任公司用银行存款 7 000 元支付上述购入甲、乙材料的外地运杂费,按照材料的重量比例进行分配。

首先需要对甲、乙材料应共同负担的 7 000 元外地运杂费进行分配:

分配率=7 000÷(5 000+2 000)=1(元/千克)

甲材料负担的采购费用=5 000×1=5 000(元)

乙材料负担的采购费用=2 000×1=2 000(元)

这项经济业务的发生,一方面使得公司的材料采购成本增加 7 000 元,其中甲材料采购成本增加 5 000 元,乙材料采购成本增加 2 000 元;另一方面使得公司的银行存款减少 7 000 元,因此,该项经济业务涉及

“在途物资”和“银行存款”两个账户。材料采购成本的增加是资产的增加，应记入“在途物资”账户的借方，银行存款的减少是资产的减少，应记入“银行存款”账户的贷方。这项经济业务应编制的会计分录如下：

借：在途物资——甲材料　　5 000

　　　　　　——乙材料　　2 000

　贷：银行存款　　7 000

【例 4—13】 京连有限责任公司从红星公司购进丙材料 7 200 千克，发票注明的价款 216 000 元，增值税进项税额 28 080 元（216 000×13%），红星公司代京连有限责任公司垫付材料的运杂费 4 000 元。账单、发票已到，但材料价款、税金及运杂费尚未支付。

这项经济业务的发生，一方面使得公司的材料采购成本增加 220 000 元，其中材料买价 216 000 元、运杂费 4 000 元，增值税进项税额增加 28 080 元；另一方面使得公司应付供应单位款项增加 248 080 元（220 000＋28 080）。因此，该项经济业务涉及“在途物资”“应交税费——应交增值税”和“应付账款”三个账户。材料采购成本的增加是资产的增加，应记入“在途物资”账户的借方，增值税进项税额的增加是负债的减少，应记入“应交税费——应交增值税”账户的借方，应付账款的增加是负债的增加，应记入“应付账款”账户的贷方。这项经济业务应编制的会计分录如下：

借：在途物资——丙材料　　220 000

　　应交税费——应交增值税（进项税额）　　28 080

　贷：应付账款——红星公司　　248 080

【例 4—14】 京连有限责任公司按照合同规定用银行存款预付给胜利公司订货款 180 000 元。

这项经济业务的发生，一方面使得公司预付的订货款增加 180 000 元，另一方面使得公司的银行存款减少 180 000 元，因此，该项经济业务涉及“预付账款”和“银行存款”两个账户。预付订货款的增加是资产（债权）的增加，应记入“预付账款”账户的借方，银行存款的减少是资产的减少，应记入“银行存款”账户的贷方。这项经济业务应编制的会计分录如下：

借：预付账款——胜利公司　　180 000

　贷：银行存款　　180 000

【例 4—15】 京连有限责任公司收到胜利公司发运来的前已预付货款的丙材料，随货物附来的发票注明该批丙材料的价款为 420 000 元，增值税进项税额 54 600 元，除冲销原预付款 180 000 元外，不足款项立即用银行存款支付。另发生运杂费 5 000 元,用现金支付。

这项经济业务的发生,一方面使得公司的材料采购支出(丙材料的买价和采购费用)增加共计 425 000 元(420 000+5 000),增值税进项税额增加 54 600 元;另一方面使得公司的预付款减少 180 000 元,银行存款减少 294 600 元(420 000+54 600-180 000),库存现金减少 5 000 元,因此,该项经济业务涉及"在途物资""应交税费——应交增值税""预付账款""银行存款"和"库存现金"五个账户。材料采购支出的增加是资产的增加,应记入"在途物资"账户的借方,增值税进项税额的增加是负债的减少,应记入"应交税费——应交增值税"账户的借方,预付账款的减少是资产的减少,应记入"预付账款"账户的贷方,银行存款的减少是资产的减少,应记入"银行存款"账户的贷方,现金的减少是资产的减少,应记入"库存现金"账户的贷方。这项经济业务应编制的会计分录如下:

借:在途物资——丙材料	425 000	
应交税费——应交增值税(进项税额)	54 600	
贷:预付账款——胜利公司		180 000
银行存款		294 600
库存现金		5 000

应该注意,这项经济业务所编制的会计分录是多借多贷的会计分录,要结合经济业务内容理解所涉及的各个账户之间的对应关系。

【例 4—16】 京连有限责任公司签发并承兑一张商业汇票购入丁材料,该批材料的含税总价款 415 280 元,增值税税率 13%。

这笔业务中出现的是含税总价款 415 280 元,应将其分解为不含税价款和税额两部分:

不含税价款=含税价款÷(1+税率)=415 280÷(1+13%)=367 504(元)

增值税税额=415 280-367 504=47 776(元)

这项经济业务的发生,一方面使得公司的材料采购支出增加 367 504 元,增值税进项税额增加 47 776 元;另一方面使得公司的应付票据增加 415 280 元,因此,该项经济业务涉及"在途物资""应交税费——应交增值税""应付票据"三个账户。材料采购支出的增加是资产的增加,应记入"在途物资"账户的借方,增值税进项税额的增加是负债的减少,应记入"应交税费——应交增值税"账户的借方,应付票据的增加是负债的增加,应记入"应付票据"账户的贷方。这项经济业务应编制的会计分录如下:

借：在途物资——丁材料　　　　　　　　367 504

　　应交税费——应交增值税(进项税额)　　47 776

　　贷：应付票据　　　　　　　　　　　　　415 280

【例 4—17】 承例 4—13，京连有限责任公司签发并承兑一张商业汇票，用以抵付从红星公司购入丙材料的价税款和代垫的运杂费。

从红星公司购入的丙材料的价款为 216 000 元，增值税进项税额为 28 080 元，代垫运杂费为 4 000 元，合计为 248 080 元。这项经济业务的发生，一方面使得公司的应付账款减少 248 080 元，另一方面使得公司的应付票据增加 248 080 元。因此，该项经济业务涉及"应付账款"和"应付票据"两个账户。应付账款的减少是负债的减少，应记入"应付账款"账户的借方，应付票据的增加是负债的增加，应记入"应付票据"账户的贷方。这项经济业务应编制的会计分录如下：

借：应付账款——红星公司　　　　　　　248 080

　　贷：应付票据　　　　　　　　　　　　　248 080

【例 4—18】 购入的甲、乙、丙、丁材料已经验收入库，结转各种材料的实际采购成本。首先计算购入的各种材料的实际采购成本：

甲材料实际采购成本＝120 000＋5 000＝125 000(元)

乙材料实际采购成本＝38 000＋2 000＝40 000(元)

丙材料实际采购成本＝216 000＋4 000＋420 000＋5 000＝645 000(元)

丁材料实际采购成本＝367 504(元)

这项经济业务的发生，一方面使得公司已验收入库材料的实际采购成本增加 1 177 504 元，另一方面使得公司的材料采购支出结转 1 177 504 元，因此，该项经济业务涉及"原材料"和"在途物资"两个账户。库存材料实际成本的增加是资产的增加，应记入"原材料"账户的借方，材料采购支出的结转是资产的减少，应记入"在途物资"账户的贷方。这项经济业务应编制的会计分录如下：

借：原材料——甲材料　　　　　　　　125 000

　　　　　——乙材料　　　　　　　　　40 000

　　　　　——丙材料　　　　　　　　645 000

　　　　　——丁材料　　　　　　　　367 504

　　贷：在途物资——甲材料　　　　　　　　125 000

　　　　　　　　——乙材料　　　　　　　　　40 000

　　　　　　　　——丙材料　　　　　　　　645 000

　　　　　　　　——丁材料　　　　　　　　367 504

(二)原材料按计划成本计价的核算

核算供应过程业务(3)

前面我们已经对原材料按实际成本计价核算的内容做了比较全面的介绍。材料按照实际成本进行计价核算，能够比较全面、完整地反映材料资金的实际占用情况，可以准确计算出生产过程所生产产品的成本中的材料费用。但是，在企业材料的种类比较多，收发次数又比较频繁的情况下，其核算的工作量就比较大，而且也不便于考核材料采购业务成果，分析材料采购计划的完成情况。所以在我国一些大、中型企业里，材料就可以按照计划成本计价组织收、发核算。材料按计划成本计价进行核算，就是材料的收、发凭证按计划成本计价，材料总账及明细账均按计划成本登记，通过增设“材料成本差异”账户来核算材料实际成本与计划成本之间的差异额，并在会计期末对计划成本进行调整，以确定库存材料的实际成本和发出材料应负担的差异额，进而确定发出材料的实际成本。

具体地说，材料按计划成本组织收、发核算的基本程序如下：

首先，企业应结合各种原材料的特点、实际采购成本等资料确定原材料的计划单位成本，计划单位成本一经确定，在年度内一般不进行调整。

其次，平时购入或通过其他方式取得的原材料，按其计划成本和计划成本与实际成本之间的差异额分别在有关账户中进行分类登记。

最后，平时发出的材料按计划成本核算，月末再按本月发出材料应负担的差异额进行分摊，随同本月发出材料的计划成本记入有关账户，其目的在于将不同用途消耗的原材料的计划成本调整为实际成本。

发出材料应负担的差异额必须按月分摊，不得在季末或年末一次分摊。另外，《企业会计准则》规定，对于发出材料应负担的成本差异，除委托外部加工物资而发出的材料可按上月(即月初)差异率计算外，其余都应使用当月的差异率，除非当月差异率与上月差异率相差不大。计算方法一经确定，不得随意变更。

原材料按计划成本组织收、发核算时，应设置以下几个账户：

(1)“原材料”账户。原材料按计划成本核算所设置的“原材料”账户与按实际成本核算设置的“原材料”账户基本相同，只是将其实际成本改为计划成本，即“原材料”账户的借方、贷方和期末余额均表示材料的计划成本。

(2)“材料采购”账户。该账户的性质是资产类，用来核算企业购入材料的实际成本和结转入库材料的计划成本，并据以计算、确定购入材料的成本差异额。其借方登记购入材料的实际成本和结转入库材料的实际成本小于计划成本的节约差异,贷方登记入库材料的计划成本和结转入库材料的实际成本大于计划成本的超支差异。期末余额在借方,表示在途材料的实际采购成本。该账户应按照供应单位和材料的种类设置明细账户,进行明细分类核算。"材料采购"账户的结构见表4—9。

表4—9　　材料采购

购入材料的实际采购成本	结转入库材料的计划成本
结转入库材料的节约差异额	结转入库材料的超支差异额
期末余额:在途材料的实际采购成本	

(3)"材料成本差异"账户,该账户的性质是资产类(比较特殊,注意理解),用来核算企业库存材料实际成本与计划成本之间的超支或节约差异额的增减变动及其结余情况,其借方登记结转入库材料的超支差异额和结转发出材料应负担的节约差异额(实际成本小于计划成本的差异),贷方登记结转入库材料的节约差异额和发出材料应负担的超支差异额(实际成本大于计划成本的差异额)。期末余额如果在借方,表示库存材料实际成本大于计划成本的超支差异额,如果在贷方,表示库存材料实际成本小于计划成本的节约差异额。"材料成本差异"账户的结构,见表4—10。

表4—10　　材料成本差异

结转入库材料的超支差异额	结转入库材料的节约差异额
结转发出材料负担的节约差异额	结转发出材料负担的超支差异额
期末余额:库存材料的超支差异额	期末余额:库存材料的节约差异额

材料按计划成本计价核算,除上述三个账户外,其他的账户与材料按实际成本计价核算所涉及的相关账户相同。

下面举例说明原材料按计划成本计价的总分类核算:

【例4—19】 京连有限责任公司用银行存款购入甲材料3 000千克,发票注明其价款120 000元,增值税进项税额15 600元。另用现金3 000元支付该批甲材料的运杂费。

这项经济业务的发生,一方面使得公司的材料采购支出增加123 000元,其中买价120 000元,采购费用3 000元,增值税进项税额增加15 600元;另一方面使得公司的银行存款减少135 600元,现金减少3 000元,因此,该项经济业务涉及"材料采购""应交税费——应交增值税""银行存款""库存现金"四个账户。材料采购支出的增加是资产的增加,应记入"材料采购"账户的借方,增值税进项税额的增加是负债的减少,应记入"应交税费——应交增值税"账户的借方,银行存款的减少是资产的减少,应记入"银行存款"账户的贷方,现金的减少是资产的减少,应记入"库存现金"账户的贷方。这项经济业务应编制的会计分录如下:

借:材料采购——甲材料　　123 000
　应交税费——应交增值税(进项税额)　　15 600
　贷:银行存款　　135 600
　　库存现金　　3 000

【例4—20】 承例4—19,上述甲材料验收入库,其计划成本为120 000元,结转该批甲材料的计划成本和差异额。

由于该批甲材料的实际成本为123 000元,计划成本为120 000元,因而可以确定甲材料成本的超支差异额为3 000元(123 000—120 000)。结转验收入库材料的计划成本时,使得公司的材料采购支出(计划成本)减少120 000元,库存材料计划成本增加120 000元;结转入库材料成本超支差异额,使得库存材料成本超支差异额增加3 000元,材料采购支出减少3 000元,因此,该项经济业务涉及"原材料""材料采购"和"材料成本差异"三个账户,库存材料成本的增加是资产的增加,应记入"原材料"账户的借方,材料采购成本的结转是资产的减少,应记入"材料采购"账户的贷方。这项经济业务应编制的会计分录如下:

借:原材料——甲材料　　120 000
　贷:材料采购——甲材料　　120 000
借:材料成本差异　　3 000
　贷:材料采购——甲材料　　3 000

假如本例中甲材料的计划成本为125 000元,则可以确定甲材料成本的节约差异额为2 000元(123 000—125 000),其会计分录为:

借:原材料——甲材料　　125 000
　贷:材料采购——甲材料　　125 000
借:材料采购——甲材料　　2 000
　贷:材料成本差异　　2 000

或者将上述两笔分录合并为:

借:原材料——甲材料　　125 000
　贷:材料采购——甲材料　　123 000
　　材料成本差异　　2 000

【例 4—21】 京连有限责任公司本月生产产品领用甲材料的计划成本总额为 150 000 元(领用材料的会计分录略)。月末计算确定发出甲材料应负担的差异额,并予以结转。假设期初库存甲材料计划成本为 300 000 元,成本差异额为超支差异 5 400 元。

为了计算产品的实际生产成本,在会计期末需要将计划成本调整为实际成本,其方法是运用差异率对计划成本进行调整,以求得实际成本。材料成本差异率的计算方法有两种:

$$月初材料成本差异率=\frac{月初库存材料成本差异额}{月初库存材料的差异成本}\times100\%$$

$$本月材料成本差异率=\frac{月初材料差异额+本月购入材料差异额}{月初库存材料计划成本+本月入库材料计划成本}\times100\%$$

发出材料应负担的差异额=本月材料成本差异率×发出材料的计划成本

根据本例资料,采用本月差异率时的计算如下:

$$本月材料成本差异率=\frac{5\ 400+3\ 000}{300\ 000+120\ 000}\times100\%=2\%$$

发出材料应负担的差异额=150 000×2%=3 000(元)

结转发出材料应负担的差异额时,一方面应记入“生产成本”账户的借方(超支用蓝字,节约用红字),另一方面应记入“材料成本差异”账户的贷方(超支用蓝字,节约用红字)。本例编制的会计分录如下:

借:生产成本　　　　3 000

　　贷:材料成本差异　　　　3 000

【任务活动】

1. 绘制本任务的知识思维导图。

要求:形式不限,至少整理至“1.”级标题。

2. 提取并整理本任务中的术语。

3. 以小组为单位,讨论本任务“任务导入”中的问题。

任务三　核算生产过程业务

【任务导入】

技工王师傅的加工厂的业务范围不断扩大，企业越办越红火、越办越正规，王师傅也被人们称为企业家了。最近，他们又获得了加工一批办公桌的订单。为此，加工厂购进了一批原材料，当月立刻开始了办公桌的生产。生产过程中，领用了一批木材，共计100 000元。根据有关计算，本月应付生产工人的工资60 000元，车间管理人员的工资8 000元；加工车间固定资产折旧费15 000元；另以银行存款支付了车间水电费等2 000元。月末，该批办公桌全部完工，验收入库。那同学们作为该加工厂的会计人员，应做出怎样的会计处理？

【知识精编】

企业在其经营过程中要发生各种各样的费用，不仅生产过程如此，供应过程和销售过程也是如此，尤其以生产过程为重。所以我们在介绍生产过程核算的内容之前，有必要对费用的含义及其确认的有关内容进行介绍。

费用是指企业在日常活动中所发生的、会导致所有者权益减少的、与向所有者分配利润无关的经济利益的总流出，其实质就是资产的耗费或债务的形成。从理论上说，企业之所以要发生各种资产的耗费，其内在的动因就是要取得各种收入，所以费用的确认就应该与收入的确认保持一致。在会计上，有关收入和费用的确认基础包括划分收益性支出和资本性支出、配比和权责发生制等。

按照划分收益性支出和资本性支出的要求，当某项支出的受益期长于一个会计年度时，应将该项支出计入其所获得资产的价值，即将该项支出予以资本化，反之则予以费用化，确认为该期间的费用。应该说，这个要求为费用的确认界定了一个总体的时间界限，但时间跨度太大，无法确定我们会计上的最基本时间单位（月）的费用界限，因此，就需要一个更为具体的确认基础，这就是权责发生制核算基础。

权责发生制核算基础就是按照支出的义务实际发生，即支出的效用真正发挥时进行确认，而不管其款项的具体支付时间。在实际工作中，义务的发生和款项的实际支付存在三种可能，即义务产生时支付款项、义务产生在先而款项的支付在后和义务产生在后而款项的支付在先，其中对于后两种情况，我们就需要运用权责发生制核算基础的要求按照发挥效用的具体时间进行确认。

当然，权责发生制核算基础为我们解决了费用（收入也是如此）归属的具体会计期间的问题，在此基础上，我们还要依据配比的要求将已经有了期间归属的收入和费用彼此结合，即所谓的“收入应与其相关的成本、费用相互配比”，以正确地确定该期间内各项业务的具体结果。

其后的有关收入和费用确认的内容都是在上述几个会计核算基础的总体要求下产生的具体结果。

一、生产过程业务概述

核算生产过程业务(1)

企业的主要经济活动是生产符合社会需要的产品，产品的生产过程同时也是生产的耗费过程。企业在生产经营过程中发生的各项耗费，是企业为获得收入而预先垫支并需要得到补偿的资金耗费，因而也是收入形成、实现的必要条件。企业要生产产品就要发生各种生产耗费，包括生产资料中的劳动手段（如机器设备）和劳动对象（如原材料）的耗费，以及劳动力等方面的耗费。企业在生产过程中发生的、用货币形式表现的生产耗费称作生产费用。这些费用最终都要归集、分配到一定种类的产品上去，从而形成各种产品的成本。换言之，企业为生产一定种类、一定数量产品所支出的各种生产费用的总和，对象化于产品，就形成了这些产品的成本。由此可见，费用与成本有着密切的联系，费用的发生过程也就是成本的形成过程，费用是产品成本形成的基础。但是，费用与成本也有一定的区别，费用是在一定期间为了进行生产经营活动而发生的各项耗费，费用与发生的期间直接相关，即费用强调“期间”，而成本则是为生产某一产品或提供某一劳务所消耗的费用，成本与负担者直接相关，即成本强调“对象”。

生产费用按其计入产品成本的方式不同，可以分为直接费用和间接费用。直接费用是指企业生产产品过程中实际消耗的直接材料和直接人工。间接费用是指企业为生产产品和提供劳务而发生的各项间接支出，通常称为制造费用。上述各个项目是生产费用按其经济用途所进行的分类，在会计上我们一般将其称为成本项目。各个产品成本项目的具体构成内容可以分述如下：

直接材料，是指企业在生产产品和提供劳务的过程中所消耗的、直接用于产品生产，构成产品实体的各种原材料、主要材料、外购半成品以及有助于产品形成的辅助材料等。

直接人工，是指企业在生产产品和提供劳务的过程中，直接从事产品生产的工人的工资、津贴、补贴和福利费等薪酬内容。

制造费用，是指企业为生产产品和提供劳务而发生的各项间接费用，其构成内容比较复杂，包括间接的职工薪酬、折旧费、修理费、办公费、水电费、机物料消耗、季节性停工损失等。

在会计核算过程中，必须按照划分收益性支出和资本性支出、配比和权责发生制核算基础的要求对各项费用的发生额及其应归属的期间加以确认与计量，并按照各项费用的构成内容和经济用途正确地进行反映。因此，在产品生产过程中费用的发生、归集和分配以及产品成本的形成，就构成了产品生产业务核算的主要内容。

二、生产费用的归集与分配

（一）材料费用的归集与分配

产品制造企业通过供应过程采购的各种原材料，经过验收入库之后，就形成了生产产品的物资储备，生产产品及其他方面领用时，就形成了材料费。完整意义上的材料费包括消耗的原材料、主要材料和辅助材料等，在确定材料费用时，应在根据领料凭证区分车间、部门和不同用途后，按照确定的结果将发出材料的成本分别记入“生产成本”“制造费用”“管理费用”等账户和产品生产成本明细账。对于直接用于某种产品生产的材料费，应直接计入该产品生产成本明细账中的直接材料项目；对于由几种产品共同耗用、应由这些产品共同负担的材料费，应选择适当的标准在各种产品之间进行分配之后，计入各有关成本计算对象；对于为创造生产条件等需要而间接消耗的各种材料费，应先在“制造费用”账户中进行归集，然后再同其他间接费用一起分配计入有关产品成本中。总而言之，材料是构成产品实体的一个重要组成部分，对材料费的归集与分配的核算是生产过程核算的一部分非常重要的内容。

为了反映和监督产品在生产过程中各项材料费用的发生、归集和分配情况，正确地计算产品生产成本中的材料费用，应设置以下的账户：

(1)“生产成本”账户。该账户的性质属于成本类，用来归集和分配企业进行工业性生产所发生的各项生产费用，进而根据该账户可以正确地计算产品生产成本。其借方登记应计入产品生产成本的各项费用，包括直接计入产品生产成本的直接材料、直接人工和期末按照一定的方法分配计入产品生产成本的制造费用；贷方登记结转完工验收入库产成品的生产成本。期末如有余额在借方，表示尚未完工产品（在产品)的成本,即生产资金的占用额。该账户应按产品种类或类别设置明细账户,进行明细分类核算。“生产成本”账户的结构,见表4—11。

表4—11　　生产成本

发生的生产费用: 直接材料 直接人工 制造费用	结转完工验收入库产成品成本
期末余额:在产品成本	

(2)“制造费用”账户。该账户的性质属于成本类,用来归集和分配企业生产车间(基本生产车间和辅助生产车间)范围内为组织和管理产品的生产活动而发生的各项间接生产费用,包括车间范围内发生的管理人员的薪酬、折旧费、修理费、办公费、水电费、机物料消耗、季节性停工损失等。其借方登记实际发生的各项制造费用,贷方登记期末经分配转入“生产成本”账户借方(应计入产品制造成本)的制造费用。期末在费用结转后该账户一般没有余额(季节性生产企业除外)。该账户应按不同车间设置明细账户,按照费用项目设置专栏进行明细分类核算。“制造费用”账户的结构,见表4—12。

表4—12　　制造费用

归集车间范围内发生的各项间接费用	期末分配转入“生产成本”账户的制造费用

产品制造企业采购到的材料,经验收入库,形成生产的物资储备。生产部门领用时,填制领料单,向仓库办理领料手续,领取所需材料。仓库发出材料后,要将领料凭证传递到会计部门。会计部门将领料单汇总,编制“发出材料汇总表”,据以将本月发生的材料费用按其用途分配计入生产费用和其他有关费用。以下举例说明材料费用归集与分配的总分类核算过程:

【例4—22】　京连有限责任公司本月仓库发出材料,其用途见表4—13。

表 4—13　　发出材料汇总表　　金额单位：元

用　途	甲材料		乙材料		材料耗用合计
	数量（千克）	金额	数量（千克）	金额	
制造产品领用：					
A 产品耗用	8 000	200 000	6 000	120 000	320 000
B 产品耗用	10 000	250 000	4 000	80 000	330 000
小计	18 000	450 000	10 000	200 000	650 000
车间一般耗用	5 000	125 000	2 000	40 000	165 000
合　计	23 000	575 000	12 000	240 000	815 000

从表 4—13 所列资料可以看出，该企业的材料费用可以分为两个部分：一部分为直接用于产品生产的直接材料费用，A、B 两种产品共耗用 650 000 元，其中 A 产品耗用 320 000 元，B 产品耗用 330 000 元。另一部分为车间一般性消耗的材料费 165 000 元。这项经济业务的发生，一方面使得公司生产产品的直接材料费增加 650 000 元，间接材料费增加 165 000 元；另一方面使得公司的库存材料减少 815 000 元，因此，该项经济业务涉及“生产成本”“制造费用”“原材料”三个账户。生产产品的直接材料费和间接材料费的增加是费用的增加，应分别记入“生产成本”和“制造费用”账户的借方，库存材料的减少是资产的减少，应记入“原材料”账户的贷方。这项经济业务应编制的会计分录如下：

借：生产成本——A 产品	320 000	
——B 产品	330 000	
制造费用	165 000	
贷：原材料——甲材料		575 000
——乙材料		240 000

（二）人工费用的归集与分配

职工为企业劳动，理应从企业获得一定的报酬，也就是企业应向职工支付一定的薪酬。《企业会计准则第 9 号——职工薪酬》（以下简称《职工薪酬准则》）将职工薪酬界定为“企业为获得职工提供的服务或解除劳动关系而给予的各种形式的报酬或补偿。企业提供给职工配偶、子女、受赡养人、已故员工遗属及其他受益人等的福利，也属于职工薪酬”。也就是说，从性质上看，凡是企业为获得职工提供的服务给予或付出的各种形式的对价，都构成职工薪酬，作为一种耗费构成人工成本，与这些服务产生的经济利益相匹配。与此同时，企业与职工之间因职工提供服务形成的关系，大多数构成企业的现时义务，将导致企业未来经济利益的流出，从而形成企业的一项负债。

《职工薪酬准则》所称的“职工”与《中华人民共和国劳动法》中所指的职工相比，既有重合，又有拓展，具体包括以下三类人员：

第一类是与企业订立劳动合同的所有人员，含全职、兼职和临时工。按照《中华人民共和国劳动法》和《中华人民共和国劳动合同法》的规定，企业作为用人单位与劳动者应订立劳动合同，职工首先包括这部分人员，即与企业订立了固定期限、无固定期限和以完成一定的工作量作为期限的劳动合同的所有人员。

第二类是未与企业订立劳动合同，但由企业正式任命的人员，如董事会成员、监事会成员等。按照《中华人民共和国公司法》规定，公司应当设立董事会和监事会，董事会和监事会成员为企业的战略发展提出建议、进行相关监督等，目的是提高企业整体经营管理水平，对其支付的津贴、补贴等报酬从性质上看属于职工薪酬。

第三类是在企业的计划和控制下，虽未与企业订立劳动合同或未由企业正式任命，但为企业提供与职工类似服务的人员，也属于《职工薪酬准则》所称的“职工”。如企业与有关中介机构签订劳务用工合同所涉及的相关务工人员。

职工薪酬是企业因职工提供服务而支付或放弃的所有对价。企业在确定应当作为职工薪酬进行确认和计量的项目时，需要综合考虑，确保企业人工成本核算的完整性和准确性。《职工薪酬准则》所确定的职工薪酬主要包括以下几项内容：

（1）短期薪酬，是指企业预期在职工提供相关服务的年度报告期间结束后 12 个月内将全部予以支付的职工薪酬，因解除与职工的劳动关系给予的补偿除外。短期薪酬具体包括：①职工工资、奖金、津贴和补贴，是指企业按照构成职工工资总额的计时工资、计件工资、支付给职工的超额劳动报酬和增收节支的劳动报酬、为补偿职工特殊或额外的劳动消耗和因其他特殊原因支付给职工的津贴，以及为保证职工工资水平不受物价影响支付给职工的物价补贴等。其中，企业按照短期奖金计划向职工发放的奖金属于短期薪酬，按照中长期奖金计划向职工发放的奖金属于其他长期职工福利。②职工福利费，是指企业向职工提供的除职工工资、奖金、津贴和补贴、社会保险费、住房公积金以及职工教育经费等以外的福利待遇。职工福利费可以分为三个具体部分，一是为职工卫生保健、生活等发放的各种现金补贴和非货币性福利，如职工因公外地就医费用、职工疗养费用、防暑降温费等；二是企业尚未分离的内设集体福利部门所发生的设备、设施和人员费用；三是发放给在职职工的生活困难补助以及按规定发生的其他福利支出，如丧葬补助费、抚恤费、职工异地安家费、独生子女费等职工福利支出。③医疗保险费、工伤保险费和生育保险费等社会保险费，是指企业按照国家规定的基准和比例计算，向社会保险经办机构缴纳的医疗保险费、工伤保险费和生育保险费等。④住房公积金，是指企业按照国家规定的基准和比例计算，向住房公积金管理机构缴存的住房公积金。⑤工会经费和职工教育经费，是指企业为了改善职工文化生活、为职工学习先进技术与提高文化水平和业务素质，开展工会活动和职工教育及职业技能培训等的相关支出。⑥短期带薪缺勤，是指职工虽然缺勤但企业仍向其支付报酬的安排，包括年休假、病假、婚假、产假、丧假、探亲假等。⑦短期利润分享计划，是指因职工提供服务而与职工达成的基于利润或其他经营成果提供薪酬的协议。⑧其他短期薪酬，是指除上述薪酬以外的其他为获得职工提供的服务而给予的短期薪酬。

上述第③、④项内容，应当在职工为其提供服务的会计期间，按照国务院、所在地政府或企业年金计划规定的标准，计量应付职工薪酬义务（确认为负债）和应相应计入成本费用的薪酬金额；上述第⑤项内容，企业应当分别按照职工工资总额的2％和1.5％的计提标准，计量应付职工薪酬义务金额和应相应计入成本费用的薪酬金额，其中对于从业人员技术要求高、培训任务重、经济效益好的企业，职工教育经费也可按照职工工资总额的2.5％计量。

（2）离职后福利，是指企业为获得职工提供的服务而在职工退休或与企业解除劳动关系后，提供的各种形式的报酬和福利，短期薪酬和辞退福利除外。

（3）辞退福利，是指企业在职工劳动合同到期之前解除与职工的劳动关系，或者为鼓励职工自愿接受裁减而给予职工的补偿。辞退福利主要包括：①在职工劳动合同到期前，不论职工本人是否愿意，企业决定解除与职工的劳动关系而给予的补偿；②在职工劳动合同尚未到期前，为鼓励职工自愿接受裁减而给予的补偿，职工有权利选择继续在职或接受补偿离职。另外，职工虽然没有与企业解除劳动合同，但未来不再为企业提供服务，不能为企业带来经济利益，企业承诺提供实质上具有辞退福利性质的经济补偿的，如发生“内退”的情况，在其正式退休日期之前应当比照辞退福利处理，在其正式退休日期之后，应当按照离职后福利处理。

（4）其他长期职工福利，是指除短期薪酬、离职后福利、辞退福利之外所有的职工薪酬，包括长期带薪缺勤、长期残疾福利、长期利润分享计划等。

总而言之，职工薪酬的具体范围包括在职和离职后提供给职工的所有货币性和非货币性薪酬；能够量化给职工本人和提供给职工集体享有的福利；提供给职工本人、配偶、子女或其他赡养人的福利；以商业保险形式提供给职工的保险待遇等。

在对企业职工的薪酬进行核算时，应根据工资结算汇总表或按月编制的"职工薪酬分配表"的内容登记有关的总分类账户和明细分类账户，进行相关的账务处理。应由生产产品、提供劳务负担的职工薪酬，计入产品成本或劳务成本。生产产品、提供劳务的直接生产人员和直接提供劳务人员发生的职工薪酬，根据《企业会计准则第 1 号——存货》的规定，计入存货成本，但非正常消耗的直接生产人员和直接提供劳务人员的职工薪酬，应在发生时确认为当期损益；应由在建工程、无形资产负担的职工薪酬，计入固定资产或无形资产成本；除直接生产人员、直接提供劳务人员、建造固定资产人员、开发无形资产人员以外的职工，包括公司总部管理人员、董事会成员、监事会成员等人员相关的职工薪酬，因难以确定直接对应的受益对象，所以均应在发生时确认为当期损益。下面仅以短期薪酬中的工资、福利费为例说明短期薪酬的确认与计量。

为了核算职工薪酬的发生和分配的内容，需要设置"应付职工薪酬"账户。"应付职工薪酬"账户的性质是负债类，用来核算企业职工薪酬的确认与实际发放情况，并反映和监督企业与职工薪酬结算情况。该账户贷方登记本月计算的应付职工薪酬总额，包括各种工资、奖金、津贴和福利费等，同时应付的职工薪酬应作为一项费用按其经济用途分配记入有关的成本、费用账户；借方登记本月实际支付的职工薪酬总额，月末如为贷方余额，表示本月应付职工薪酬大于实付职工薪酬的数额，即应付未付的职工薪酬。"应付职工薪酬"账户可以按照"工资""职工福利""社会保险费""住房公积金"等进行明细分类核算。"应付职工薪酬"账户的结构见表 4－14。

表 4－14　　　　应付职工薪酬

实际支付的职工薪酬	月末计算分配的职工薪酬
	期末余额：应付未付的职工薪酬

企业发生的职工薪酬的用途是不同的，有的直接用于产品的生产，有的用于管理活动等，所以，在确定本月应付职工薪酬时，就应该按用

途分别在有关的账户中进行核算，特别是对于生产多种产品的企业，其职工薪酬应在各种产品之间按照一定的标准进行分配，分配的具体过程将在经济业务的处理中详细说明。这里需要特别说明的是，对于职工福利费，企业应当根据历史经验数据和当期福利费列支计划，预计当期应计入职工薪酬的福利费金额，在会计期末，企业应对实际发生的福利费金额和预计金额进行适当的调整。关于职工薪酬核算的具体程序，包括支付职工薪酬、分配职工薪酬等环节。

以下举例说明生产过程中发生的工资等职工薪酬的归集与分配业务的总分类核算：

【例 4—23】 京连有限责任公司开出现金支票，从银行提取现金 3 600 000 元，准备发放工资。这项经济业务的发生，一方面使得公司的库存现金增加 3 600 000 元，另一方面使得公司的银行存款减少 3 600 000 元，因此，该项经济业务涉及“库存现金”和“银行存款”两个账户。现金的增加是资产的增加，应记入“库存现金”账户的借方，银行存款的减少是资产的减少，应记入“银行存款”账户的贷方。这项经济业务应编制的会计分录如下：

借：库存现金　　3 600 000

　贷：银行存款　　3 600 000

【例 4—24】 京连有限责任公司用现金 3 600 000 元发放工资。这项经济业务的发生，一方面使得公司的现金减少 3 600 000 元，另一方面使得公司的应付职工薪酬减少 3 600 000 元，因此，该项经济业务涉及“库存现金”和“应付职工薪酬”两个账户。现金的减少是资产的减少，应记入“库存现金”账户的贷方，应付职工薪酬的减少是负债的减少，应记入“应付职工薪酬”账户的借方。这项经济业务应编制的会计分录如下：

借：应付职工薪酬——工资　　3 600 000

　贷：库存现金　　3 600 000

【例 4—25】 京连有限责任公司根据当月的考勤记录和产量记录等，计算确定本月职工的工资如下：

A 产品生产工人工资＝1 640 000 元

B 产品生产工人工资＝1 430 000 元

车间管理人员工资＝320 000 元

厂部管理人员工资＝210 000 元

这项经济业务的发生，一方面使得公司应付职工薪酬增加了 3 600 000 元，另一方面使得公司的生产费用和期间费用增加了

3 600 000 元。其中 A 产品生产工人的工资 1 640 000 元,B 产品生产工人的工资 1 430 000 元,车间管理人员的工资 320 000 元,厂部管理人员的工资 210 000 元。车间生产工人和管理人员的工资作为一种生产费用应分别记入产品的生产成本(直接计入)和制造费用,厂部管理人员的工资应记入期间费用,因此,该项经济业务涉及“生产成本”“制造费用”“管理费用”“应付职工薪酬”四个账户。生产工人的工资作为直接生产费用应记入“生产成本”账户的借方,车间管理人员的工资作为间接生产费用,应记入“制造费用”账户的借方,厂部管理人员的工资作为期间费用应记入“管理费用”账户的借方,上述职工工资尚未支付形成企业负债的增加,应记入“应付职工薪酬”账户的贷方。这项经济业务应编制的会计分录如下:

借:生产成本——A 产品	1 640 000	
——B 产品	1 430 000	
制造费用	320 000	
管理费用	210 000	
贷:应付职工薪酬——工资		3 600 000

【例 4—26】 京连有限责任公司本月以银行存款支付职工福利费 504 000 元,其中生产工人的福利费 429 800 元(A 产品生产工人 229 600 元,B 产品生产工人 200 200 元)、车间管理人员的福利费 44 800 元、厂部管理人员的福利费 29 400 元。

企业为了保证职工的身体健康和提高职工的福利待遇,根据国家规定,企业可以按照职工工资总额的一定比例在成本费用中列支职工福利费。支付职工福利费时,一方面使得银行存款等资产减少,另一方面使得应付职工薪酬这项负债减少,所以这笔业务首先应记入“应付职工薪酬”账户的借方和“银行存款”账户的贷方。列支职工福利费时,一方面使得公司当期的费用成本增加,另一方面使得公司的应付职工薪酬增加。对于费用成本的增加应区分不同人员的福利费,分别在不同的账户中列支。其中 A 产品生产工人的福利费为 229 600 元,B 产品生产工人的福利费为 200 200 元,属于产品生产成本的增加,应记入“生产成本”账户的借方,车间管理人员的福利费为 44 800 元,属于生产产品所发生的间接费用的增加,应记入“制造费用”账户的借方,厂部管理人员的福利费为 29 400 元,属于期间费用的增加,应记入“管理费用”账户的借方,同时,应记入“应付职工薪酬”账户的贷方。这项经济业务应编制的会计分录如下:

(1)支付福利费时:

借：应付职工薪酬——职工福利　　504 000

　贷：银行存款　　504 000

(2)列支福利费时：

借：生产成本——A 产品　　229 600

　　　　　——B 产品　　200 200

　制造费用　　44 800

　管理费用　　29 400

　贷：应付职工薪酬——职工福利　　504 000

(三)制造费用的归集与分配

核算生产过程业务(2)

制造费用是产品制造企业为了生产产品和提供劳务而发生的各种间接费用。其主要内容是企业的生产部门(包括基本生产车间和辅助生产车间)为组织和管理生产活动以及为生产活动服务而发生的费用，如车间管理人员的工资及福利费，车间生产使用的照明费、取暖费、运输费、劳动保护费等。在生产多种产品的企业里，制造费用在发生时一般无法直接判定其应归属的成本核算对象，因而不能直接计入所生产的产品成本中，必须将上述各种费用按照发生的不同空间范围在“制造费用”账户中予以归集、汇总，然后选用一定的标准(如生产工人工资、生产工时等)，在各种产品之间进行合理的分配，以便准确地确定各种产品应负担的制造费用。在制造费用的归集过程中，要按照权责发生制核算基础的要求，正确地处理跨期间的各种费用，使其分摊于应归属的会计期间。

制造费用包括的具体内容又可以分为三部分：

第一部分是间接用于产品生产的费用，如机物料消耗费用，车间生产用的固定资产折旧费、修理费、保险费，车间生产用的照明费、劳动保护费等。

第二部分是直接用于产品生产，但管理上不要求或者不便于单独核算，因而没有单独设置成本项目进行核算的某些费用，如生产工具的摊销费、设计制图费、试验费以及生产工艺用的动力费等。

第三部分是车间用于组织和管理生产的费用，如车间管理人员的工资及福利费，车间管理用的固定资产折旧费、修理费，车间管理用的摊销费，车间管理用的水电费、办公费、差旅费等。

为了归集和分配各种间接费用，需要设置以下几个与间接费用的发生有关的账户：

(1)“长期待摊费用”账户。首先应明确长期待摊费用是指企业已经支出但应由本期和以后各期分别负担，且分摊期在 1 年以上的各项费用。为了符合权责发生制核算基础的要求来核算这些先付款后摊销的费用，设置了“长期待摊费用”账户。该账户的性质属于资产类，用来核算企业预先付款、应由本期和以后各期分期负担的摊销期超过1年的各种费用，其借方登记预先支付的各种款项，如预付的房租、开办费、设备大修理费等，贷方登记应摊销计入本期成本或损益的各种费用。期末余额在借方，表示已经支出但尚未摊销的费用。该账户应按照费用的种类设置明细账户，进行明细分类核算。“长期待摊费用”账户的结构，见表4—15。

表4—15　　长期待摊费用

预先支付的款项	应计入本期成本或损益的费用
期末余额：已支出但未摊销的费用	

(2)“累计折旧”账户。该账户的性质是资产类，用来核算企业固定资产已提折旧的累计情况。其贷方登记按月提取的折旧额，即累计折旧的增加，借方登记因减少固定资产而减少的累计折旧。期末余额在贷方，表示已提折旧的累计额。该账户只进行总分类核算，不进行明细分类核算。如果要查明某项固定资产已提折旧的具体情况，可以通过固定资产卡片(台账)来了解。“累计折旧”账户的结构，见表4—16。

表4—16　　累计折旧

固定资产折旧的减少(注销)	提取的固定资产折旧的增加
	期末余额：现有固定资产累计折旧额

关于固定资产的折旧需要注意：为了给固定资产的管理提供有用的会计信息，真实、准确地反映企业固定资产价值的增减变动及其结存情况，在会计核算过程中设置了“固定资产”账户。由于固定资产在其较长的使用期限内会保持原有实物形态，而其价值随着固定资产的损耗而逐渐减少，但其实物未被报废清理之前，总有一部分价值相对固定在实物形态上。固定资产管理要求原价与实物口径相一致，以考核固定资产的原始投资规模。固定资产由于损耗而减少的价值就是固定资产的折旧。固定资产的折旧应该作为折旧费用计入产品成本和期间费用，这样做不仅是为了使企业在将来有能力重置固定资产，更主要的是为了实现期间收入与费用的正确配比。计提固定资产折旧，通常是根据期初固定资产的原价和规定的折旧率按月计算提取的。

基于固定资产的上述特点，为了使“固定资产”账户能按固定资产的取得成本反映其增减变动和结存情况，并便于计算和反映固定资产的账面净值（折余价值），需要专门设置一个用来反映固定资产损耗价值（即折旧额）的账户，即“累计折旧”账户。每月计提的固定资产折旧记入该账户的贷方，表示固定资产因损耗而减少的价值；对于固定资产因出售、报废等原因引起的取得成本的减少，在注销固定资产的取得成本时，贷记“固定资产”账户，同时还应借记“累计折旧”账户，注销其已提取的折旧额。“累计折旧”账户期末应为贷方余额，表示现有固定资产已提取的累计折旧额。将“累计折旧”账户的贷方余额抵减“固定资产”账户的借方余额，即可求得固定资产的净值。

下面举例说明制造费用的归集（部分业务）与分配的总分类核算：

【例 4—27】 京连有限责任公司用银行存款 100 800 元预付今、明两年的车间用房租金，按照权责发生制的要求，企业应按支出的义务是否属于本期来确认费用的入账时间，也就是说，凡是本期发生的费用，不论款项是否在本期支付，都应作为本期的费用入账；凡不属本期的费用，即使款项在本期支付，也不应作为本期的费用处理。公司用银行存款预付两年的房租，款项虽然在本期支付，但其付款的义务显然不在本期发生，而是在今、明两年产生付款责任，所以本期付款时，应将其作为一种等待摊销的费用处理。因此，这项经济业务的发生，一方面使得公司等待摊销的费用增加了，属于资产增加，应记入“长期待摊费用”账户的借方；另一方面用银行存款支付款项，意味着银行存款这项资产的减少，应记入“银行存款”账户的贷方。这项经济业务应编制的会计分录如下：

借：长期待摊费用	100 800	
贷：银行存款		100 800

【例 4—28】 承例 4—27，京连有限责任公司月末摊销应由本月负担的上项已付款的车间用房租金 4 200 元。

这项经济业务实际上是一笔权责发生制核算基础应用的业务。题中房租的款项虽然在本月已经支付，其责任却是在含本月在内的 24 个月产生，因而由本月负担的部分应将其作为本期的费用入账。摊销车间租金时，一方面使得公司的制造费用增加 4 200 元，另一方面使得公司的前期付款等待摊销的费用减少 4 200 元，因此，该项经济业务涉及“制造费用”和“长期待摊费用”两个账户。制造费用的增加是费用的增加，应记入“制造费用”账户的借方，长期待摊费用的减少是资产的减少，应记入“长期待摊费用”账户的贷方。这项经济业务应编制的会计分录如下：

借：制造费用　　　　　　　　　　　　　　4 200

　　贷：长期待摊费用　　　　　　　　　　　　4 200

【例 4—29】 京连有限责任公司用银行存款支付应由本月负担的车间设备修理费 3 500 元。该项经济业务的发生，一方面使得公司的制造费用增加 3 500 元，另一方面银行存款减少 3 500 元，因此，该项经济业务涉及"制造费用"和"银行存款"两个账户。制造费用的增加是费用的增加，应记入"制造费用"账户的借方，银行存款的减少是资产的减少，应记入"银行存款"账户的贷方。这项经济业务应编制的会计分录如下：

借：制造费用　　　　　　　　　　　　　　3 500

　　贷：银行存款　　　　　　　　　　　　　　3 500

【例 4—30】 京连有限责任公司于月末计提本月固定资产折旧，其中车间固定资产折旧额 8 600 元，厂部固定资产折旧额 4 500 元。

企业的固定资产由于使用等原因会磨损，其磨损价值即折旧，因而对固定资产应通过提取折旧的方式将其磨损的价值计入当期成本或损益中。提取固定资产折旧时，一方面意味着当期的费用成本增加，应区分不同的空间范围，记入不同的费用成本类账户。其中车间固定资产提取的折旧额应记入"制造费用"账户的借方，厂部固定资产提取的折旧额应记入"管理费用"账户的借方；另一方面，固定资产已提折旧额的增加，实际上是固定资产价值的减少，本应记入"固定资产"账户的贷方，但由于"固定资产"账户只负责记录固定资产取得成本的增减变动(在固定资产使用期内，一般是不变的)，因此，对于固定资产提取的折旧额应记入"累计折旧"账户的贷方，表示固定资产已提折旧的增加。这项经济业务应编制的会计分录如下：

借：制造费用　　　　　　　　　　　　　　8 600

　　管理费用　　　　　　　　　　　　　　4 500

　　贷：累计折旧　　　　　　　　　　　　　13 100

【例 4—31】 京连有限责任公司用现金 900 元购买车间的办公用品。

这项经济业务的发生，使得公司车间的办公用品费增加 900 元，同时现金减少 900 元，因此，该项经济业务涉及"制造费用"和"库存现金"两个账户。其中，车间办公用品费的增加是费用的增加，应记入"制造费用"账户的借方，现金的减少是资产的减少，应记入"库存现金"账户的贷方。所以这项经济业务应编制的会计分录如下：

借：制造费用　　　　　　　　　　　　　　900

　　贷：库存现金　　　　　　　　　　　　　　900

【例 4—32】 京连有限责任公司在月末将本月发生的制造费用按照生产工时比例分配计入 A、B 产品生产成本。其中 A 产品生产工时 6 000 个,B 产品生产工时 4 000 个。

企业发生的制造费用属于间接费用,所以需要采用一定的标准在各种产品之间进行合理的分配。制造费用可以采用不同的分配标准,具体分配方法有:按生产工人工资比例分配;按生产工时比例分配;按机器设备运转台时分配;按耗用原材料的数量或成本分配;按产品产量分配等。企业可以根据自身管理的需要、产品的特点等选择采用某种标准,但是标准一经确定,应按照可比性的要求,不得随意变更。

对于这项经济业务,首先归集本月发生的制造费用,即根据材料费用归集、人工费用归集、制造费用归集等业务内容可以确定公司本月发生的制造费用为 547 000 元(165 000+320 000+44 800+4 200+3 500+8 600+900),然后按照生产工时比例进行分配:

$$\text{制造费用分配率}=\frac{\text{制造费用总额}}{\text{生产工时总和}}=\frac{547\ 000}{6\ 000+4\ 000}=54.7$$

A 产品负担的制造费用额=6 000×54.7=328 200(元)

B 产品负担的制造费用额=4 000×54.7=218 800(元)

将分配的结果计入产品成本时,一方面使得产品生产费用增加 547 000 元,另一方面使得公司的制造费用减少 547 000 元。因此,该项经济业务涉及“生产成本”和“制造费用”两个账户。产品生产费用的增加作为间接费用应记入“生产成本”账户的借方,制造费用的减少是费用的结转,应记入“制造费用”账户的贷方。这项经济业务应编制的会计分录如下:

借:生产成本——A 产品	328 200	
——B 产品	218 800	
贷:制造费用		547 000

(四)完工产品生产成本的计算与结转

在将制造费用分配由各种产品成本负担之后,“生产成本”账户的借方归集了各种产品所发生的直接材料、直接人工和制造费用的全部内容。在此基础上就可以进行产品成本的计算了。成本计算是会计核算的主要方法之一。进行产品生产成本的计算就是将企业生产过程中为制造产品所发生的各种费用按照生产产品的品种、类别等(即成本计算对象)进行归集和分配,以便计算各种产品的总成本和单位成本。计算产品生产成本既为入库产成品提供了计价的依据，又满足了确定各会计期间盈亏的需要。

企业应设置产品生产成本明细账，用来归集应计入各种产品的生产费用。在以产品品种为成本计算对象的企业或车间，如果只生产一种产品，计算产品成本时，只需为这种产品开设一本明细账，账内按照成本项目设立专栏或专行。在这种情况下发生的生产费用全部都是直接计入的费用，可以直接计入产品成本明细账，而不存在各成本计算对象之间分配费用的问题。如果生产的产品不止一种，就应按照产品品种分别开设产品生产成本明细账。生产过程中发生的费用凡能分得清被哪种产品所消耗的，应根据有关凭证直接计入该种产品成本明细账；凡分不清的，如制造费用或几种产品共同耗用的某种原材料费用、生产工人的计时工资等，则应采取适当的分配方法在各成本计算对象之间进行分配，然后记入各产品成本明细账。产品生产成本的计算应在生产成本明细账中进行。如果月末某种产品全部完工，该种产品生产成本明细账所归集的费用总额，就是该种完工产品的总成本，用完工产品总成本除以该种产品的完工总产量即可计算出该种产品的单位成本。如果月末某种产品全部未完工，该种产品生产成本明细账所归集的费用总额就是该种产品在产品的总成本。如果月末某种产品一部分完工，一部分未完工，这时归集在产品成本明细账中的费用总额还要采取适当的分配方法在完工产品和在产品之间进行分配，然后才能计算出完工产品的总成本和单位成本。生产费用如何在完工产品和在产品之间进行分配，是成本计算中的一个既重要而又复杂的问题，关于这方面的具体内容将在项目七中进行具体介绍。完工产品成本的简单计算公式为：

完工产品生产成本＝期初在产品成本＋本期发生的生产费用－期末在产品成本

企业生产的产品经过各道工序的加工生产之后，就成为企业的完工产成品。所谓产成品是指已经完成全部生产过程并已验收入库、符合标准规格和技术条件，可以按照合同规定的条件送交订货单位，或可以作为商品对外销售的产品。根据完工产品生产成本计算的资料就可以结转完工、验收入库产品的生产成本。

为了核算完工产品成本结转及其库存商品成本情况，需要设置“库存商品”账户。该账户的性质是资产类账户，用来核算企业库存的外购商品、自制产品（产成品）、自制半成品、存放在门市部准备出售的商品、发出展览的商品以及寄存在外的商品等的实际成本（或计划成本）的增减变动及其结余情况。其借方登记验收入库商品成本的增加，包括外购、自产、委外加工等；贷方登记库存商品成本的减少（发出）。期末余额在借方，表示库存商品成本的期末结余额。“库存商品”账户应按照商品的种类、品种和规格等设置明细账，进行明细分类核算。“库存商品”账户的结构见表4—17。

表4—17　　库存商品

验收入库商品成本的增加	库存商品成本的减少
期末余额：结存的商品成本	

下面举例说明完工入库产品成本结转的总分类核算：

【例4—33】 京连有限责任公司生产车间本月生产完工A、B两种产品，其中A产品完工总成本为1 842 000元，B产品完工总成本为1 265 000元；A、B产品现已验收入库，结转成本。

产品完工入库结转成本时，一方面使得公司的库存商品成本增加，其中A产品成本增加1 842 000元，B产品成本增加1 265 000元，另一方面由于结转入库商品实际成本而使生产过程中占用的资金减少3 107 000元（1 842 000＋1 265 000），因此，该项经济业务涉及“生产成本”和“库存商品”两个账户，库存商品成本的增加是资产的增加，应记入“库存商品”账户的借方，结转入库产品成本使生产成本减少，应记入“生产成本”账户的贷方。这项经济业务应编制的会计分录如下：

借：库存商品——A产品　　1 842 000
　　　　　　——B产品　　1 265 000
　贷：生产成本——A产品　　1 842 000
　　　　　　　——B产品　　1 265 000

【任务活动】

1. 绘制本任务的知识思维导图。

要求：形式不限，至少整理至“1.”级标题。

2. 提取并整理本任务中的术语。

3. 以小组为单位，讨论本任务“任务导入”中的问题。

任务四　核算销售过程业务

【任务导入】

销售过程是工业企业生产经营过程的最后阶段，是产品价值的实现过程，其主要任务是将生产的产品销售出去，同时取得销售收入，使企业的生产消耗得到补偿。为了顺利实现产品的销售，不仅会发生包装、广告、运输等销售费用，还要按国家的规定计算、缴纳销售税金。因此，它对企业来说非常重要，那么我们该如何对它做会计处理呢？

【知识精编】

核算销售过程业务

企业经过了产品生产过程，生产出符合要求、可供对外销售的产品，形成了商品存货，接下来就要进入销售过程。通过销售过程，将生产出来的产品销售出去，实现它们的价值。销售过程是企业生产经营过程的最后一个阶段。产品制造企业在销售过程中，通过销售产品，按照销售价格收取产品价款，形成商品销售收入，在销售过程中结转的商品销售成本，以及发生的运输、包装、广告等销售费用，按照国家税法的规定计算缴纳的各种销售税金等都应该从销售收入中得到补偿，补偿之后的差额即为企业销售商品的业务成果即利润或亏损。企业在销售过程中除了发生销售商品、自制半成品以及提供工业性劳务等业务即主营业务外，还可能发生一些其他业务，如销售材料、出租包装物、出租固定资产等，我们在这一节中主要介绍企业主营业务收支和其他业务收支的核算。

一、主管业务收支的核算

企业的主营业务范围包括销售商品、自制半成品、代制品、代修品以及提供劳务等。主营业务核算的主要内容就是主营业务收入的确认与计量、主营业务成本的计算与结转、销售费用的发生与归集、税金的计算与缴纳以及货款的收回等。我们在这里主要介绍主营业务中商品销售业务的核算内容，包括商品销售收入的确认与计量、商品销售成本的计算与结转以及销售税金的计算与缴纳等内容。

（一）商品销售收入的确认与计量

销售过程的核算首先需要解决的就是销售收入的确认与计量的问题。收入的确认实际上就是解决收入在什么时间入账的问题，而收入的计量就是收入以多少金额入账的问题。企业生产经营活动中所获得的收入应当按照权责发生制的要求，根据收入实现原则加以确认与计量。由于商品销售收入是企业收入的重要组成部分，作为企业经营业绩的重要表现形式，商品销售收入到底应该如何确认和计量，直接关系到企业经营成果和财务状况能否得到准确报告。

按照《企业会计准则第 14 号——收入》(财会〔2017〕22 号)的要求，企业应当在履行了合同中的履约义务，即在客户取得相关商品的控制权时确认收入。这里的合同是指双方或多方之间订立有法律约束力的权利与义务的协议。合同有书面形式、口头形式以及其他形式。这里的客户是指与企业订立合同，向该企业购买日常活动产出的商品或服务并支付对价的一方。取得相关商品控制权是指能够主导该商品的使用并从中获得几乎全部的经济利益，也包括有能力阻止其他方主导该商品的使用并从中获得经济利益。

企业在确认和计量收入时需要遵循一定的判断依据与流程。根据《企业会计准则第 14 号——收入》第 9 条的要求，合同开始日，企业应当对合同进行评估，识别该合同所包含的各单项履约义务，并确定各单项履约义务是在某一时段内履行，还是在某一时点履行。然后，在履行各单项履约义务时分别确认收入。具体分为以下五个步骤：

第一步，识别与客户订立的合同。企业与客户之间的合同同时满足下列条件的，企业应当在客户取得商品控制权时确认收入：(1)合同各方已批准该合同并承诺将履行各自的义务；(2)该合同明确了合同各方与所转让商品或提供劳务相关的权利和义务；(3)该合同有明确的与所转让商品相关的支付条款；(4)该合同具有商业实质，即履行该合同将改变企业未来现金流量的风险、时间分布或金额；(5)企业因向客户转让商品而有权取得的对价很可能收回。

对于不符合上述规定的合同，企业只有在不再负有向客户转让商品的剩余义务，且已向客户收取的对价无须退回时，才能将已收取的对价确认为收入；否则，应当将已收取的对价作为负债进行会计处理。

第二步，识别合同中的单项履约义务。履约义务，是指合同中企业向客户转让可明确区分商品的承诺。以下的承诺可作为单项履约义务：(1)企业向客户转让可明确区分商品(或者商品或服务的组合)的承诺。企业向客户承诺的商品同时满足下列条件的，应当作为可明确区分商品：一是客户能够从该商品本身或者从该商品与其他易于获得的资源一起使用中受益；二是企业向客户转让该商品的承诺与合同中的其他承诺可单独区分。(2)企业向客户转让一系列实质相同且转让模式相同的、可明确区分商品的承诺。企业应当将实质相同且转让模式相同的一系列商品作为单项履约义务。

第三步，确定交易价格。交易价格是指企业因向客户转让商品而预期有权收取的对价金额。企业代第三方收取的款项，如增值税、企业预期将退还给客户的款项等不计入交易价格，而是作为负债进行处理。企业应当根据合同条款并结合以往的习惯做法确定交易价格。在确定交易价格时，企业应当考虑可变对价、合同中存在的重大融资成分、非现金对价、应付客户对价等因素的影响。

第四步，将交易价格分摊至各单项履约义务。当合同中包含两项或多项履约义务时，为了使企业分摊至每一单项履约义务的交易价格能够反映其因向客户转让已承诺的相关商品而预期有权收取的对价金额，企业应当在合同开始日按照各单项履约义务所承诺商品的单独售价的相对比例，将交易价格分摊至各单项履约义务。企业不得因合同开始日之后单独售价的变动而重新分摊交易价格。单独售价是指企业向客户单独销售商品的价格。

第五步，履行每一单项履约义务时确认收入。企业应当在履行了合同中的履约义务，即在客户取得相关商品控制权时确认收入。企业应当根据实际情况，首先判断履约义务是否满足在某一时段内履行的条件，如不满足，则该履约义务属于在某一时点履行的履约义务。

对于在某一时段内履行的履约义务，企业应当在该段时间内按照履约进度确认收入，企业在确定履约进度时应当考虑商品的性质，采用产出法或投入法确定恰当的履约进度。产出法是根据已转移给客户的商品对于客户的价值确定履约进度。投入法是根据企业为履行履约义务的投入确定履约进度。当履约进度不能合理确定时，企业已经发生的成本预计能够得到补偿的，应当按照已经发生的成本金额确认收入，直到履约进度能够合理确定为止。收入确认与计量的基本过程如图 4—1 所示。

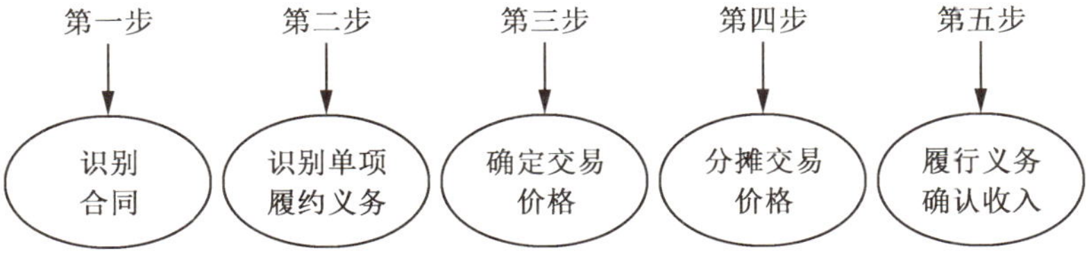

图 4—1　收入确认与计量流程示意图

对于在某一时点履行的履约义务，企业应当综合分析控制权转移的迹象，判断其转移时点：(1)企业就该商品享有现时收款权利；(2)企业已将该商品的法定所有权转移给客户；(3)企业已将该商品实物转移给客户；(4)企业已将该商品所有权上的主要风险和报酬转移给客户；(5)客户已接受该商品；(6)其他表明客户已取得商品控制权的迹象。

(二)销售商品业务的会计处理

销售商品业务属于企业的主营业务，为了核算这种主营业务收入的实现、销售成本的结转、销售税金的计算等内容，一般需要设置“主营业务收入”“主营业务成本”“税金及附加”等账户，分别核算收入的实现及其结转、成本的发生及其转销、税金的计算及其转销的具体内容。对于货款的结算还应设置“应收账款”“应收票据”“预收账款”等往来账户。

为了反映和监督企业销售商品和提供劳务所实现的收入以及因销售商品而与购买单位之间发生的货款结算业务，应设置下列账户：

(1)“主营业务收入”账户。该账户的性质是损益类，用来核算企业销售商品和提供劳务所实现的收入。其贷方登记企业实现的主营业务收入(即主营业务收入的增加)，借方登记发生销售退回和销售折让时应冲减本期的主营业务收入和期末转入“本年利润”账户的主营业务收入额(按净额结转)，结转后该账户期末应没有余额。“主营业务收入”账户应按照主营业务的种类设置明细账户，进行明细分类核算。“主营业务收入”账户的结构见表4—18。

表4—18　　　　主营业务收入

销售退回等	实现的主营业务收入(增加)
期末转入“本年利润”账户的净收入	

(2)“应收账款”账户。该账户的性质是资产类，用来核算因销售商品和提供劳务等而应向购货单位或接受劳务单位收取货款的结算情况(结算债权)的账户，代购货单位垫付的各种款项也在该账户中核算。其借方登记由于销售商品以及提供劳务等而发生的应收账款(即应收账款的增加)，包括应收取的价款、税款和代垫款等，贷方登记已经收回的应收账款(即应收账款的减少)。期末余额如在借方，表示尚未收回的欠款；期末余额如在贷方，表示预收的账款。该账户应按不同的购货单位或接受劳务单位设置明细账户，进行明细分类核算。应收账款”账户的结构如表4—19所示：

表 4—19　　应收账款

发生的应收账款增加	收回的应收账款减少
期末余额:应收未收款	期末余额:预收款

二、其他业务收支的核算

企业在经营过程中,除了要发生主营业务外,还会发生一些非经常性的、具有兼营性的其他业务。其他业务(也称附营业务)是指企业在经营过程中发生的除主营业务以外的其他销售业务,包括销售材料、出租包装物、出租固定资产、出租无形资产、出租商品、用材料进行非货币性资产交换或债务重组等活动。对于不同的企业而言,主营业务和其他业务的内容划分并不是绝对的,一个企业的主营业务可能是另一个企业的其他业务,即便在一个企业里,不同期间的主营业务和其他业务的内容也不是固定不变的。由于其他业务不属于企业主要的经营业务范围,按照重要性的要求,对其他业务的核算采取比较简单的方法。其他业务收入和支出的确认原则和计量方法与主营业务基本相同,但相对而言,没有主营业务的要求严格。

(一)其他业务收入的核算

由于发生其他业务而实现的收入称为其他业务收入。在会计核算过程中,对于其他业务实现的收入是通过“其他业务收入”账户进行核算的。“其他业务收入”账户的性质是损益类,用来核算企业除主营业务以外的其他业务收入的实现及其结转情况。其贷方登记实现的其他业务收入,即增加,借方登记期末转入“本年利润”账户的其他业务收入额,经过结转之后,期末没有余额。本账户应按照其他业务的种类设置明细账户,进行明细分类核算。“其他业务收入”账户的结构见表 4—20。

表 4—20　　其他业务收入

期末转入“本年利润”账户的其他业务收入	本期实现的其他业务收入(增加)

下面举例说明其他业务收入的核算:

【例 4—34】　京连有限责任公司销售一批原材料,不含税价款 28 000 元,增值税销项税额 3 640 元,价税款收到存入银行。

按照规定,销售材料的收入属于其他业务收入。这项经济业务的发生，一方面使得公司的银行存款增加 31 640 元(28 000＋3 640)，另一方面使得公司的其他业务收入增加 28 000 元，增值税销项税额增加 3 640 元，因此，该项经济业务涉及“银行存款”“其他业务收入”和“应交税费——应交增值税”三个账户。银行存款的增加是资产的增加，应记入“银行存款”账户的借方，其他业务收入的增加是收入的增加，应记入“其他业务收入”账户的贷方，增值税销项税额的增加是负债的增加，应记入“应交税费——应交增值税”账户的贷方。这项经济业务应编制的会计分录如下：

借：银行存款　　　　31 640
　贷：其他业务收入　　　　28 000
　　应交税费——应交增值税(销项税额)　　3 640

【例 4—35】 京连有限责任公司向某单位转让专有技术的使用权，获得收入 100 000 元，存入银行(不涉及增值税)。

转让专有技术的使用权，实质上就是让渡资产的使用权，这与处置无形资产的账务处理是不同的。转让无形资产使用权的收入属于其他业务收入的范围。这项经济业务的发生，一方面使得公司的银行存款增加 100 000 元，另一方面使得公司的其他业务收入增加 100 000 元，因此，该项经济业务涉及“银行存款”和“其他业务收入”两个账户。银行存款的增加是资产的增加，应记入“银行存款”账户的借方，其他业务收入的增加是收入的增加，应记入“其他业务收入”账户的贷方。这项经济业务应编制的会计分录如下：

借：银行存款　　　　100 000
　贷：其他业务收入　　　　100 000

(二)其他业务成本的核算

企业在实现其他业务收入的同时，往往还要发生一些其他业务支出，即与其他业务有关的成本和费用，包括销售材料的成本、出租固定资产的折旧额、出租无形资产的摊销额、出租包装物的成本或摊销额等。为了核算这些支出，需要设置“其他业务成本”账户。该账户的性质属于损益类，用来核算企业除主营业务以外的其他业务成本的发生及其转销情况。其借方登记其他业务成本包括材料销售成本、提供劳务的成本费用的发生，即其他业务成本的增加，贷方登记期末转入“本年利润”账户的其他业务成本额，经过结转后，期末没有余额。本账户应按照其他业务的种类设置明细账户，进行明细分类核算。“其他业务成本”账户的结构见表 4—21。

表 4—21　　其他业务成本

本期发生的其他业务成本(增加)	期末转入"本年利润"账户的其他业务成本

下面举例说明其他业务成本的总分类核算过程：

【例 4—36】 京连有限责任公司月末结转本月销售材料的成本 16 000 元。

这项经济业务的发生，一方面使得公司的其他业务成本增加 16 000 元，另一方面使得公司的库存材料成本减少 16 000 元，因此，该项经济业务涉及"其他业务成本"和"原材料"两个账户。其他业务成本的增加是费用成本的增加，应记入"其他业务成本"账户的借方，库存材料成本的减少是资产的减少，应记入"原材料"账户的贷方。这项经济业务应编制的会计分录如下：

借：其他业务成本　　16 000
　　贷：原材料　　16 000

【例 4—37】 京连有限责任公司结转本月出租包装物的成本 4 680 元。

企业出租包装物的成本属于其他业务成本的内容。这项经济业务的发生，一方面使得公司的其他业务成本增加 4 680 元，另一方面使得公司的库存包装物成本减少 4 680 元，因此，该项经济业务涉及"其他业务成本"和"周转材料"两个账户。包装物成本的摊销是费用支出的增加，应记入"其他业务成本"账户的借方，库存包装物成本的减少是资产的减少，应记入"周转材料"账户的贷方。这项业务应编制的会计分录如下：

借：其他业务成本　　4 680
　　贷：周转材料　　4 680

【任务活动】

1. 绘制本任务的知识思维导图。

要求：形式不限，至少整理至"1."级标题。

2. 提取并整理本任务中的术语。

3. 以小组为单位，讨论本任务"任务导入"中的问题。

任务五　核算财务成果业务

【任务导入】

公司经营的一个重要问题就是赚不赚钱,即通常所说的是否有利润,那么利润是如何计算出来的呢?怎样对利润进行会计处理呢?

【知识精编】

核算财务成果业务(1)

企业作为一个独立的经济实体,其经营活动的主要目的就是要不断地提高企业的盈利水平,增强企业的获利能力。利润就是一个反映企业获利能力的综合指标,利润水平的高低不仅反映企业的盈利水平,而且还反映企业向整个社会所作贡献的大小,同时还是各有关方面对本企业进行财务预测和投资决策的重要依据。

一、财务成果的含义

所谓财务成果是指企业在一定会计期间所实现的最终经营成果,也就是企业所实现的利润或亏损总额。利润是按照配比的要求,将一定时期内存在因果关系的收入与费用进行配比而产生的结果,收入大于费用支出的差额部分为利润,反之则为亏损。利润是综合反映企业在一定时期生产经营成果的重要指标。企业各方面的情况,诸如劳动生产率的高低、产品是否适销对路、产品成本和期间费用的节约与否,都会通过利润指标得到综合反映。因此,获取利润就成为企业生产经营的主要目的之一。企业的获利能力问题,不仅关系到企业自身的生存发展和员工福利问题,而且也会影响到社会财富的积累以及国家经济发展的大局,所以企业必须采取有效措施,增强核心竞争力和盈利能力,努力提高经济效益。

二、利润的构成与计算

由于利润是一个综合指标,它综合了企业在经营过程中的所费与所得,因而对于利润的确认与计量,是以企业生产经营活动过程中所实现的收入和发生的费用的确认与计量为基础的,同时还要包括通过投资活动而获得的投资收益,以及与生产经营活动没有直接关系的营业外收支等。由此可见,反映企业财务成果的利润,就其构成内容来看,既有通过生产经营活动而获得的,也有通过投资活动而获得的,还有那些与生产经营活动没有直接关系的各项收入和支出等。按照我国会计准则及会计制度的规定，制造业企业的利润一般包括营业利润和营业外收支等内容。也就是说，企业在生产经营过程中通过销售活动将商品卖给购买方，实现收入，扣除当初的投入成本以及其他一系列费用，再加减非经营性质的收支等，就形成了企业的利润或亏损总额。有关利润指标各个层次的计算公式表达如下：

利润（或亏损）总额＝营业利润＋营业外收入－营业外支出

上式中的营业利润是企业利润的主要来源，营业利润这一指标能够比较恰当地反映企业管理者的经营业绩。营业利润等于营业收入（包括主营业务收入和其他业务收入）减去营业成本（包括主营业务成本和其他业务成本）、税金及附加、期间费用、资产减值损失，再加上（或减去）公允价值变动净损益、投资净损益、资产处置净损益等，用公式表示如下：

营业利润＝营业收入－营业成本－税金及附加－期间费用－资产减值损失＋（－）公允价值变动净损益＋（－）投资净损益＋（－）资产处置净损益

营业外收入，是指与企业正常的生产经营活动没有直接关系的各项收入，包括报废毁损固定资产利得、报废毁损无形资产利得、债务重组利得等。营业外收入是企业的一种纯收入，不需要也不可能与有关费用进行配比，事实上企业为此并没有付出代价，因此，在会计核算中应严格区分营业外收入与营业收入的界限。发生营业外收入时，应按其实际发生数进行核算，并直接增加企业的利润总额。

营业外支出，是指与企业正常生产经营活动没有直接关系的各项支出，包括固定资产盘亏支出、报废毁损固定资产损失、报废毁损无形资产损失、非常损失、债务重组损失、公益性捐赠支出等。营业外收入与营业外支出应当分别核算，不能以营业外支出直接冲减营业外收入，同样，也不能以营业外收入直接冲减营业外支出。在实际发生营业外支出时，直接冲减企业当期的利润总额。

企业实现了利润总额之后，首先应向国家缴纳所得税费用，扣除所得税费用后的利润即为净利润，净利润的计算公式如下：

净利润＝利润总额－所得税费用

利润总额和净利润的构成式中的营业利润的内容，我们在销售过程核算中已经做了部分介绍，接下来我们要对营业利润构成项目中的期间费用、投资收益以及净利润构成中的营业外收支、所得税费用的核算内容进行阐述，以便说明企业在一定时期内的净利润的形成过程，并在此基础上，进一步讨论净利润分配的核算内容。

三、营业利润形成过程的核算

（一）期间费用的核算

期间费用是指不能直接归属于某个特定的产品成本，而应直接计入当期损益的各种费用。它是企业在经营过程中随着时间的推移而不断地发生的与产品生产活动的管理和销售有一定的关系，但与产品的制造过程没有直接关系的各种费用。一般来说，我们能够很容易地确定期间费用应归属的会计期间，但难以确定其应归属的产品。也就是说，难以确定其直接的负担者，所以期间费用不计入产品制造成本，而是从当期损益中予以扣除。

期间费用包括为管理企业的生产经营活动而发生的管理费用，为筹集资金而发生的财务费用，为销售商品而发生的销售费用等。这些费用的发生对企业取得收入有很大的作用，但很难与各类收入直接配比，所以将其视为与某一期间的营业收入相关的期间费用按其实际发生额予以确认。有关期间费用中的财务费用的具体内容在前文，即负债资金筹集业务中已经做了详细的阐述，这里只对期间费用中的管理费用和销售费用的内容进行介绍。

管理费用是指企业行政管理部门为组织和管理企业的生产经营活动而发生的各种费用，包括企业在筹建期间内发生的开办费、董事会和行政管理部门在企业的经营管理中发生的或者应由企业统一负担的公司经费（包括行政管理部门的职工薪酬、物料消耗、低值易耗品摊销、办公费和差旅费等）、工会经费、董事会费（包括董事会成员津贴、会议费和差旅费等）、聘请中介机构费、咨询费（含顾问费）、诉讼费、业务招待费、技术转让费、研究费用、排污费以及行政管理部门发生的固定资产折旧费、修理费等。

销售费用是指企业在销售商品和材料、提供劳务等日常经营过程中发生的各项费用，包括保险费、包装费、展览费和广告费、商品维修费、预计产品质量保证损失、运输费、装卸费以及为销售本企业的商品而专设的销售机构（含销售网点、售后服务网点等）的职工薪酬、业务费、折旧费等经营费用。

为了核算期间费用的发生情况，除“财务费用”账户外，企业还需要设置以下账户：

（1）“管理费用”账户。该账户的性质是损益类，用来核算企业行政管理部门为组织和管理企业的生产经营活动而发生的各项费用。其借方登记发生的各项管理费用，贷方登记期末转入“本年利润”账户的管理费用额，经过结转之后，本账户期末没有余额。管理费用账户应按照费用项目设置明细账户，进行明细分类核算。“管理费用”账户的结构见表 4—22。

表 4—22　　**管理费用**

本期发生的管理费用	期末转入“本年利润”账户的管理费用

（2）“销售费用”账户，该账户的性质是损益类，用来核算企业在销售商品过程中发生的各项销售费用及其结转情况。其借方登记本期发生的各项销售费用，贷方登记期末转入“本年利润”账户的销售费用额，结转后，该账户期末没有余额。“销售费用”账户应按照费用项目设置明细账户，进行明细分类核算。“销售费用”账户的结构见表 4—23。

表 4—23　　**销售费用**

本期发生的销售费用	期末转入“本年利润”账户的销售费用

以下举例说明期间费用的总分类核算：

【例 4—38】　京连有限责任公司的员工李好出差归来报销差旅费 2 460 元，原借款 3 000 元，余额退回现金。

差旅费属于企业的期间费用，在“管理费用”账户核算。这项经济业务的发生，一方面使得公司的管理费用增加 2 460 元，库存现金增加 540 元（3 000－2 460）；另一方面使得公司的其他应收款减少 3 000 元，因此，该项经济业务涉及“管理费用”“库存现金”和“其他应收款”三个账户。管理费用的增加是费用的增加，应记入“管理费用”账户的借方；现金的增加是资产的增加，应记入“库存现金”账户的借方；其他应收款的减少是资产（债权）的减少，应记入“其他应收款”账户的贷方。这项经济业务应编制的会计分录如下：

借：管理费用　　2 460
　　库存现金　　540
　　贷：其他应收款——李好　　3 000

【例 4—39】　京连有限责任公司用现金支付董事会成员津贴及咨询费 126 320 元。

这项经济业务的发生，一方面使得公司的管理费用增加 126 320

元,另一方面使得公司的现金减少126 320元,因此,该项经济业务涉及"管理费用"和"库存现金"两个账户。管理费用的增加是费用的增加,应记入"管理费用"账户的借方,现金的减少是资产的减少,应记入"库存现金"账户的贷方。这项经济业务应编制的会计分录如下:

借:管理费用　　126 320

　　贷:库存现金　　126 320

【例4—40】 京连有限责任公司月末摊销以前已经付款且摊销期超过1年的行政管理部门房租2 010元。

行政管理部门房租属于企业的管理费用,由于这笔费用以前付款时已经记入"长期待摊费用"账户,所以现在摊销应冲减预付费用。这项经济业务的发生,一方面使得公司的管理费用增加2 010元,另一方面使得公司的长期待摊费用减少2 010元,因此,该项经济业务涉及"管理费用"和"长期待摊费用"两个账户。管理费用的增加是费用的增加,应记入"管理费用"账户的借方,预付费用的减少是资产的减少,应记入"长期待摊费用"账户的贷方。这项经济业务应编制的会计分录如下:

借:管理费用　　2 010

　　贷:长期待摊费用　　2 010

【例4—41】 京连有限责任公司用银行存款5 200元支付销售产品的运输费。

这项经济业务的发生,一方面使得公司的销售费用增加5 200元,另一方面使得公司的银行存款减少5 200元,因此,该项经济业务涉及"销售费用"和"银行存款"两个账户。销售费用的增加是费用的增加,应记入"销售费用"账户的借方,银行存款的减少是资产的减少,应记入"银行存款"账户的贷方。这项经济业务应编制的会计分录如下:

借:销售费用　　5 200

　　贷:银行存款　　5 200

【例4—42】 京连有限责任公司下设一个销售网点,经计算确定该网点销售人员的工资41 610元。

销售机构人员的工资属于销售费用。这项经济业务的发生,一方面使得公司的销售费用增加41 610元,另一方面使得公司的应付职工薪酬增加41 610元,因此,该项经济业务涉及"销售费用"和"应付职工薪酬"两个账户。销售费用的增加是费用的增加,应记入"销售费用"账户的借方,应付职工薪酬的增加是负债的增加,应记入"应付职工薪酬"账户的贷方。这项经济业务应编制的会计分录如下:

借：销售费用　　　　　　　　　　　　41 610

　　贷：应付职工薪酬　　　　　　　　　　41 610

【例 4—43】 京连有限责任公司以银行存款支付行政管理部门办公费 21 000 元。

根据管理费用所包括的具体内容可知，这项经济业务的发生，一方面使得公司的管理费用增加 21 000 元，另一方面使得公司银行存款减少 21 000 元，因此，该项经济业务涉及"管理费用"和"银行存款"两个账户。管理费用的增加是费用的增加，应记入"管理费用"账户的借方，银行存款的减少是资产的减少，应记入"银行存款"账户的贷方。这项经济业务应编制的会计分录如下：

借：管理费用　　　　　　　　　　　　21 000

　　贷：银行存款　　　　　　　　　　　　21 000

综合上述业务可以确定，本月发生的期间费用共计 445 000 元。其中：管理费用 395 690 元（210 000＋29 400＋4 500＋2 460＋126 320＋2 010＋21 000），财务费用 2 500 元，销售费用 46 810 元（5 200＋41 610）。

（二）投资收益的核算

企业为了合理有效地使用资金以获取更多的经济利益，除了进行正常的生产经营活动外，还可以将资金投放于债券、股票或其他财产等权益性资产上，形成企业的对外投资。投资收益的实现或投资损失的发生都会影响企业当期的经营成果。

为了核算投资损益的发生情况，需要设置"投资收益"账户，该账户的性质是损益类，用来核算企业对外投资所获得收益的实现或损失的发生及其结转情况。其贷方登记实现的投资收益和期末转入"本年利润"账户的投资净损失，借方登记发生的投资损失和期末转入"本年利润"账户的投资净收益。经过结转之后，该账户期末没有余额。"投资收益"账户应按照投资的种类设置明细账户，进行明细分类核算。"投资收益"账户的结构见表 4—24。

表 4—24　　　　　　　　**投资收益**

发生的投资损失	实现的投资收益
期末转入"本年利润"账户的投资净收益	期末转入"本年利润"账户的投资净损失

下面举例说明投资收益的总分类核算：

【例 4—44】 京连有限责任公司将日前为赚取差价而购入的某一

股票抛出，买价为 550 000 元，持有期间没有确认公允价值变动，卖价为 579 280 元，所得款项存入银行。

持有是为了交易的有价证券属于以公允价值计量且其变动计入当期损益的金融资产，出售价格与交易性金融资产账面余额之间的差额应确认为企业的投资收益。这项经济业务的发生，一方面使得公司的银行存款增加 579 280 元，另一方面使得公司的交易性金融资产减少 550 000 元，投资收益增加 29 280 元，因此，该项经济业务涉及“银行存款”“交易性金融资产”和“投资收益”三个账户。银行存款的增加是资产的增加，应记入“银行存款”账户的借方，交易性金融资产的减少是资产的减少，应记入“交易性金融资产”账户的贷方，投资收益的增加是收入的增加，应记入“投资收益”账户的贷方。这项经济业务应编制的会计分录如下：

借：银行存款	579 280	
贷：交易性金融资产		550 000
投资收益		29 280

【例 4—45】 京连有限责任公司的某项长期股权投资采用成本法核算，该被投资单位宣告分配本年的现金股利，其中本公司应得 50 000 元。

这项经济业务的发生，一方面使得公司的应收股利增加 50 000 元，另一方面使得公司的投资收益增加 50 000 元。应收股利的增加是资产（债权）的增加，应记入“应收股利”账户的借方，投资收益的增加是收入的增加，应记入“投资收益”账户的贷方。这项经济业务应编制的会计分录如下：

借：应收股利	50 000	
贷：投资收益		50 000

根据例 4—44 和例 4—45 的经济业务内容可以计算确定公司的投资净收益为 79 280 元(50 000＋29 280)。

通过前述各项经营业务内容的核算，我们就可以计算确定企业的营业利润。在销售过程的核算中，京连有限责任公司通过销售 A、B 商品，实现的主营业务收入为 2 274 000 元（240 000＋576 000＋258 000＋1 400 000－200 000），结转的主营业务成本为 1 526 400 元，发生的税金及附加为 60 000 元(59 500＋500)；另外，公司在其他业务活动中实现的其他业务收入为 134 000 元(28 000＋100 000＋6 000)，发生其他业务成本为 20 680 元(16 000＋4 680)；公司的期间费用共计 445 000 元，其中管理费用为 395 690 元，财务费用为 2 500 元，销售费用为 46 810 元；公司的投资业务获得投资净收益为 79 280 元(50 000＋29 280)。将上述主营业务收支、其他业务收支、期间费用以及投资收益的内容综合起来，就可以计算出京连有限责任公司的营业利润：

营业利润＝2 274 000＋134 000－1 526 400－20 680
－60 000－46 810－395 690－2 500＋79 280
＝435 200(元)

四、净利润形成过程的核算

(一)营业外收支的核算

企业的营业外收支是指与企业正常的生产经营业务没有直接关系的各项收入和支出，包括营业外收入和营业外支出。营业外收入是指与企业正常的生产经营活动没有直接关系的各种收入。这种收入不是由企业经营资金耗费所产生的，一般不需要企业付出代价，因而无法与有关的费用支出相配比。营业外收入是指报废毁损非流动资产利得、债务重组利得、与企业日常活动无关的政府补助、盘盈利得、捐赠利得等；营业外支出是指与企业正常的生产经营活动没有直接关系的各项支出。这种支出不属于企业的生产经营费用。营业外支出包括非流动资产报废毁损损失、债务重组损失、公益性捐赠支出、非常损失、盘亏损失等。

核算财务成果业务(2)

营业外收支虽然与企业正常的生产经营活动没有直接关系，但从企业主体考虑，营业外收支同样能够增加或减少企业的利润，对利润或亏损总额乃至净利润会产生一定的影响。在会计核算过程中，一般按照营业外收支具体项目发生的时间，按其实际数额在当期作为利润的加项或减项分别予以确认和计量。

为了核算营业外收支的具体内容，需要设置以下的账户：

(1)“营业外收入”账户。该账户的性质是损益类，用来核算企业各项营业外收入的实现及其结转情况。其贷方登记营业外收入的实现(即营业外收入的增加)，借方登记期末转入“本年利润”账户的营业外收入额，经过结转之后，该账户期末没有余额。营业外收入账户应按照收入的具体项目设置明细账户，进行明细分类核算。“营业外收入”账户的结构，见表 4－25。

表 4—25　　营业外收入

期末转入“本年利润”账户的营业外收入	本期实现的营业外收入(增加)

(2)“营业外支出”账户,该账户的性质是损益类,用来核算企业各项营业外支出的发生及其转销情况。其借方登记营业外支出的发生(即营业外支出的增加),贷方登记期末转入“本年利润”账户的营业外支出额,经过结转之后,该账户期末没有余额。营业外支出账户应按照支出的具体项目设置明细账户,进行明细分类核算。“营业外支出”账户的结构见表 4—26。

表 4—26　　营业外支出

本期发生的营业外支出(增加)	期末转入“本年利润”账户的营业外支出

下面举例说明营业外收支的总分类核算:

【例 4—46】 京连有限责任公司收到与其日常活动无关的政府补助资金 84 800 元存入银行。与企业日常活动无关的政府补助资金属于企业的营业外收入。这项经济业务的发生,一方面使得公司的银行存款增加 84 800 元,另一方面使得公司的营业外收入增加 84 800 元,因此,该项经济业务涉及“银行存款”和“营业外收入”两个账户。银行存款的增加是资产的增加,应记入“银行存款”账户的借方,营业外收入的增加是收益的增加,应记入“营业外收入”账户的贷方。这项经济业务应编制的会计分录如下:

借:银行存款　　84 800

　贷:营业外收入　　84 800

【例 4—47】 京连有限责任公司用银行存款 20 000 元支付一项公益性捐赠。

企业的公益性捐赠属于营业外支出。这项经济业务的发生,一方面使得公司的银行存款减少 20 000 元,另一方面使得公司的营业外支出增加 20 000 元,因此,该项经济业务涉及“银行存款”和“营业外支出”两个账户。营业外支出的增加是费用支出的增加,应记入“营业外支出”账户的借方,银行存款的减少是资产的减少,应记入“银行存款”账户的贷方。这项经济业务应编制的会计分录如下:

借：营业外支出　　　　　　　　　　　　20 000

　　贷：银行存款　　　　　　　　　　　　20 000

根据上述业务内容可知，公司实现的营业外收入为 84 800 元，发生的营业外支出为 20 000 元，因而营业外收支净额为 64 800 元(84 800－20 000)。

(二)所得税费用的核算

企业的净利润是由利润总额减去所得税费用计算而得的，利润总额的各个构成项目我们已在前面做了全面的阐述，在利润总额的基础上，进行适当的纳税调整，依据所得税税率就可以计算所得税费用，进而计算确定净利润。

1. 利润总额的计算

企业在一定时期内所实现的经营成果，即利润或亏损总额是由营业利润、营业外收入和营业外支出等几项内容所组成，而对于这几项构成内容，我们已在前面通过具体经济业务的实例做了说明，把这些具体经济业务综合起来，就可以计算确定京连有限责任公司在本期所实现的利润总额。

根据例 4－47 和例 4－48 可看出，京连有限责任公司本期实现的营业利润为 435 200 元，营业外收入为 84 800 元，营业外支出为 20 000 元。其利润总额为：

利润总额＝435 200＋84 800－20 000＝500 000(元)

利润总额计算出来之后，形成了企业在一定会计期间的所得，针对这个所得要按照税法的规定计算缴纳所得税费用。

2. 所得税费用的核算

所得税费用是企业按照国家税法的有关规定，对企业某一经营年度实现的经营所得和其他所得，按照相应的所得税税率计算缴纳的一种税款。所得税费用是企业使用政府所提供的各种服务而向政府支付的报酬。缴纳企业所得税是每一个盈利企业应尽的义务。

所得税费用从本质上说是以在分配领域内产生的各项收益额为课征对象的一个通行税种，也就是说，不论是企业还是个人，只要有收益就应该缴纳所得税。由于税收具有自动改变和累进的功能，它随着课征客体的收益的大小而随时做出调整，所以这种累进的所得税(其他税种也是如此)对国家经济起着自动调节的作用，是国家经济的内在稳定器。从另外一个角度来考察，对于一个经营实体而言，向国家缴纳所得税，意味着其资源的流出、经济利益的减少，而且税收又具有强制性和无偿性，所以应将所得税作为经营实体的一种费用看待，这不仅符合费用要素的定义,也符合配比原则的要求。

所得税是根据企业的所得额征收的,而企业的所得额又可以依据不同的标准分别计算确定,即所谓的会计所得和纳税所得。会计所得是由企业根据会计准则、制度等的要求确认的收入与费用进行配比计算得出的税前会计利润;纳税所得是根据税收法规规定的收入和准予扣除的费用计算得出的企业纳税所得,即应税利润。由于会计法规和税收法规是两个不同的经济范畴,两者的适度分离被认为是允许的,实际上它们分别遵循着不同的原则和方法,规范着不同的对象。会计的最终目标是提供财务报告,全面、真实、完整地反映企业的财务状况和经营成果,为会计信息的使用者提供有用的会计信息;税法的目的是确保税收收入。两者目标上的不同导致了收益确定上的差异。因此,按照会计法规计算确定的会计利润与按照税收法规计算确定的应税利润对同一个企业的同一个会计期间来说,其计算的结果往往不一致,在计算口径和确认时间方面存在一定的差异,即计税差异,我们一般将这个差异称为纳税调整项目。

企业所得税通常是按年计算、分期预交、年末汇算清缴的,其计算公式为:

应交所得税=应纳税所得额×所得税税率

应纳税所得额=利润总额±所得税前利润中予以调整的项目

公式中的所得税前利润中予以调整的项目包括纳税调整增加项目和纳税调整减少项目两部分,纳税调整增加项目主要包括税法规定不允许扣除的项目,企业已计入当期费用但超过税法规定扣除标准的金额,如超过税法规定标准的工资支出、业务招待费支出、税收罚款滞纳金、非公益性捐赠支出等;纳税调整减少项目主要包括按税法规定允许弥补的亏损和准予免税的项目,如 5 年内未弥补完的亏损、国债的利息收入等。由于纳税调整项目的内容比较复杂,在本教材中,为了简化核算,我们一般假设纳税调整项目为零,因而就可以以会计上的利润总额为基础计算所得税税额。企业的所得税税率通常为 25%,各期预交所得税的计算公式为:

当前期累计应交所得税=当前期累计应纳税所得额×所得税税率

当前期应交所得税=当前期累计应交所得税-上期累计已交所得税

为了核算所得税费用的发生情况,在会计上需要设置“所得税费用”账户,该账户的性质是损益类,用来核算企业按照有关规定应在当期损益中扣除的所得税费用的计算及其结转情况。其借方登记按照应纳税所得额计算出的所得税费用额，贷方登记期末转入“本年利润”账户的所得税费用额，经过结转之后，该账户期末没有余额。“所得税费用”账户的结构见表4—27。

表4—27　　　　**所得税费用**

计算出的所得税费用额	期末转入“本年利润”账户的所得税费用额

下面举例说明所得税费用的总分类核算：

【例4—48】 根据例4—47和4—48的计算结果，我们已经确定京连有限责任公司本期实现的利润总额为500 000元，假设没有纳税调整项目，按照25%的税率计算，本期的所得税费用为125 000元(500 000×25%)。

本期应交所得税计算出来之后，一般在当期并不实际缴纳，所以在形成所得税费用的同时也产生了企业的一项负债。这项经济业务的发生，一方面使得公司的所得税费用增加125 000元，另一方面使得公司的应交税费增加125 000元，因此，该项经济业务涉及“所得税费用”和“应交税费——应交所得税”两个账户。所得税费用的增加是费用的增加，应记入“所得税费用”账户的借方，应交税费的增加是负债的增加，应记入“应交税费——应交所得税”账户的贷方。这项经济业务应编制的会计分录如下：

借：所得税费用　　　　　　　　　　125 000

　　贷：应交税费——应交所得税　　　　　　125 000

企业在经营过程中实现了各项收入，相应地也发生了各项费用，这些收入和费用都已经在各有关的损益类账户中得到了相应的反映。根据前面介绍的内容我们已经知道，企业的利润总额、净利润额是由企业的收益与其相关的费用进行配比、抵减而确定的，这里就涉及何时配比、抵减和怎样配比、抵减的问题。

按照我国会计规范的要求，企业一般应当按月核算利润，按月核算利润有困难的，经批准，也可以按季或者按年核算利润。企业计算确定本期利润总额、净利润和本年累计利润总额、累计净利润的具体方法有“账结法”和“表结法”两种。其中账结法是在每个会计期末(一般是指月末)将各损益类账户记录的金额全部转入“本年利润”账户，通过“本年利润”账户借、贷方的记录结算出本期损益总额和本年累计损益额。在这种方法下，需要在每个会计期末通过编制结账分录，结清各损益类账户;表结法是在每个会计期末(一般是指月末)各损益类账户余额不进行转账处理,而是通过编制利润表进行利润的结算,根据损益类项目的本期发生额、本年累计数额填报会计报表(主要是指利润表),在会计报表中直接计算确定损益额,即利润总额、净利润额,年终,在年度会计决算时再用账结法,将各损益类账户全年累计发生额通过编制结账分录转入"本年利润"账户。"本年利润"账户集中反映了全年累计净利润的实现或亏损的发生情况。

为了核算企业一定时期内财务成果的具体形成情况,在会计上需要设置"本年利润"账户,该账户的性质是所有者权益类,用来核算企业一定时期内净利润的形成或亏损的发生情况。其贷方登记会计期末转入的各项收入,包括主营业务收入、其他业务收入、投资净收益和营业外收入等,借方登记会计期末转入的各项费用,包括主营业务成本、税金及附加、其他业务成本、管理费用、财务费用、销售费用、投资净损失、营业外支出和所得税费用等。该账户年内期末余额如果在贷方,表示实现的累计净利润,如果在借方,表示累计发生的亏损。年末应将该账户的余额转入"利润分配"账户(如果是净利润,应自该账户的借方转入"利润分配"账户的贷方,如果是亏损,应自该账户的贷方转入"利润分配"账户的借方),经过结转之后,该账户年末没有余额。关于"本年利润"账户的核算内容,应结合利润形成核算的"账结法"和"表结法"加以理解。"本年利润"账户的结构见表 4—28。

表 4—28　　本年利润

期末转入的各项费用: 主营业务成本 税金及附加 其他业务成本 管理费用 财务费用 销售费用 投资净损失 营业外支出 所得税费用	期末转入的各项收入: 主营业务收入 其他业务收入 投资净收益 营业外收入
期末余额:累计亏损	期末余额:累计净利润

会计期末(月末或年末)结转各项收入时,借记"主营业务收入""其

他业务收入”“投资净收益”“营业外收入”等账户，贷记“本年利润”账户；结转各项费用时，借记“本年利润”账户，贷记“主营业务成本”“税金及附加”“其他业务成本”“管理费用”“财务费用”“销售费用”“营业外支出”“所得税费用”等账户。如果“投资收益”账户反映的为投资净损失，则应进行相反的结转。

下面举例说明利润总额和净利润形成业务的总分类核算：

【例 4—49】 京连有限责任公司在会计期末将本期实现的各项收入包括主营业务收入 2 274 000 元、其他业务收入 134 000 元、投资净收益 79 280 元、营业外收入 84 800 元转入“本年利润”账户。

会计期末，企业未结转各种损益类账户之前，本期实现的各项收入以及与之相配比的成本费用是分散反映在不同的损益类账户上的，为了遵循配比的要求，使本期的收支相抵减，以便确定本期经营成果，就需要编制结账分录，结清各损益类账户。这项经济业务的发生，一方面使得公司的有关损益类账户所记录的各种收入减少了，另一方面使得公司的利润额增加了，因此，该项经济业务涉及“主营业务收入”“其他业务收入”“投资收益”“营业外收入”“本年利润”五个账户。各项收入的结转是收入的减少，应记入“主营业务收入”“其他业务收入”“投资收益”“营业外收入”账户的借方，利润的增加是所有者权益的增加，应记入“本年利润”账户的贷方。这项经济业务应编制的会计分录如下：

借：主营业务收入	2 274 000	
其他业务收入	134 000	
投资收益	79 280	
营业外收入	84 800	
贷：本年利润		2 572 080

【例 4—50】 京连有限责任公司在会计期末将本期发生的各项费用，包括主营业务成本 1 526 400 元、税金及附加 60 000 元、其他业务成本 20 680 元、管理费用 395 690 元、财务费用 2 500 元、销售费用 46 810 元、营业外支出 20 000 元转入“本年利润”账户。

这项经济业务的发生，一方面需要将记录在有关损益类账户中的各项费用予以转销，另一方面结转费用会使得公司的利润减少，因此，该项经济业务涉及“本年利润”“主营业务成本”“税金及附加”“其他业务成本”“管理费用”“财务费用”“销售费用”“营业外支出”八个账户。各项支出的结转是费用支出的减少，应记入“主营业务成本”“税金及附加”“其他业务成本”“管理费用”“财务费用”“销售费用”“营业外支出”账户的贷方，利润的减少是所有者权益的减少，应记入“本年利润”账户的借方。这项经济业务应编制的会计分录如下：

借：本年利润　　2 072 080

　　贷：主营业务成本　　1 526 400

　　　　税金及附加　　60 000

　　　　其他业务成本　　20 680

　　　　管理费用　　395 690

　　　　财务费用　　2 500

　　　　销售费用　　46 810

　　　　营业外支出　　20 000

通过上项结转，本月的各项收入和费用（不包括所得税）都汇集于“本年利润”账户，遵循配比要求将收入与费用进行抵减，我们就可以根据“本年利润”账户的借、贷方的记录确定利润总额。本期京连有限责任公司实现的利润总额为500 000元(2 572 080－2 072 080)。根据利润总额就可以计算应交所得税，所得税作为一项费用还应在会计期末转入“本年利润”账户，以便计算净利润。

【例4－51】 京连有限责任公司在会计期末将计算出的所得税费用转入“本年利润”账户。

京连有限责任公司本期计算出的所得税费用为125 000元。这项经济业务的发生，一方面使得公司的所得税费用减少125 000元，另一方面使得公司的利润额减少125 000元。所得税费用的减少是费用支出的减少，应记入“所得税费用”账户的贷方，利润的减少是所有者权益的减少，应记入“本年利润”账户的借方。这项经济业务应编制的会计分录如下：

借：本年利润　　125 000

　　贷：所得税费用　　125 000

所得税费用转入“本年利润”账户之后，就可以根据“本年利润”账户的借、贷方记录的各项收入和费用计算确定企业的净利润额：

净利润＝500 000－125 000＝375 000（元）

企业通过净利润形成过程的核算，成为一定时期内的财务成果，即净利润。对于实现的净利润应按照国家的有关规定在各相关方面进行合理的分配。

五、企业利润分配业务的核算

核算财务成果业务(3)

投资者投入企业的资金，作为股本或实收资本，参与企业的生产经营活动。企业在生产经营活动过程中取得各种收入，补偿了各项耗费之后形成盈利，并按照国家规定缴纳所得税费用，形成企业的净利润，即税后利润，对于税后利润需要按照规定在各有关方面进行合理的分配。

利润分配是指企业根据国家有关规定和企业章程、投资者协议等，对企业可供分配利润指定其特定用途和分配给投资者的行为。股份公司实现的净利润应按公司法、公司章程以及股东大会决议的要求进行分配，利润分配的过程和结果不但关系到每个股东的权益是否得到保障，而且关系到企业的未来发展问题，所以必须做好企业利润分配工作，并依据利润分配的具体方案进行会计核算。

（一）利润分配的顺序

企业净利润分配的去向主要有：以利润的形式分配给投资者，作为投资者对企业投资的回报；以公积金的形式留归企业，用于企业扩大生产经营；以未分配利润的形式留存于企业，以备将来分配之用。

根据《公司法》等有关法律、法规的规定，企业当年实现的净利润，首先应弥补以前年度尚未弥补的亏损，对于剩余部分，应按照下列顺序进行分配：

（1）提取法定盈余公积。按照《公司法》的有关规定，公司制企业应按净利润的10%提取法定盈余公积金；非公司制企业可以根据需要自行确定法定盈余公积金提取比例，但不得低于10%。企业提取的法定盈余公积金累计额超过注册资本50%以上的，可以不再提取。

（2）提取任意盈余公积。企业提取法定盈余公积金后，经股东大会或类似权力机构决议，还可以按照净利润的一定比例提取任意盈余公积金。

（3）向投资者分配利润或股利。企业实现的净利润在扣除上述项目后，再加上年初未分配利润和其他转入数（公积金弥补的亏损等），形成可供投资者分配的利润。

（二）利润分配业务的核算

由于利润分配的核算内容比较复杂，政策性较强，其中有些内容如弥补亏损等的核算将在中级财务会计等课程中进行介绍，我们这里仅介绍利润分配中的提取盈余公积金和向投资者分配利润的核算内容。

为了核算企业利润分配的具体过程及结果，全面贯彻企业利润分配政策，以便于更好地进行利润分配业务的核算，需要设置以下的几个账户。

（1）“利润分配”账户。该账户的性质是所有者权益类，用来核算企业一定时期内净利润的分配或亏损的弥补以及历年结存的未分配利润

(或未弥补亏损)情况。其借方登记实际分配的利润额,包括提取的盈余公积金和分配给投资者的利润以及年末从“本年利润”账户转入的全年累计亏损额;贷方登记用盈余公积金弥补的亏损额等其他转入数以及年末从“本年利润”账户转入的全年实现的净利润额。年内期末余额如果在借方,表示已分配的利润额,年末余额如果在借方,表示未弥补的亏损额;期末余额如果在贷方,表示未分配利润额。“利润分配”账户一般应设置以下几个主要的明细账户:“盈余公积补亏”“提取法定盈余公积”“提取任意盈余公积”“应付现金股利或利润”“转作资本(或股本)的股利”“未分配利润”等。年末,应将“利润分配”账户下的其他明细账户的余额转入“未分配利润”明细账户,经过结转后,除“未分配利润”明细账户有余额外,其他各个明细账户均无余额。“利润分配”账户的结构见表4—29。

表4—29　　　　利润分配

实际分配的利润额: 提取法定盈余公积 应付现金股利 转作资本的股利 年末转入的亏损	盈余公积补亏 年末从“本年利润”账户转入的全年净利润
年内余额:已分配利润额 年末余额:未弥补亏损额	期末余额:未分配利润

必须注意,企业对实现的净利润进行利润分配,意味着企业实现的净利润这项所有者权益的减少,本应在“本年利润”账户的借方进行登记,表示直接冲减本年已实现的净利润额。但是如果这样处理,“本年利润”账户的期末贷方余额就只能表示实现的利润额减去已分配的利润额之后的差额,即未分配利润额,而不能提供本年累计实现的净利润额这项指标,而累计净利润指标又恰恰是企业管理上需要提供的一个非常重要的指标。因此,为了使“本年利润”账户能够真实地反映企业一定时期内实现的净利润数据,同时又能够通过其他账户提供企业未分配利润数据,在会计核算中,我们专门设置了“利润分配”账户,用以提供企业已分配的利润额。这样就可以根据需要,将“本年利润”账户的贷方余额(即累计净利润)与“利润分配”账户的借方余额(即累计已分配的利润额)相抵减,以求得未分配利润这项管理上所需要的指标。因而,对于“利润分配”账户,一定要结合“本年利润”账户加以深刻

理解。

(2)“盈余公积”账户。该账户的性质是所有者权益类,用来核算企业从税后利润中提取的盈余公积金,包括法定盈余公积、任意盈余公积的增减变动及其结余情况。其贷方登记提取的盈余公积金,即盈余公积金的增加,借方登记实际使用的盈余公积金,即盈余公积金的减少。期末余额在贷方,表示结余的盈余公积金。“盈余公积”应设置下列明细账户:“法定盈余公积”“任意盈余公积”等。“盈余公积”账户的结构见表 4—30。

表 4—30　　　　**盈余公积**

实际使用的盈余公积金(减少)	年末提取的盈余公积金(增加)
	期末余额:结余的盈余公积金

(3)“应付股利”账户。该账户的性质是负债类,用来核算企业按照股东大会或类似权力机构决议分配给投资者股利(现金股利)或利润的增减变动及其结余情况。其贷方登记应付给投资人股利(现金股利)或利润的增加,借方登记实际支付给投资人的股利(现金股利)或利润,即应付股利的减少。期末余额在贷方,表示尚未支付的股利(现金股利)或利润。这里需要注意的是企业分配给投资人的股票股利不在本账户核算。“应付股利”账户的结构见表 4—31。

表 4—31　　　　**应付股利**

实际支付的利润或股利	应付未付的利润或股利
	期末余额:尚未支付的利润或股利

下面举例说明利润分配业务的总分类核算:

【例 4—52】　京连有限责任公司经股东大会批准,按净利润的 10%提取法定盈余公积金。

根据例 4—52 可知,京连有限责任公司本年实现的净利润为 375 000 元。因而提取的法定盈余公积金为 37 500(375 000×10%)元。公司提取盈余公积金业务的发生,一方面使得公司的已分配的利润额增加 37 500 元,另一方面使得公司的盈余公积金增加 37 500 元,因此,该项经济业务涉及“利润分配”和“盈余公积”两个账户。已分配利润额的增加是所有者权益的减少,应记入“利润分配”账户的借方,盈余公积金的增加是所有者权益的增加,应记入“盈余公积”账户的贷方。这项经济业务应编制的会计分录如下:

借：利润分配——提取法定盈余公积　　37 500
　　贷：盈余公积——法定盈余公积　　37 500

【例4—53】 京连有限责任公司按照股东大会决议，分配给股东现金股利80 000元，股票股利100 000元。

这里首先需要说明，股票股利和现金股利是有区别的。对于现金股利，在股东大会批准利润分配方案之后，立即进行账务处理；而股票股利在股东大会批准利润分配方案并办理了增资手续之后，才能进行相应的账务处理。这项经济业务的发生，需要处理两部分内容：对于现金股利的分配，一方面使得公司的已分配利润额增加180 000元(100 000+80 000)，另一方面，现金股利虽然已决定分配给股东，但在分配的当时并不实际支付，所以形成公司的一项负债，使得公司的应付股利增加80 000元，因此，该项经济业务涉及“利润分配”和“应付股利”两个账户。已分配利润的增加是所有者权益的减少，应记入“利润分配”账户的借方，应付股利的增加是负债的增加，应记入“应付股利”账户的贷方；对于股票股利，在分配时，应按面值记入“实收资本”账户(如有超面值部分应增加资本公积)。这项经济业务应编制的会计分录如下：

(1)对于现金股利：

借：利润分配——应付现金股利　　80 000
　　贷：应付股利　　80 000

(2)对于股票股利：

借：利润分配——转作资本(或股本)的股利　100 000
　　贷：实收资本　　100 000

【例4—54】 京连有限责任公司以前年度累计未弥补亏损28 000元，已经超过了用税前利润弥补的期限。经股东大会决议，用盈余公积金全额弥补。

企业发生的亏损，可以用实现的利润弥补，也可以用积累的盈余公积金弥补。用盈余公积金弥补亏损，相当于增加可供分配的利润。这项经济业务的发生，一方面使得公司的盈余公积金减少28 000元，另一方面使得公司的可供分配利润增加28 000元，因此，该项经济业务涉及“盈余公积”和“利润分配”两个账户。盈余公积金的减少是所有者权益的减少，应记入“盈余公积”账户的借方，可供分配利润的增加是所有者权益的增加，应记入“利润分配”账户的贷方。这项经济业务应编制的会计分录如下：

借:盈余公积　　　　　　　　　　　　28 000
　　贷:利润分配——盈余公积补亏　　　　　　28 000

【任务活动】

1. 绘制本任务的知识思维导图。

要求:形式不限,至少整理至"1."级标题。

2. 提取并整理本任务中的术语。

3. 以小组为单位,讨论本任务"任务导入"中的问题。

【巩固练习】

一、复习思考题

1. 制造业企业的主要经济业务内容包括哪些?

2. 实收资本在核算上有哪些要求?

3. 资本公积金的主要用途是什么?

4. 短期借款利息的会计处理与长期借款利息有何区别?

5. 材料采购成本由哪些项目构成?

6. 采用计划成本计价,"材料采购""原材料""材料成本差异"三个账户之间的关系如何?

7. 如何计算、结转材料采购成本?

8. 产品生产成本由哪些成本项目所组成?

9. 如何计算、结转完工产品的生产成本?

10. 如何确认和计量商品的销售收入?

11. 什么是财务成果? 反映企业财务成果的主要指标有哪些?

12. 如何计算企业的营业利润?

13. 企业的利润总额由哪些项目组成? 如何计算企业的净利润?

14. 如何结转收入和费用?

15. 企业利润分配的一般顺序是怎样的?

16. 企业应如何提取法定盈余公积金和任意盈余公积金?

17. 股票股利与现金股利有何区别? 应如何进行账务处理?

18. 你认为制造业企业主要经济业务核算的重点和难点有哪些?

二、单项选择题

1. 我们一般将企业所有者权益中的盈余公积和未分配利润称为(　　)。

A. 实收资本

B. 资本公积

C. 留存收益

D. 所有者权益

2. 企业从税后利润中提取法定盈余公积时，应贷记的账户是（　　）。

A. “营业外收入”账户

B. “实收资本”账户

C. “资本公积”账户

D. “盈余公积”账户

3. 下列交易、事项中，能引起“资本公积”账户借方发生变动的是（　　）。

A. 向某灾区捐赠

B. 资本公积转增资本

C. 向投资人分派股利

D. 溢价发行股票

4. 有限责任公司增资扩股时，如果有新的投资者加入，则新加入的投资者缴纳的出资额大于按约定比例计算的其在注册资本中所占份额部分，应记入的贷方账户是（　　）。

A. “实收资本”账户

B. “股本”账户

C. “资本公积”账户

D. “盈余公积”账户

5. 企业为维持正常的生产经营所需资金而向银行等金融机构临时借入的款项称为（　　）。

A. 长期借款

B. 短期借款

C. 长期负债

D. 流动负债

6. 企业计提短期借款的利息支出时应借记的账户是（　　）。

A. “财务费用”账户

B. “短期借款”账户

C. “应付利息”账户

D. “在建工程”账户

7. 企业设置“固定资产”账户是用来反映固定资产的（　　）。

A. 磨损价值

B. 累计折旧

C. 原始价值

D. 净值

8. 下列固定资产中只需在备查簿中进行登记的固定资产是（　　）。

A. 融资租入的固定资产

B. 经营租入的固定资产

C. 赊购的固定资产

D. 正在安装的固定资产

9. 企业的应付账款如果确实无法支付时，应贷记（　　）。

A. “资本公积”账户

B. “营业外支出”账户

C. “管理费用”账户

D. “营业外收入”账户

10. 某企业 2×23 年 5 月 1 日“材料成本差异”账户的贷方余额为 17 000 元，“原材料”账户的余额为 1 000 000 元，本月购入材料的实际成本为 1 690 000 元，计划成本为 1 700 000 元，本月发出材料计划成本为 1 200 000 元，则企业 5 月 31 日结存原材料的实际成本为（　　）。

A. 1 500 000 元

B. 1 485 000 元

C. 1 566 012 元

D. 1 511 100 元

三、多项选择题

1. 企业的主要经济业务一般可概括为（　　）。

A. 资金筹集业务

B. 供应过程业务

C. 产品生产业务

D. 产品销售业务

E. 财务成果业务

2. 下列内容属于企业职工福利费支出的有（　　）。

A. 职工的医药费

B. 职工困难补助

C. 职工退休金

D. 医务福利人员工资

E. 职工教育经费

3. 下列能引起资产和所有者权益同时增加的业务有(　　)。

A. 收到国家投资存入银行

B. 提取盈余公积

C. 收到外商投入设备一台

D. 将资本公积转增资本

E. 收到外单位的现金投资

4. 一般纳税人企业购入材料的采购成本的构成内容包括(　　)。

A. 材料买价

B. 增值税进项税额

C. 采购费用

D. 采购人员差旅费

E. 销售机构经费

5. 商品销售收入确认与计量的主要步骤有(　　)。

A. 识别合同

B. 识别合同中的单项履约义务

C. 确定交易价格

D. 将交易价格分摊至单项履约义务

E. 履行单项履约义务时确认收入

6. 与营业收入相配合进而确定营业利润的成本、费用包括(　　)。

A. 商品销售成本

B. 销售费用

C. 税金及附加

D. 管理费用

E. 财务费用

7. 企业在采购材料过程中发生的下列费用中,不计入材料采购成本,而是列作管理费用的有(　　)。

A. 采购人员差旅费

B. 专设采购机构经费

C. 市内采购材料的零星运杂费

D. 运输途中的合理损耗

E. 外地运杂费

8. 在材料采购业务核算时,与“原材料”账户相对应的账户一般有(　　)。

A. “应付账款”账户

B. “应付票据”账户
C. “银行存款”账户
D. “预付账款”账户
E. “应交税费”账户

9. 关于“制造费用”账户，下列说法中正确的有（　　）。
A. 借方登记实际发生的各项制造费用
B. 贷方登记分配转入产品成本的制造费用
C. 期末余额在借方，表示在产品的制造费用
D. 期末结转“本年利润”账户后没有余额
E. 期末一般没有余额

10. “材料成本差异”账户贷方登记的内容有（　　）。
A. 入库材料成本的节约差异
B. 入库材料成本的超支差异
C. 发出材料的计划成本
D. 用红字结转发出材料应负担的节约差异
E. 结转发出材料应负担的超支差异

四、判断题

1. 在总体上采用计划成本进行材料日常计价核算的企业，对某一类材料，也可以按实际成本进行核算。（　　）

2. 按照我国会计准则的规定，企业销售商品涉及现金折扣的，应当按照扣除现金折扣后的金额确定销售商品收入金额。（　　）

3. 企业用支票支付购货款时，应通过“应付票据”账户进行核算。（　　）

4. “固定资产”账户登记企业所有的固定资产的原价增减变动和结余情况，不仅包括企业购入、自建的固定资产，同时也包括融资租入的固定资产。（　　）

5. 增值税是企业销售收入的一个抵减项目。（　　）

6. 按照权责发生制会计处理基础的要求，企业收到货币资金必定意味着本月收入的增加。（　　）

7. 生产费用按其经济内容进行分类而形成的若干个项目，在会计上称为成本项目。（　　）

8. 企业职工福利费可用于职工的医疗卫生费、困难补助费以及医务福利人员的工资等。（　　）

9. 按现行《企业会计准则》的规定，企业在销售商品时产生的现金

折扣在实际发生时应冲减企业的销售收入。 ( )

10. 企业当期实现的净利润提取了法定盈余公积和任意盈余公积之后的差额即为企业的未分配利润。 ( )

五、业务处理题

1. 利和股份公司 2023 年 6 月份发生下列经济业务：

(1)购入甲材料，专用发票上注明的价款为 200 000 元，增值税税额为 26 000 元，款项已付，材料验收入库，其计划成本为 192 000 元。

(2)公司上个月预付货款的甲材料的有关账单到达企业，专用发票注明的价款为 140 000 元，增值税税额为 18 200 元，供货单位通过银行退回余款 5 000 元，月末材料尚未到达企业。

(3)公司月末购入的甲材料到货，估计其计划成本为 100 000 元，凭证账单未到，货款未付。

(4)公司购入甲材料，发票注明的价款为 40 000 元，增值税税额为 5 200 元，该批材料的计划成本为 42 000 元。货款未付，材料入库。

(5)公司发出材料，基本生产车间生产产品领用 68 000 元，车间一般性消耗 10 000 元，公司管理部门领用 8 000 元，本月材料成本差异率为－2%。

要求：根据上述经济业务进行相关的账务处理。

2. 利和股份公司 2023 年 7 月份发生下列经济业务：

(1)接受大力公司投资的 50 000 元存入银行。

(2)收到电子公司投资，其中，设备估价 70 000 元交付使用，材料价值 15 000 元验收入库。

(3)自银行取得期限为 6 个月的借款 200 000 元存入银行。

(4)上述借款年利率为 6%，计算提取本月的借款利息。

(5)收到某外商投资投入的录像设备一台，价值 24 000 元，交付使用。

(6)经有关部门批准将资本公积 30 000 元转增资本。

(7)用银行存款 40 000 元偿还到期的银行临时借款。

要求：根据上述资料编制会计分录。

3. 大地股份公司 2023 年 1 月份发生下列经济业务：

(1)接受投资者投入企业的资本 180 000 元，款项存入银行。

(2)收到某投资者投入的一套全新设备，投资双方确认的价值为 200 000 元，设备交付使用；收到投资者投入企业的专利权一项，投资双方确认的价值为 500 000 元，相关手续已办妥。

(3)从银行取得期限为4个月的生产经营用借款600 000元,款项已存入开户银行。

(4)若上述借款年利率为4%,根据与银行签署的借款协议,该项借款的利息按季度支付,本金于到期后一次归还。计算提取本月应负担的借款利息。

(5)从银行取得期限为2年的借款1 000 000元,所得借款已存入开户银行。

(6)通过银行偿还到期短期借款本金200 000元。

要求:

(1)根据上述经济业务编制会计分录。

(2)若1月初大地股份公司的资产总额为1 600 000元,计算1月末该公司的资产总额。

4.利和股份公司所属的某企业本月发生下列固定资产购置业务:

(1)企业购入生产用不需要安装的设备一台,买价为75 000元,运杂费为1 250元,保险费为250元,全部款项已用银行存款支付。

(2)企业购入生产用需要安装的乙设备一台,买价125 000元,运杂费为2 000元。款项已用银行存款支付,设备交付安装。

(3)企业进行上述设备的安装,耗用材料为1 250元,用银行存款支付安装公司安装费1 750元。

(4)上述设备安装完毕,经验收合格交付使用,结转工程成本。

(5)企业用从建设银行借入的长期借款自行组织力量进行产品仓库的建造,耗用材料计175 000元,分配人工费用40 000元,分配制造费用35 000元。

(6)企业接到建设银行通知,借入长期借款的利息为60 000元,用银行存款支付。

(7)产品仓库建造完毕,经验收合格交付使用,结转建造成本。

要求:根据上面所给的经济业务编制会计分录。(假设购买的设备、工程耗用的原材料均不考虑增值税)

5.大地股份公司(一般纳税人)2023年2月份发生下列业务:

(1)购入不需要安装的生产用设备一台,买价600 000元,增值税78 000元,保险费500元,包装及运杂费1 300元,全部价款使用银行存款支付,设备购回即投入使用。

(2)购入需要安装的生产用设备一台,买价和税金共计928 000元,增值税税率为13%,包装及运杂费为1 500元,全部款项通过银行存款支付,设备购回即投入安装。

(3)上述设备安装过程中,领用甲材料 2 000 元(不考虑增值税),用库存现金支付安装费 1 000 元。

(4)上述设备安装完毕,达到预定可使用状态,并经验收合格交付使用,结转工程成本。

要求:根据上述经济业务编制会计分录。

项目五

填制和审核会计凭证

学习目标

知识目标

1. 理解会计凭证的含义，掌握其基本分类。

2. 了解会计凭证的传递程序和保管要求。

能力目标

1. 掌握原始凭证的概念、分类、基本要求、填制方法和审核。

2. 掌握记账凭证的概念、分类、基本要求、填制方法和审核。

素质目标

理解原始凭证在会计核算中的重要性，体会记账凭证的必要性，体会原始凭证和记账凭证的关系，理解对原始凭证、记账凭证填制要求的规定。

项目描述

由于会计凭证，特别是原始凭证的种类繁多，且各种凭证所反映的经济业务的内容又各不相同，为了保证企业经营活动所获得或填制的会计凭证内容准确无误，保证各项财产物资的安全完整，就有必要熟悉会计凭证内容及制定一个审核标准，以规范企业各项费用的审核工作。

本项目主要使同学们明确《会计基础工作规范》中关于原始凭证的有关规定，熟悉常见原始凭证的规范要求，掌握原始凭证填制方法，归纳审核原始凭证的标准和程序，养成严谨的工作作风，并提高职业判断力。

任务一　取得、填制与审核原始凭证

【任务导入】

会计凭证，特别是原始凭证的种类繁多，且各种凭证所反映的经济业务的内容又各不相同，为了保证企业经营活动所获得或填制的会计凭证内容准确无误，保证各项财产物资的安全完整，就有必要熟悉会计凭证内容及制定一个审核标准，以规范企业各项费用的审核工作。那么该如何对原始凭证进行填制和审核呢？

【知识精编】

凭证的含义及分类

一、会计凭证的含义与分类

（一）会计凭证的含义

会计凭证是记录经济业务、明确经济责任、按一定格式编制的据以登记会计账簿的书面证明，是登记账簿的依据。每个企业都必须按一定的程序填制和审核会计凭证，根据审核无误的会计凭证进行账簿登记，如实反映企业的经济业务。

（二）会计凭证的分类

根据编制程序和用途，会计凭证分为原始凭证和记账凭证。

1. 原始凭证

又称单据，是在经济业务最初发生之时即行填制的原始书面证明，如销货发票、款项收据等。按其取得的来源不同，可以分为自制原始凭证和外来原始凭证两类。

2. 记账凭证

又称记账凭单，是以审核无误的原始凭证为依据，按照经济业务的事项的内容加以归类，并据以确定会计分录后所填制的会计凭证。记账凭证按其适用的经济业务，分为专用记账凭证和通用记账凭证 2 类。其中，专用记账凭证又分为收款凭证、付款凭证和转账凭证 3 种。

二、原始凭证的基本内容

原始凭证分类和基本内容

经济业务的内容是多种多样的，记录经济业务的原始凭证所包括的具体内容也各不相同。但每一种原始凭证都必须客观地、真实地记录和反映经济业务的发生、完成情况，都必须明确有关单位、部门及人员的经济责任。这些共同的要求，决定了每种原始凭证都必须具备以下几方面的基本内容：(1)原始凭证的名称；(2)填制凭证的日期及编号；(3)接受凭证的单位名称；(4)经济业务的数量和金额；(5)填制凭证单位的名称和有关人员的签章。

有些原始凭证除了包括上述基本内容外，为了满足计划、统计等其他业务工作的需要，还要列入一些补充内容。例如，在有些原始凭证上，还要注明与该笔经济业务有关的计划指标、预算项目和经济合同等。

各会计主体根据会计核算和管理的需要，按照原始凭证应具备的基本内容和补充内容，即可设计和印制适合本主体需要的各种原始凭证。但是，为了加强宏观管理，强化监督，堵塞偷税、漏税的漏洞，各有关主管部门应当为同类经济业务设计统一的原始凭证格式。例如，由中国人民银行设计统一的银行汇票、本票、支票；由交通部门设计统一的客运、货运单据；由税务部门设计统一的发票、收款收据等。这样，不但可使反映同类经济业务的原始凭证内容在全国统一，便于加强监督管理，而且也可以节省各会计主体的印刷

三、原始凭证的填制

原始凭证的填制和审核

自制原始凭证的填制有三种形式：一是根据实际发生或完成的经济业务，由经办人员直接填制，如“入库单”“领料单”等；二是根据账簿记录对有关经济业务加以归类、整理填制，如月末编制的制造费用分配表、利润分配表等；三是根据若干张反映同类经济业务的原始凭证定期汇总填制，如各种汇总原始凭证等。

外来原始凭证，虽然是由其他单位或个人填制，但它同自制原始凭证一样，也必须具备为证明经济业务完成情况和明确经济责任所必需

的内容。

尽管各种原始凭证的具体填制依据和方法不完全一致,但就原始凭证应反映经济业务、明确经济责任而言,其填制的一般要求有以下几个方面:

(一)记录真实

凭证上记载的经济业务,必须与实际情况相符合,决不允许有任何歪曲或弄虚作假。对于实物的数量、质量和金额,都要经过严格的审核,确保凭证内容真实可靠。从外单位取得的原始凭证如有丢失,应取得原签发单位盖有“财务专用章”的证明,并注明原凭证的号码、所载金额等内容,由经办单位负责人批准后,可代作原始凭证;对于确实无法取得证明的,如火车票、轮船票、飞机票等,可由当事人写出详细情况,由经办单位负责人批准后,也可代作原始凭证。

(二)手续完备

原始凭证的填制手续,必须符合内部控制的要求。凡是填有大写和小写金额的原始凭证,大写与小写金额必须相符;购买实物的原始凭证,必须有实物的验收证明;支付款项的原始凭证,必须有收款方的收款证明。一式几联的凭证,必须用双面复写纸套写,单页凭证必须用钢笔填写;销货退回时,除填制退货发票外,还必须取得对方的收款收据或开户行的汇款凭证,不得以退货发票代替收据;各种借出款项的收据,必须附在记账凭证上,收回借款时,应另开收据或退回收据副本,不得退回原借款收据;经有关部门批准办理的某些特殊业务,应将批准文件作为原始凭证的附件或在凭证上注明批准机关名称、日期和文件字号。

(三)内容齐全

凭证中的基本内容和补充内容都要详尽地填写齐全,不得漏填或省略不填。如果项目填写不全,则不能作为经济业务的合法证明,也不能作为有效的会计凭证。为了明确经济责任,原始凭证必须由经办部门和经办人员签章。从外单位取得的原始凭证,必须有填制单位的公章或财务专用章;从个人取得的原始凭证,必须有填制人员的签名或盖章。自制原始凭证必须有经办部门负责人或其指定人员的签名或盖章。对外开出的原始凭证,必须加盖本单位的公章或财务专用章。

(四)书写规范

原始凭证上的文字,要按规定书写,字迹要工整、清晰,易于辨认,不得使用未经国务院颁布的简化字。合计的小写金额前要冠以人民币符号,用外币计价、结算的凭证,金额前要加注外币符号(如“HK $”

“US$”等），币值符号与阿拉伯数字之间不得留有空白；所有以元为单位的阿拉伯数字，除表示单价等情况外，一律填写到角、分，无角、分的要以“0”补位。汉字大写金额数字，一律用正楷字或行书字书写，如壹、贰、叁、肆、伍、陆、柒、捌、玖、拾、佰、仟、万、亿、元（圆）、角、分、零、整（正）。大写金额最后为“元”的应加写“整”（或“正”）字断尾。

阿拉伯金额数字中间有“0”时，汉字大写金额要写“零”字，如￥1 409.50，汉字大写金额应写成“人民币壹仟肆佰零玖元伍角”。阿拉伯金额数字中间连续有几个“0”时，汉字大写金额中可以只写一个“零”字，如￥6 007.14，汉字大写金额应写成“人民币陆仟零柒元壹角肆分”。阿拉伯金额数字万位或元位是“0”，或者数字中间连续有几个“0”，元位也是“0”，但千位、角位不是“0”时，汉字大写金额中可以只写一个“零”字，也可以不写“零”字，如￥1 580.32，应写成“人民币壹仟伍佰捌拾元零叁角贰分”，或者写成“人民币壹仟伍佰捌拾元叁角贰分”；又如￥107 000.53，应写成“人民币壹拾万柒仟元零伍角叁分”，或者写成“人民币壹拾万零柒仟元伍角叁分”。阿拉伯金额数字角位是“0”，而分位不是“0”时，汉字大写金额“元”后面应写“零”字，如￥16 409.02，应写成“人民币壹万陆仟肆佰零玖元零贰分”。

原始凭证记载的各项内容均不得涂改。原始凭证有错误的应当由出具单位重开或者更正，更正处应当加盖出具单位印章。对于支票等重要的原始凭证若填写错误，一律不得在凭证上更正，应按规定的手续注销留存，另行重新填写。

（五）填制及时

每笔经济业务发生或完成后，经办业务的有关部门和人员必须及时填制原始凭证，做到不拖延、不积压，并要按规定的程序将其送交会计部门。

四、原始凭证的审核

为了保证原始凭证内容的真实性和合法性，防止不符合填制要求的原始凭证影响会计信息的质量，必须由会计部门对一切外来的和自制的原始凭证进行严格审核。审核内容主要包括以下两个方面：

（一）审核原始凭证所反映的经济业务是否合法、合规、合理

审核时应以国家颁布的现行财经法规、财会制度以及本单位制定的有关规则、预算和计划为依据，审核经济业务是否符合有关规定，有无弄虚作假、违法乱纪、贪污舞弊的行为；审核经济活动的内容是否符合规定的开支标准，是否履行规定的手续，有无背离经济效益原则和内部控制制度的要求。

(二)审核原始凭证的填制是否符合规定的要求

首先应审核原始凭证是否具备作为合法凭证所必需的基本内容，所有项目是否填写齐全，有关单位和人员是否已签字盖章；其次要审核凭证中所列数字的计算是否正确，大、小写金额是否相符，数字和文字是否清晰等。

原始凭证的审核，是一项十分细致而严肃的工作，必须坚持原则，依法办事。对于不真实、不合法的原始凭证，会计人员有权不予受理，并要向单位负责人报告；对于记载不准确、不完整的原始凭证应予以退回，并要求按照国家统一的会计制度规定更正、补充。原始凭证经审核无误后，才能作为编制记账凭证和登记明细分类账的依据。

【任务活动】

1. 绘制本任务的知识思维导图。

要求：形式不限，至少整理至“1.”级标题。

2. 提取并整理本任务中的术语。

3. 以小组为单位，讨论本任务“任务导入”中的问题。

任务二　填制与审核记账凭证

【任务导入】

李明将拿到的原始凭证做了账务处理：填制了一张付款凭证。

1. 为什么要填制付款凭证，付款凭证是干什么的？

2. 付款凭证应如何填制？

【知识精编】

记账凭证分类和基本内容

一、记账凭证的基本内容

(一)记账凭证的分类

根据记账凭证使用范围的不同，大致可以分为以下几类。

1. 记账凭证按其使用范围不同，分为通用记账凭证和专用记账凭证。

(1)通用记账凭证是一种任何经济业务都适用的记账凭证。

(2)专用记账凭证是按经济业务的某种特定属性定向使用的记账

凭证。按是否反映货币资金收付业务，专用记账凭证分为收款凭证、付款凭证和转账凭证3种。

①收款凭证，是专门用来记录现金或银行存款收入业务的记账凭证。收款凭证根据借方科目分为库存现金或银行存款，又可具体分为现金收款凭证和银行存款收款凭证。

②付款凭证，是专门用来记录现金或银行存款支付业务的记账凭证。付款凭证根据贷方科目分为库存现金或银行存款，又可具体分为现金付款凭证和银行存款付款凭证。

③转账凭证，是专门用来记录非货币资金收付业务的记账凭证。凡不涉及现金和银行存款收付的经济业务，均为转账业务，据此编制转账凭证。

2. 记账凭证按其编制的方式不同，可分为单式记账凭证和复式记账凭证2种。

(1)单式记账凭证，是在每张凭证上只填列一个账户名称，而对应账户的名称仅作参考，不据以记账。

(2)复式记账凭证，是在每张凭证上填列一笔会计分录的全部账户名称。

3. 记账凭证按其用途不同可以分为分录凭证、汇总凭证和联合凭证3种。

(1)分录凭证，是直接根据原始凭证编制，载明会计科目、记账方向和金额的凭证。

(2)汇总凭证，是对分录凭证加以汇总，据以登记分类账的记账凭证。如“记账凭证汇总表”“汇总收款凭证”等。

(3)联合凭证，是既有原始凭证或原始凭证汇总表的内容，同时也具备记账凭证内容的凭证。如在自制原始凭证或原始凭证汇总表上同时印有对应科目，用以代替记账凭证，作为记账的依据。

记账凭证虽然种类不一，编制依据各异，但各种记账凭证的主要作用都是对原始凭证进行归类整理，运用账户和复式记账方法，编制会计分录，为登记账簿提供直接依据。因此，所有记账凭证都应满足记账的要求，都必须具备下列基本内容：(1)记账凭证的名称；(2)填制凭证的日期和凭证的编号；(3)经济业务的内容摘要；(4)记账符号、账户(包括一级、二级或明细账户)名称和金额；(5)所附原始凭证的张数；(6)填制单位的名称及有关人员的签章。

二、记账凭证的填制

记账凭证的填制和审核

采用专用记账凭证时，收款凭证和付款凭证是根据有关库存现金、银行存款和其他货币资金收付业务的原始凭证填制。涉及银行存款和其他货币资金的收付业务，一般应以银行盖章的单据（如送款单、收款通知、支款通知等）作为原始凭证。这样做是为了保证收付业务的可靠性，也便于同银行账核对。对于库存现金、银行存款和其他货币资金之间的收付业务（亦称相互划转业务），如从银行提取现金、把现金送存银行、开设外埠存款账户等，为避免重复记账，一般只编制付款凭证，而不再编制收款凭证。出纳人员对于已经收讫的收款凭证和已经付款的付款凭证及其所附的各种原始凭证，都要加盖"收讫"和"付讫"的戳记，以免重收重付。

转账凭证除了根据有关转账业务的原始凭证填制外，还有的是根据账簿记录填制，如根据有关资产账户提取减值准备，将收入、费用类账户的月末余额转入"本年利润"账户，将"本年利润"账户的年末余额转入"利润分配"账户，以及更正账簿错误等。根据账簿记录编制的记账凭证一般没有原始凭证，所以并非所有的记账凭证都附原始凭证。

之前已经提到，大中型企业经济业务繁杂，记账凭证数量较多，为了简化登记总分类账的手续，可以在月内分数次把记账凭证进行汇总，编制汇总记账凭证或科目汇总表，然后据以登记总分类账。

汇总记账凭证分为汇总收款凭证、汇总付款凭证和汇总转账凭证三种。汇总收款凭证是根据收款凭证分别按库存现金和银行存款账户的借方设置，并按对应的贷方账户归类汇总。汇总付款凭证是根据付款凭证分别按库存现金和银行存款账户的贷方设置，并按对应的借方账户归类汇总。汇总转账凭证是根据转账凭证按账户的贷方设置，并按对应的借方账户归类汇总。这三种汇总记账凭证都应定期（如每五天或每旬）汇总一次，每月填制一张。为了便于汇总，转账凭证的对应关系，应保持一"借"一"贷"或一"贷"多"借"，而不宜采用一"借"多"贷"。汇总记账凭证可以反映账户的对应关系，便于了解经济业务的来龙去脉，有利于分析和检查。但是，汇总的工作量也较繁重。汇总记账凭证的一般格式见图 5—1、图 5—2 和图 5—3。

收款凭证　　　　＿＿＿＿NO:

日期：　　年　　月　　日　　　　　凭证号数＿＿＿＿附原始凭证＿＿＿＿份

摘　　要	科　目	结算方式	记账	金　　额									
				千	百	十	万	千	百	十	元	角	分
合 计	大写：　仟　佰　拾　万　仟　佰　拾　元　角　分												

主管　　　　会计　　　　出纳　　　　制单　　　　缴款人签字

附注：(1)自＿＿日至＿＿日　　收款凭证共计＿＿张

(2)自＿＿日至＿＿日　　收款凭证共计＿＿张

(3)自＿＿日至＿＿日　　收款凭证共计＿＿张

图 5—1　收款凭证一般格式

付款凭证

总 号	
分 号	

科目＿＿＿＿＿＿＿　　　　年　　月　　日

摘　　　要	对方总账科目	明细科目	借或贷	金　　额										
				千	百	十	万	千	百	十	元	角	分	附件
														张
合计金额（大写）														

会计主管　　　记账　　　审核　　　出纳　　　领款人　　　制单

附注：(1)自＿＿日至＿＿日　　付款凭证共计＿＿张

(2)自＿＿日至＿＿日　　付款凭证共计＿＿张

(3)自＿＿日至＿＿日　　付款凭证共计＿＿张

图 5—2　付款凭证一般格式

科目汇总表是根据收款凭证、付款凭证和转账凭证，按照相同的会计科目归类，定期(每五天或每旬)汇总填制。为了便于填制科目汇总表，所有记账凭证的账户对应关系应保持一借一贷，转账凭证在填制时最好复写两联，一联作为借方账户的转账凭证，另一联作为贷方账户的转账凭证。这样就可简化汇总的手续，也能减少差错。同汇总记账凭证相比较，科目汇总表既可简化总分类账的登记手续，又能起到全部账户发生额的试算平衡作用，汇总的工作比较简单，但它最大的缺点是无

转账凭证

总号______
分号______

年　月　日

摘要	总账科目	明细科目	借方金额										贷方金额										记账符号
			千	百	十	万	千	百	十	元	角	分	千	百	十	万	千	百	十	元	角	分	
合计																							

附凭证　张

附注：(1)自____日至____日　　转账凭证共计____张
　　　(2)自____日至____日　　转账凭证共计____张
　　　(3)自____日至____日　　转账凭证共计____张

图 5—3　转账凭证一般格式

法反映账户的对应关系。科目汇总表的一般格式见图 5—4。

各种记账凭证的填制，除严格按原始凭证的填制要求填制外，还应注意以下几点：

(一)摘要简明

记账凭证的摘要应用简明扼要的语言，概括出经济业务的主要内容。既要防止简而不明，又要避免过于烦琐。为了满足登记明细分类账的需要，对不同性质的账户，其摘要填写应有所区别。例如，反映原材料等实物资产的账户，摘要中应注明品种、数量、单价；反映库存现金、银行存款或借款的账户，摘要中应注明收付款凭证和结算凭证的号码，以及款项增减原因、收付款单位名称等。

(二)科目运用准确

必须按会计制度统一规定的会计科目填写，不得任意简化或改动，不得只写科目编号，不写科目名称；同时，二级和明细科目也要填列齐全。应“借”、应“贷”的记账方向和账户对应关系必须清楚；编制复合会计分录，应是一“借”多“贷”或一“贷”多“借”，一般不编多“借”多“贷”的会计分录。

(三)格式统一

采用通用记账凭证，可按全部经济业务发生的先后顺序编号，每月从第 1 号编起；采用专用记账凭证，可按凭证类别分类编号，每月从收字第 1 号、付字第 1 号和转字第 1 号编起。若一笔经济业务需填制多

编号： 记账凭证 张	科目汇总表			银行收付 号 号 转 账 号 号	
科目名称	借方	贷方	科目名称	借方	贷方
库存现金			短期借款		
银行存款			应付票据		
其他货币资金			应付账款		
交易性金融资产			预收账款		
应收票据			其他应付款		
应收账款			应付职工薪酬		
应收利息			应付利息		
应收股利			应付股利		
预付账款			应交税费		
坏账准备			长期借款		
其他应收款			应付债券		
在途物资			长期应付款		
原材料			专项应付款		
周转材料			预计负债		
库存商品			递延所得税负债		
委托加工物资					
委托代销商品			实收资本		
存货跌价准备			资本公积		
长期股权投资			盈余公积		
持有至到期投资			本年利润		
长期股权投资减值准备			利润分配		
固定资产					
累计折旧			主营业务收入		
固定资产减值准备			主营业务成本		
固定资产清理			其他业务收入		
工程物资			其他业务成本		
在建工程			营业税金及附加		
在建工程减值准备			销售费用		
无形资产			管理费用		
累计摊销			财务费用		
无形资产减值准备			投资收益		
			资产减值损失		
待处理财产损溢			公允价值变动损益		
未确认融资费用			营业外收入		
长期待摊费用			营业外支出		
递延所得税资产			所得税费用		
生产成本			以前年度损益调整		
制造费用			小计		
劳务成本			合计		

图 5—4 科目汇总表的一般格式

张记账凭证，可采用“分数编号法”，即按该项经济业务的记账凭证数量编列分号。例如，某笔经济业务需编制三张转账凭证，凭证的顺序号为58时，这三张凭证的编号应分别为转字第 $58\frac{1}{3}$ 号、$58\frac{2}{3}$ 号、$58\frac{3}{3}$ 号。每月月末最后一张记账凭证的编号旁边要加注“全”字，以免凭证散失。

(四)附件齐全

记账凭证所附的原始凭证必须完整无缺，并在凭证上注明所附原始凭证的张数，以便核对摘要及所编会计分录是否准确无误。若两张或两张以上的记账凭证依据同一原始凭证编制，则应在未附原始凭证的记账凭证上注明“原始凭证×张，附于第×号凭证之后”，以便日后查阅。

三、记账凭证的审核

记账凭证是登记账簿的直接依据，为了保证账簿记录的正确性，以及会计信息的质量，记账前必须由专人对已编制的记账凭证进行认真、严格的审核。审核的内容主要有以下几方面：

首先，审核记账凭证是否附有原始凭证，记账凭证的内容与所附原始凭证的内容是否相符，金额是否一致。

其次，审核凭证中会计科目的使用是否正确，二级或明细科目是否齐全；账户对应关系是否清晰；金额计算是否准确无误。

最后，审核记账凭证中有关项目是否填列齐全，有关人员是否签名盖章。

在审核中若发现记账凭证填制有错误，应查明原因，予以重填或按规定方法及时更正。只有经审核无误的记账凭证，才能据以记账。

【任务活动】

1. 绘制本任务的知识思维导图。

要求：形式不限，至少整理至“1.”级标题。

2. 提取并整理本任务中的术语。

3. 以小组为单位，讨论本任务“任务导入”中的问题。

任务三　会计凭证的传递和保管

【任务导入】

会计凭证是记录财务交易的重要文件，传递和保管凭证可以确保所有交易都得到准确记录。任何遗漏或错误都可能导致财务数据的不准确，影响企业决策和财务报告的真实性。那么怎样正确地传递和保管记账凭证呢？

【知识精编】

一、会计凭证的传递

会计凭证的传递是指凭证从取得或填制时起，经过审核、记账、装订到归档保管时止，在单位内部各有关部门和人员之间按规定的时间、路线办理业务手续和进行处理的过程。

正确、合理地组织会计凭证的传递，对于及时处理和登记经济业务，协调单位内部各部门、各环节的工作，加强经营管理的岗位责任制，实行会计监督，具有重要作用。例如，对材料收入业务的凭证传递，应明确规定：材料运达企业后，需多长时间验收入库，由谁负责填制收料单，又由谁在何时将收料单送交会计及其他有关部门；会计部门由谁负责审核收料单，由谁在何时编制记账凭证和登记账簿，又由谁负责整理或保管凭证等。这样，既可以把材料收入业务从验收入库到登记入账的全部工作在本单位内部进行分工，并通过各部门的协作来共同完成，同时也便于考核经办业务的有关部门和人员是否按照规定的会计手续办事。

会计凭证的传递主要包括凭证的传递路线、传递时间和传递手续三个方面的内容。

各单位应根据经济业务的特点、机构设置、人员分工情况，以及经营管理上的需要，明确规定会计凭证的联次及其流程。既要使会计凭证经过必要的环节进行审核和处理，又要避免会计凭证在不必要的环节停留，从而保证会计凭证沿着最简捷、最合理的路线传递。

会计凭证的传递时间是指各种凭证在各经办部门、环节所停留的最长时间。它应考虑各部门和有关人员在正常情况下办理经济业务的所需时间来合理确定。明确会计凭证的传递时间，能防止拖延处理和积压凭证，保证会计工作的正常秩序，提高工作效率。一切会计凭证的传递和处理，都应在报告期内完成。否则，将会影响会计核算的及时性。

会计凭证的传递手续是指在凭证传递过程中的衔接手续。应该做到既完备严密，又简便易行。凭证的收发、交接都应按一定的手续制度办理，以保证会计凭证的安全和完整。

会计凭证的传递路线、传递时间和传递手续，还应根据实际情况的变化及时加以修改，以确保会计凭证传递的科学化、制度化。

二、会计凭证的保管

会计凭证是各项经济活动的历史记录，是重要的经济档案。为了便于随时查阅利用，各种会计凭证在办理好各项业务手续，并据以记账后，应由会计部门加以整理、归类，并送交档案部门妥善保管。

（一）会计凭证的整理归类

会计部门在记账以后，应定期（一般为每月）将会计凭证加以归类整理，即把记账凭证及其所附原始凭证，按记账凭证的编号顺序进行整理，在确保记账凭证及其所附原始凭证完整无缺后，将其折叠整齐，加上封面、封底，装订成册，并在装订线上加贴封签，以防散失和任意拆装。在封面上要注明单位名称、凭证种类、所属年月和起讫日期、起讫号码、凭证张数等。会计主管或指定装订人员要在装订线封签处签名或盖章，然后入档保管。

对于那些数量过多或各种随时需要查阅的原始凭证，可以单独装订保管，在封面上注明记账凭证的日期、编号、种类，同时在记账凭证上注明“附件另订”。各种经济合同和重要的涉外文件等凭证，应另编目录，单独登记保管，并在有关记账凭证和原始凭证上注明。

（二）会计凭证的造册归档

每年的会计凭证都应由会计部门按照归档的要求，负责整理立卷或装订成册。当年的会计凭证，在会计年度终了后，可暂由会计部门保管1年，期满后，原则上应由会计部门编造清册移交本单位档案部门保管。档案部门接收的会计凭证，原则上要保持原卷册的封装，个别需要拆封重新整理的，应由会计部门和经办人员共同拆封整理，以明确责任。会计凭证必须妥善保管，存放有序，查找方便，并要严防毁损、丢失和泄密。

（三）会计凭证的借阅

会计凭证原则上不得借出，如有特殊需要，须报请批准，但不得拆散原卷册，并应限期归还。需要查阅已入档的会计凭证时，必须办理借阅手续。其他单位因特殊原因需要使用原始凭证时，经本单位负责人批准，可以复制。但向外单位提供的原始凭证复印件，应在专设的登记簿上登记，并由提供人员和收取人员共同签名或盖章。

（四）会计凭证的销毁

会计凭证的保管期限，一般为30年。保管期未满，任何人都不得随意销毁会计凭证。按规定销毁会计凭证时，必须开列清单，报经批准后，由档案部门和会计部门共同委派人员监销。在销毁会计凭证前，监督销毁人员应认真清点核对，销毁后，在销毁清册上签名或盖章，并将监销情况报告本单位负责人。

【任务活动】

1. 绘制本任务的知识思维导图。

要求：形式不限，至少整理至“1.”级标题。

2. 提取并整理本任务中的术语。

3. 以小组为单位，讨论本任务“任务导入”中的问题。

【巩固练习】

一、单项选择题

1. 领料汇总表属于会计凭证中的（　　）。

A. 一次凭证

B. 累计凭证

C. 单式凭证

D. 汇总原始凭证

2. 下列属于外来原始凭证的是（　　）。

A. 入库单

B. 发料汇总表

C. 银行收账通知单

D. 出库单

3. 下列不属于会计凭证的是（　　）。

A. 发货票

B. 领料单

C. 购销合同

D. 住宿费收据

4. 自制原始凭证按其填制手续不同可以分为（　　）。

A. 一次凭证和汇总凭证

B. 单式凭证和复式凭证

C. 收款凭证、付款凭证、转账凭证

D. 一次凭证、累计凭证、汇总原始凭证和记账编制凭证

5. 原始凭证的基本内容中，不包括（　　）。

A. 日期及编号

B. 内容摘要

C. 实物数量及金额

D. 会计科目

6. 原始凭证和记账凭证的相同点是（　　）。

A. 反映的经济业务的内容相同

B. 编制时间相同

C. 所起作用相同

D. 经济责任的当事人相同

7. 下列业务应编制转账凭证的是（　　）。

A. 支付购买材料价款

B. 支付材料运杂费

C. 收回出售材料款

D. 车间领用材料

8. 企业将现金存入银行应编制(　　)。

A. 银行存款付款凭证

B. 现金付款凭证

C. 银行存款收款凭证

D. 现金收款凭证

9. 下列科目可能是收款凭证借方科目的是(　　)。

A. “材料采购”科目

B. “应收账款”科目

C. “银行存款”科目

D. “长期待摊费用”科目

10. 外来原始凭证一般都是(　　)。

A. 一次凭证

B. 累计凭证

C. 汇总原始凭证

D. 记账凭证

11. 下列科目可能是收款凭证贷方科目的是(　　)。

A. “制造费用”科目

B. “长期待摊费用”科目

C. “应收账款”科目

D. “坏账准备”科目

12. 将会计凭证划分为原始凭证和记账凭证的依据是(　　)。

A. 填制时间

B. 取得来源

C. 填制的程序和用途

D. 反映的经济内容

二、多项选择题

1. 下列各项中，属于一次原始凭证的有(　　)。

A. 限额领料单

B. 领料单

C. 领料汇总表

D. 购货发票

E. 销货发票

2. 记账凭证编制的依据可以有（　　）。

A. 收付款凭证

B. 一次凭证

C. 累计凭证

D. 汇总原始凭证

E. 转账凭证

3. 企业购入材料一批，货款已付，材料验收入库，则应编制的全部会计凭证有（　　）。

A. 收料单

B. 累计凭证

C. 收款凭证

D. 付款凭证

E. 转账凭证

4. 下列各项中，属于原始凭证的有（　　）。

A. 发出材料汇总表

B. 汇总收款凭证

C. 购料合同

D. 限额领料单

E. 收料单

5. 原始凭证审核时应注意（　　）。

A. 凭证反映的业务是否合法

B. 所运用的会计科目是否正确

C. 凭证上各项目是否填列齐全完整

D. 各项目的填写是否正确

E. 数字计算有无错误

6. 下列科目中可能成为付款凭证借方科目的有（　　）。

A. “库存现金”科目

B. “银行存款”科目

C. “应付账款”科目

D. “应交税费”科目

E. “销售费用”科目

7. 转账凭证属于（　　）。

A. 记账凭证

B. 专用记账凭证

C. 会计凭证
D. 复式记账凭证
E. 通用记账凭证

8. 涉及现金与银行存款相互划转的业务应编制的专用记账凭证有(　　)。
A. 现金收款凭证
B. 现金付款凭证
C. 银行存款收款凭证
D. 银行存款付款凭证
E. 转账凭证

9. 填制原始凭证时应符合的一般要求有(　　)。
A. 记录真实
B. 手续完备
C. 内容齐全
D. 书写规范
E. 填制及时

10. 下列凭证中,属于复式记账凭证的有(　　)。
A. 单科目凭证
B. 收款凭证
C. 付款凭证
D. 转账凭证
E. 通用记账凭证

11. 下列属于外来凭证的有(　　)。
A. 购入材料的发票
B. 出差住宿费收据
C. 银行结算凭证
D. 收款凭证
E. 转账凭证

12. 收款凭证和付款凭证是(　　)。
A. 登记库存现金、银行存款日记账的依据
B. 编制报表的直接依据
C. 调整和结转有关账项的依据
D. 成本计算的依据
E. 出纳人员办理收、付款项的依据

三、判断题

1. 一次凭证是指只反映一项经济业务的凭证，如“领料单”。（　　）

2. 累计凭证是指在一定时期内连续记载若干项同类经济业务，其填制手续是随着经济业务发生而分次完成的凭证，如“限额领料单”。（　　）

3. 汇总原始凭证是指在会计核算工作中，为简化记账凭证编制工作，将一定时期内若干份记录同类经济业务的记账凭证加以汇总，用以集中反映某项经济业务总括发生情况的会计凭证。（　　）

4. 在一项经济业务中，如果既涉及现金和银行存款的收付，又涉及转账业务，应同时填制收付款凭证和转账凭证。（　　）

5. 汇总记账凭证是登记日记账、明细账的根据。（　　）

6. 制造费用分配表属于记账编制凭证。（　　）

7. 将记账凭证分为收款凭证、付款凭证、转账凭证的依据是凭证填制的手续和凭证的来源。（　　）

8. 根据账簿记录和经济业务的需要而编制的自制原始凭证是记账编制凭证。（　　）

9. 会计凭证登账后的整理、装订和归档 2 年后可销毁。（　　）

10. 根据一定期间的记账凭证全部汇总填制的凭证如“科目汇总表”是一种累计凭证。（　　）

四、业务处理题

1. 某企业 2023 年 6 月发生下列经济业务：

(1)6 月 2 日，接受 A 投资者投资 240 000 元，存入银行。

(2)6 月 10 日，以银行存款 60 000 元购买甲材料，材料已验收入库（不考虑增值税）。

(3)6 月 11 日，以银行存款 100 000 元购买乙设备。

(4)6 月 15 日，以银行存款偿还前欠 B 企业的货款 200 000 元。

(5)6 月 18 日，收回 M 公司前欠货款 180 000 元，存入银行。

(6)6 月 20 日，从银行提取现金 5 000 元。

(7)6 月 22 日，企业管理人员张毅预借差旅费 3 000 元，以现金支付。

(8)6 月 24 日，以银行存款 200 000 元偿还短期借款。

(9)6 月 25 日，企业管理人员张毅出差回来，报销费用 1 800 元，余额退回现金。

(10)6月29日,从银行借入短期借款100 000元存入银行。

要求:根据上述经济业务编制会计分录和通用记账凭证。

2. 某企业2023年8月发生的部分交易或者事项如下:

(1)8月1日,从D银行取得一年期借款500 000元,存入银行。

(2)8月5日,职工张林预借差旅费2 000元,付给现金。

(3)8月12日,仓库发出E材料一批,其中,生产车间生产F产品领用100 000元,管理部门领用4 000元。

(4)8月18日,以银行存款支付本月厂部办公费12 000元。

(5)8月31日,计算本月应纳所得税额75 000元。

(6)8月31日,计算本月固定资产折旧费,其中,生产车间设备折旧费10 000元,管理用固定资产折旧费6 000元。

(7)8月31日,从银行提取现金8 000元备用。

要求:根据上述交易或者事项编制专用记账凭证的会计分录,并按现收、银收、现付、银付、转字进行编号。

3. 某公司2023年9月发生下列经济业务:

(1)9月2日,财务科长张健预借差旅费5 000元,付给现金。

(2)9月5日,收到HK公司的投资800 000元,已办理银行进账手续。

(3)9月8日,从红日商店购入甲材料2 000千克,单价10元/千克,增值税税率为16%,款项上个月已经预付,材料验收入库。

(4)9月10日,从银行提取现金8 000元备用。

(5)9月12日,开出转账支票预付明后两年的房租48 000元。

(6)9月18日,从东方工厂购入乙材料3 000千克,单价20元/千克,增值税税率为16%,款项未付,材料未到。

(7)9月22日,销售给中德公司A产品200件,单位售价5 000元/件,增值税税率为16%,款项收到一张已承兑商业汇票。

(8)9月30日,结转本月销售A产品的成本600 000元。

要求:根据上述经济业务内容,编制通用记账凭证。

4. 资料:光大公司2023年11月1日现金日记账期初余额为5 500元,银行存款日记账期初余额为986 500元。

公司3月份发生经济业务如下:

(1)1日,职工王兰项借差旅费3 000元,经审核后以现金付讫。

(2)2日,签发现金支票一张8 000元,从银行提取现金备用。

(3)4日,以银行存款3 400元交纳税金。

(4)4日,开出现金支票支付本月产品广告费2 450元。

(5)5 日,从银行取得短期借款 80 000 元,存入开户银行。

(6)8 日,签发现金支票 132 500 元,发放本月职工工资。

(7)9 日,生产车间报销日常开支费用,经审核,以现金 1 920 元支付。

(8)10 日,收到银行通知,华夏公司偿还上月所欠货款 93 600 元,已收妥入账。

(9)12 日,开出转账支票 8 500 元,支付发生的固定资产修理费(该公司采用按月预提修理费的办法)。

(10)15 日,行政管理部门报销购买委星办公用品费 1 280 元,经审核以现金付讫。

(11)16 日,采购员张小华出差归来,报销差旅费 4 580 元,原借款 5 000 元,余款退回现金。

要求:根据上述经济业务编制付款凭证和收款凭证。

5. 资料:某企业于 2023 年 12 月 1 日成立,当月发生下列经济业务:

(1)4 月 1 日,收到投资者投入的现金 500 000 元,存入银行存款户。

(2)4 月 3 日,向光明工厂购入甲商品 80 件,单价 2 000 元,共计 160 000 元,增值税率 13%,该厂垫付运杂费 18 000 元,货款以银行存款支付,商品已验收入库,按实际采购成本转账。

(3)4 月 5 日,向华美工厂购入乙商品 40 件,单价 3 000 元,共计 120 000 元,增值税率 13%,货款以商业承兑汇票支付。

(4)4 月 6 日,以现金支付 5 日购入乙商品的搬运费 8 000 元,商品已到达并验收入库,按其实际采购成本转账。

(5)4 月 8 日,开出现金支票一张,购买办公用品 5 800 元。

(6)4 月 9 日,向银行借入临时性借款 80 000 元。

(7)4 月 11 日,用现金支付广告费用 1 200 元。

要求:根据上述业务编制记账凭证。

项目六

填写会计账簿

学习目标

知识目标

1. 了解会计账簿的含义。

2. 了解会计账簿的设置原则。

3. 了解会计账簿的种类。

能力目标

1. 熟练掌握序时账簿。

2. 熟练掌握分类账簿的格式及其登记方法。

3. 熟练掌握账簿的登记规则、错账的更正方法、结账与对账的方法。

素质目标

1. 对会计科目、会计账户和会计账簿之间的内在关系融会贯通。

2. 把握审核原始凭证、填制记账凭证和登记会计账簿之间的工作程序和环节。

项目描述

会计账簿简称账簿，是指由具有一定格式、相互联系的若干账页组成的，以会计凭证为依据，全面、连续、系统地记录各项经济业务的账簿。账簿是多种多样的，但可以按照一定的标志对其进行分类。账簿按用途分类，可分为序时账簿、分类账簿和备查账簿；按外表形式分类，可分为订本式账簿、活页式账簿和卡片式账簿；按账页格式分类，可分为两栏式账簿、三栏式账簿、多栏式账簿和数量现金等额式账簿。

本项目主要学习账簿的设置与登记、账簿的核对与结算、账簿的启用与更换以及错账更正等工作任务的操作步骤与方法。

任务一　设置、启用和登记账簿

设置、启用和登记账簿

【任务导入】

潘杰与张山、李思共同出资成立了一家杰华照明电器有限公司，注册资金为100万元。根据《中华人民共和国税收征收管理法实施细则》的规定，从事生产、经营的纳税人应当自领取营业执照或者发生纳税义务之日起15日内按照国家有关规定设置账簿。公司于是聘请了具有会计师资格的汪武担任公司会计部门负责人，在公司成立初始做好会计工作的分工和建账工作。通常建账过程可以看出一个会计人员的业务能力以及对他企业业务的熟悉情况。汪武对此做了认真思考和安排。

那么汪武该设置什么账簿、启用何种格式的账页、由谁来登记、怎样登账、如何对账结账呢？

【知识精编】

一、账簿的设置要求与基本内容

（一）账簿的设置要求

每一个会计主体需要设置哪些账簿，应当根据经济业务的特点和管理上的需要来确定。设置账簿应当符合以下要求：

（1）账簿的设置要能保证系统、全面地反映和监督经济活动的情况，满足经济管理的需要，为经济管理者提供总括的和明细的核算资料。

（2）账簿的设置要能保证组织严密，各账簿之间既要有明确的分工，又要有密切的联系，考虑人力和物力的节约，力求避免重复或遗漏。

（3）账簿的格式应简便适用，便于登记、查找、更正错误和保管。

（二）账簿的基本内容

由于管理的要求不同，所设置的账簿也不同，各种账簿所记录的经济业务也不同，其形式也多种多样，但所有账簿一般都应具备以下基本内容：

（1）封面，写明账簿名称和记账单位名称。

（2）扉页，填明启用日期和截止日期、页数、册次、经管账簿人员一览表和签章、会计主管签章、账户目录等。

（3）账页，账页的基本内容包括：①账户的名称（一级科目、二级科目或明细科目）；②记账日期；③凭证种类和号数栏；④摘要栏；⑤金额栏；⑥总页次和分户页次等。

二、日记账的格式与登记

（一）普通日记账的格式与登记

普通日记账一般只设置借方和贷方两个金额栏，以便分别记录各项经济业务所确定的账户名称及其借方和贷方的金额，也称为两栏式日记账，或叫分录簿。其格式见表6—1。

库存现金日记账的格式与登记

表6—1　　　　**普通日记账**　　　　单位：元

2022年		凭证号数	摘　要	对应账户	金　额		过　账
月	日				借方	贷方	
5	6	略	购入材料，价税款未付	在途物资	50 000		
				应交税费	8 000		
				应付账款		58 000	
8	1	略	偿还前欠款	应付账款	58 000		
				银行存款		58 000	

采用这种日记账，每天应按照经济业务完成时间的先后顺序，逐笔进行登记。登记时，首先，记入经济业务发生的具体时间；其次，在摘要栏里写下相关经济业务的简要说明；再次，在对应账户栏里记入应借或应贷的账户名称，即会计科目；最后，将借方金额和贷方金额分别记入两个金额栏内。除了上述登记外，每天还应根据日记账中应借和应贷的账户名称和金额登记总分类账。

（二）特种日记账的格式与登记

特种日记账是专门用来登记某一类经济业务的日记账，它是普通日记账的进一步发展。常用的特种日记账主要有库存现金日记账和银行存款日记账。

1. 库存现金日记账

库存现金日记账是顺序登记库存现金收、付业务的日记账。它由出纳人员根据审核无误的有关收款凭证和付款凭证，序时逐日逐笔登记。其中，根据现金收款凭证（如果是到银行提取现金业务，应是根据银行存款的付款凭证）登记收入金额，根据现金付款凭证登记支出金额。每日业务终了，应分别计算库存现金收入和支出合计数，并结出账面余额。其计算公式为：

日余额＝上日余额＋本日收入额－本日支出额

结出日余额后，还应将账面余额数与库存现金实有数相核对，检查每日库存现金收、支、存的情况，做到日结日清。对于从银行提取现金这样的业务，为了避免重复记账，可以规定填制减少方的凭证，即银行存款付款凭证，并根据银行存款付款凭证登记库存现金日记账的收入金额。

库存现金日记账除了三栏式外，也可采用多栏式，即在收入和支出栏内进一步设对方科目，亦即在收入栏内设应贷科目（借方为库存现金科目），在支出栏内设应借科目（贷方为库存现金科目）。库存现金日记账的格式见表 6—2。

表 6—2　　库存现金日记账　　单位：元

2022 年		凭证号数	摘　要	对应账户	收　入	付　出	结　余
月	日						
5	1	略	月初余额				500
	6	略	从银行提取现金	银行存款	16 000		16 500
	10	略	购买办公用品	管理费用		10 000	6 500

银行存款日记账的登记方法

2. 银行存款日记账

银行存款日记账是用来序时反映企业银行存款的增加、减少和结存情况的账簿。该账簿由出纳人员根据银行存款的收款和付款凭证序时逐日逐笔登记，每日终了结出该账户全日的银行存款收入、支出合计数和余额，并定期与银行对账单对账（核对方法是通过编制银行存款余额调节表来进行的，详见本书后续内容）。银行存款日记账的登记方法与库存现金日记账的登记方法基本相同。银行存款日记账的格式一般为三栏式，但也可以采用多栏式。三栏式银行存款日记账的格式见表 6—3。

表 6—3　　银行存款日记账　　单位:元

2022 年		凭证号数	摘　要	对应账户	收　入	付　出	结　余
月	日						
5	1	略	月初余额				80 000
	6	略	从银行提取现金	库存现金		16 000	64 000
	7	略	收回货款	应收账款	30 000		94 000
	10	略	归还短期借款	短期借款		40 000	54 000

设置特种日记账,既能减少根据日记账记入总分类账的过账工作量,又能减少登记总账的工作量,还可以根据管理的不同要求设置相关的日记账,而且这些日记账同一时间可以由不同的会计人员进行登记,既便于会计人员分工协作,又可以提高记账效率和明确记账责任。

三、分类账簿的格式与登记

(一)总分类账

总分类账是按一级会计科目设置,提供总括资料的账簿,总分类账簿只能以货币作为计量单位。其最常用的格式为三栏式,即分为借方金额、贷方金额、余额三栏。总分类账可以按记账凭证逐笔登记,也可以将记账凭证汇总进行登记,还可以根据多栏式日记账在月末汇总登记。总之,其登记方法主要取决于所采用的会计核算组织程序(将在后文详细介绍)。三栏式总分类账的格式见表 6—4。

分类账簿的格式与登记

表 6—4　　原材料总分类账　　单位:元

2022 年		凭证		摘　要	借　方	贷　方	借或贷	余　额
月	日	种类	号数					
5	1			月初余额			借	120 000
	6			入库	20 000		借	140 000
	10			领用		5 000	借	135 000
	⋮			⋮	⋮	⋮	⋮	⋮
	31			本月合计	40 000	44 000		
	31			月末余额			借	116 000

(二)明细分类账

明细分类账是登记某类经济业务详细情况的账簿,它既可以反映资产、负债、所有者权益、收入、费用等价值变动情况,又可以反映资产等实物量的增减情况。明细分类账的格式主要是根据它所反映的经济业务的特点以及实物管理的不同要求来设计的,明细分类账应根据原始凭证或原始凭证汇总表登记，也可以根据记账凭证登记。其主要格式有以下三种：

1. 三栏式明细账

三栏式明细账主要适用于只反映金额的经济业务，它一般记录只有金额而没有实物量的经济业务，如应收账款、应付账款、其他应收款、长期待摊费用等。三栏式明细账的格式见表6—5。

表6—5　　其他应收款明细账　　单位：元

二级科目或明细科目：李新

2022年		凭证		摘　要	借　方	贷　方	借或贷	余　额
月	日	种类	号数					
5	1			月初余额			借	400
	6			报销差旅费		350	借	50
	6			报销差旅费		50	平	0
	31			本月发生额及月末余额		400	平	0

2. 数量金额式明细账

数量金额式明细账在收入、支出、结存三栏内，再增设数量、单价等栏目，分别登记实物的数量和金额。所以，它适用于既需要反映金额，又需要反映数量的经济业务，如原材料、库存商品、自制半成品等科目的明细核算。数量金额式明细账实质上是在三栏式明细账基础上发展而来的，是三栏式明细账的扩展，其格式见表6—6。

表6—6　　原材料明细账

二级科目：原料及主要材料　　计量单位：元/千克

材料名称：G材料　　最高储备：

材料规格：　　最低储备：

2022年		摘　要	收　入			发　出			结　存		
月	日		数量	单价	金额	数量	单价	金额	数量	单价	金额
5	1	月初余额							500	2	1 000
	6	车间领用				100	2	200	400	2	800
	10	入库	1 000	2	2 000				1 400	2	2 800
	12	车间领用				500	2	1 000	900	2	1 800
	⋮		⋮	⋮	⋮	⋮	⋮	⋮	⋮	⋮	⋮
5	31	本月发生额及月末余额	4 000	2	8 000	3 600	2	7 200	900	2	1 800

3. 多栏式明细账

多栏式明细账是根据经济业务的特点和经营管理的要求，在某一总分类账项下，对属于某一一级科目或二级科目的明细科目设置若干栏目，用以在同一张账页上集中反映各有关明细项目的详细资料。它主要适用于费用、成本、收入和利润等科目的明细核算。由于各种多栏式明细账所记录的经济业务内容不同，所需要核算的指标也不同，因此，栏目的设置也不尽相同。多栏式明细账的格式见表6—7。

表6—7　　生产成本明细账　　单位：元

产品名称：甲产品

2022年		凭证		摘要	成本项目			
月	日	种类	号数		直接材料	直接人工	制造费用	合计
6	1			月初余额	5 000	3 400	1 600	11 000
	30			本月领用材料	13 000			13 000
	30			生产工人薪酬		7 400		7 400
	30			本月电费	1 250			1 250
	30			本月制造费用			2 450	2 450
	30			本月发生额	14 250	7 400	2 450	24 100
	30			结转完工产品成本	[20 250]	[10 800]	[4 050]	[35 100]
	30			月末余额	0	0	0	0

注：方框中的数字表示从相反方向结转。

四、账簿的启用

（一）账簿的启用

新的会计年度开始，每个会计主体都应该启用新的会计账簿，在启用新账簿时，应在账簿的有关位置记录以下相关信息：

（1）设置账簿的封面与封底。除订本账不另设封面以外，各种活页账都应设置封面和封底，并登记单位名称、账簿名称和所属会计年度。

（2）填写账簿启用及经管人员一览表。在启用新会计账簿时，应首先填写扉页上印制的“账簿启用及交接表”中的启用说明，其中包括单位名称、账簿名称、账簿编号、起止日期、单位负责人、主管会计、审核人员和记账人员等项目，并加盖单位公章。在会计人员发生变更时，应办理交接手续并填写“账簿启用及交接表”中的交接说明。

（3）填写账户目录。总账应按照会计科目的编号顺序填写科目名称及启用页码。在启用活页式明细分类账时，应按照所属会计科目填写科目名称和页码，在年度结账后，撤去空白账页，填写使用页码。

（4）粘贴印花税票。印花税票应粘贴在账簿的右上角，并且划线注销。在使用缴款书缴纳印花税时，应在右上角注明“印花税已缴”字样及缴款金额。

（二）账簿的登记

登记账簿必须按以下要求进行：

(1)账簿必须根据审核无误的会计凭证连续、系统地登记,不能错记、漏记和重记,并将会计凭证的序号记入账簿,在记账时必须使用会计科目、子目、细目的全称,不得简化。

(2)登记账簿时必须使用钢笔或签字笔,用蓝黑或黑墨水登记,不能使用圆珠笔和铅笔,红墨水只能在结账划线、改错和冲账时使用,以防篡改。

(3)各种账簿必须按照事先编定的页码连续登记,不能隔页、跳行。如果不慎发生类似的情况,应在空页或空行处用红墨水划对角的叉线,并注明此页或此行空白,而且要加盖印鉴,不得任意撕毁或抽换账页。

(4)登账时或登账后如果发现差错,应根据错误的具体情况,按照更正错账的方法进行更正,不得刮擦、挖补、涂改和用褪色药水更改字迹,应保持账簿和字迹清晰、整洁。

(5)摘要栏的文字应简明扼要,并采用标准的简化汉字,不能使用不规范的汉字;金额栏的数字应该采用阿拉伯数字,并且对齐位数,注意“0”不能省略和连写;数字和文字一般应书写在行距下方的 1/2 处,为更正错误留有余地。

(6)每登满一页账页,应该在该页的最后一行加计本页的发生额及余额,在摘要栏中注明“过次页”,并在下一页的首行记入上页的发生额和余额,在摘要栏内注明“承前页”,以便对账和结账。

【任务活动】

1. 绘制本任务的知识思维导图。

要求:形式不限,至少整理至“1.”级标题。

2. 提取并整理本任务中的术语。

3. 以小组为单位,讨论本任务“任务导入”中的问题。

4. 以小组为单位,各成员就账簿的设置要求和基本内容进行解释说明。

任务二　更正错账

【任务导入】

同学们记账时,可能由于种种原因导致账簿记录发生错误,当账簿发生错误时,同学们应该采用哪种正确的方式去更正呢?

【知识精编】

更正错账

一、错账查找方法

错账查找的方法主要有两种:个别检查法和全面检查法。

1. 个别检查法

所谓个别检查法,就是针对错账的数字进行检查的方法。这种方法适用于检查方向记反、数字错位和数字颠倒等造成的记账错误。个别检查法又可以分为差数法、倍数法和除 9 法三种。

差数法就是记账人员首先确定错账的差数,再根据差数去查找错误的方法。这种方法对于发现漏记账目比较有效,也很简便。

倍数法也叫除 2 法,首先算出借方和贷方的差额,再根据差额的一半来查找错误的方法,这种方法适用于会计账簿因栏次错写而造成的方向错误。

除 9 法就是先算出借方与贷方的差额,再除以 9 来查找错误的方法,适用于数字错位和数字颠倒这两种情况。

2. 全面检查法

全面检查法就是对一定时期的账目进行全面核对的检查方法,具体又分为顺查法和逆查法两种。顺查法就是按照记账的顺序,从头到尾依次检查原始凭证、记账凭证、总账、明细账以及会计科目余额表等。

逆查法就是按照与记账顺序相反的顺序,也就是首先检查科目余额表中数字的计算是否正确,其次检查各账户的计算是否正确,再次核对各账簿与记账凭证是否相符,最后检查记账凭证与原始凭证是否相符。

二、错账更正方法

在发现错账之后,要根据产生错账的不同原因,使用不同的更正方法。

1. 划线更正法

划线更正法是先将错误数字或文字全部划一条红线予以注销,并使原来的字迹仍然清晰可见,然后在红线上方空白处,做出正确的记录,并由记账人员在更正处盖章。划线更正法适用于结账前或结账时发现账簿记录中文字或金额有错误,而记账凭证没有错误,即纯属文字或数字过账时的笔误及账簿数字计算错误等情况。其格式见图 6—1。

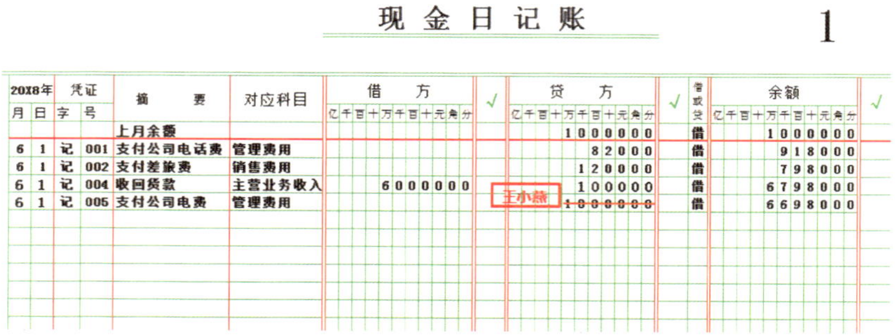

现金日记账　　1

20X8年 月	日	凭证 字	号	摘要	对应科目	借方	✓	贷方	✓	借或贷	余额	✓
				上月余额				1000000		借	1000000	
6	1	记	001	支付公司电话费	管理费用			82000		借	918000	
6	1	记	002	支付差旅费	销售费用			120000		借	798000	
6	1	记	004	收回货款	主营业务收入	6000000				借	6798000	
6	1	记	005	支付公司电费	管理费用			100000 ~~1000000~~		借	6698000	

图 6—1　划线更正法

2. 红字更正法

红字更正法也叫赤字冲账法、红笔订正法。应用这种方法时应先用红字填制一张内容与错误的记账凭证完全相同的记账凭证，在摘要栏中注明“更正第×张凭证的错误”，并据以用红字登记入账，冲销原有错误记录，然后，再填制一张正确的记账凭证，并据以登记入账。

红字更正法适用于记账凭证填错，并已经登记入账而形成的错账。这种差错，无论在结账前还是在结账后发现，无论是分录所用科目错误还是金额错误，都可以采用此方法更正。其格式见图 6—2。

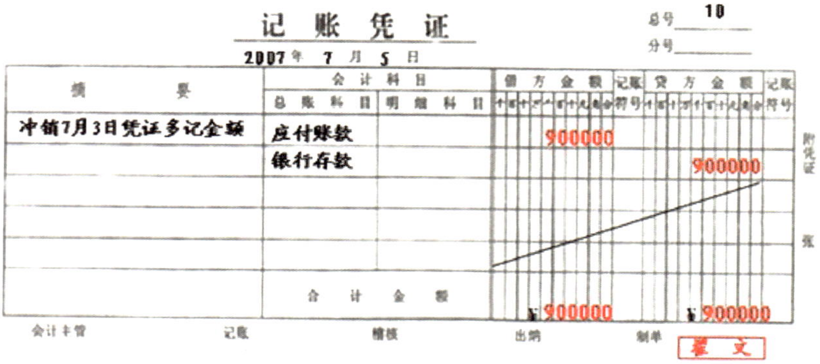

记账凭证

总号 10
分号

2007 年 7 月 5 日

摘要	会计科目 总账科目	明细科目	借方金额	记账符号	贷方金额	记账符号
冲销7月3日凭证多记金额	应付账款		900000			
	银行存款				900000	
	合计金额		¥900000		¥900000	

会计主管　　记账　　稽核　　出纳　　制单

图 6—2　红字更正法

3. 补充登记法

补充登记法是在科目对应关系正确时，将少记的金额填制一张记账凭证，在摘要栏中注明“补记×字第×号凭证少记数”，并据以登记入账，以补充原来少记的金额。这种方法适用于记账后发现记账凭证所填的金额小于正确金额的情况。对于这种错误可以采用红字更正法，也可以采用补充登记法。

【任务活动】

1. 绘制本任务的知识思维导图。

要求：形式不限，至少整理至"1."级标题。

2. 提取并整理本任务中的术语。

3. 以小组为单位，讨论本任务"任务导入"中的问题。

4. 以小组为单位，各成员就错账查找的不同方法进行解释说明。

任务三　对账和结账

对账

【任务导入】

在公司进行财务记录的过程中，可能出现各种情况，影响记录的准确性，那么同学们应该用何种方式去保证财务记录的准确性和可靠性呢？

【知识精编】

一、对账

（一）对账的含义

对账就是核对账目。一般是在会计期间(月份、季度、年度)终了时，检查和核对账证、账账、账实、账表是否相符，以确保账簿记录的正确性。会计人员在填制凭证、登记账簿等一系列工作中出现的差错，因管理工作不善而带来的财产管理中的各种问题以及其他一些因素的影响，都可能给账簿记录的真实性、正确性带来影响。为了保证账簿记录的真实、正确、可靠，必须对账簿和账户所记录的有关数据加以检查和核对。

（二）对账的内容

对账的内容一般包括如下几个方面：

1. 账证核对

账证核对是指将各种账簿记录与会计凭证进行核对。这种核对主要是在日常编制凭证和记账过程中进行的，必要时，也可以采用抽查核对和目标核对的方法进行。核对的重点是凭证所记载的业务内容、金额和分录是否与账簿中的记录一致。若发现差错，应重新对账簿记录和会计凭证进行复核，直到查出错误的原因为止，以保证账证相符。

2. 账账核对

账账核对是对各种账簿之间的有关数字进行核对。账账核对包括:(1)总分类账各账户的借方期末余额合计数与贷方期末余额合计数核对相符;(2)明细分类账各账户的余额合计数与有关的总分类账的余额核对相符;(3)日记账的余额与总分类账各账户的余额核对相符;(4)会计部门各种财产物资明细分类账的期末余额与保管或使用部门的财产物资明细分类账的期末余额核对相符;(5)本单位会计部门有关账簿的发生额和余额应该与外单位相应账簿的发生额和余额核对相符。

3. 账实核对

账实核对就是将账面数字和实际的物资、款项进行核对。账实核对包括库存现金日记账账面余额与库存现金实有数相互核对;银行存款日记账账面余额与开户银行出具的银行对账单相互核对;各种材料物资明细账账面余额与材料物资实存数额相互核对;各种应收、应付款项明细账账面余额与有关的债权、债务单位相互核对。保证账实相符,一般通过财产清查来进行。

4. 账表核对

账表核对是指将账簿记录与各种会计报表相互核对。

通过上述的对账工作,就能做到账证相符、账账相符、账实相符和账表相符,使会计核算资料真实、正确、可靠。

结账

二、结账

(一)结账的含义

结账就是把一定时期内所发生的经济业务,在全部登记入账的基础上,结算出每个账户的本期发生额和期末余额,并将期末余额转入下期或下年新账(本期期末余额结转到下期即为下期期初余额)。根据会计分期的不同,结账工作相应地可以在月末、季末、年末进行,但不能为减少本期的工作量而提前结账,也不能将本期的会计业务推迟到下期或编制报表之后再进行结账。对资产、负债和所有者权益等实账户可以在会计期末直接结账,而对那些收入、费用等虚账户,因为它们在结账前应按权责发生制要求先进行调整,所以,应在调整之后再结账。权责发生制要求以应收和应付为标准确认本期收入和费用,即凡是属于本期应该赚取的收入或发生的费用,不论款项是否收到或付出,均应作为本期的收入和费用入账;反之,凡是不属于本期应该赚取的收入或发生的费用,即使款项在本期收到或支付,也不应作为本期的收入或费用入账。根据权责发生制,只有将企业发生的收入和费用按照会计期间正确划分其归属后，才能真实反映企业本期的财务状况和经营成果。

为了保证结账工作的顺利进行，结账前应该做好一些准备工作，具体包括检查凭证和账簿的正确性、进行相应的账项调整，如收入的确认、成本的结转等。简单地说，结账工作主要由两部分构成：一是结出总分类账和明细分类账的本期发生额和期末余额（包括本期累计发生额），并将余额在本期和下期之间进行结转；二是损益类账户，即收入、成本费用类账户的结转，并计算本期利润或亏损（利润的确定一般在年结时进行）。

结账有利于企业管理者定期总结生产经营情况，对不同会计期间的数据资料进行比较分析，以便发现问题，采取措施及时解决；结账也有利于编制报表，提供报表所需的数据资料，满足与企业有利益关系的投资者、债权人做出正确的投资决策、满足国家的宏观调控要求。另外，企业因撤销、合并而办理账务交接时，也需要办理结账手续。

（二）结账的步骤

（1）检查结账日截止以前所发生的全部经济业务是否都已经登记入账。检查账簿记录的完整性和正确性，不能漏记、重记每一项经济业务，也不能有错误的记账分录。值得注意的是，各种收入和费用应该按照权责发生制的要求进行处理。

（2）编制结账分录。在有关经济业务都已经登记入账的基础上，要将各种收入、成本和费用等账户的余额进行结转，编制各种转账分录，结转到本年利润账户，再编制利润分配的分录。

（3）计算发生额和余额。计算出各账户的发生额和余额，并进行结转，最终计算出资产、负债和所有者权益类账户的本期发生额和期末余额。

（三）结账的方法

结账分为月结、季结和年结三种。月度结账时，应该结出本月借、贷双方的月内发生额和期末余额，在摘要栏内注明“本月合计”，同时，在“本月合计”行的上、下端各划一条红线，表示账簿记录已经结束；季度结账应在本季度最后一个月的结账数字的红线下边一行，把本季度三个月的借、贷双方月结数汇总，并在摘要栏内注明“本季合计”，同样在数字下端划一条红线；年度结账时，应将四个季度的借、贷双方季结加以汇总，在摘要栏内注明“本年累计”，并在数字下端划双红线，表示本年度账簿记录已经结束。年度结账后，各账户的年末余额应转入下年度的新账簿。

【任务活动】

1. 绘制本任务的知识思维导图。

要求：形式不限，至少整理至“1.”级标题。

2. 提取并整理本任务中的术语。

3. 以小组为单位，讨论本任务“任务导入”中的问题。

4. 以小组为单位，各成员就对账的内容、结账的方法步骤进行解释说明。

【巩固练习】

一、单项选择题

1. 下列选项中属于特种日记账的是（　　）。

A. 序时登记全部经济业务和多种经济业务的日记账

B. 专门用来登记货币资金的日记账

C. 专门用来登记某一类经济业务的日记账

D. 对常见的经济业务分设专栏登记

2. 银行存款日记账的收入方除了根据银行存款收款凭证登记外，有时还要根据（　　）。

A. 银行存款付款凭证登记

B. 现金收款凭证登记

C. 现金付款凭证登记

D. 转账凭证登记

3. 下列选项中适用于多栏式明细分类账的是（　　）。

A. 应收账款明细账

B. 产成品明细账

C. 原材料明细账

D. 主营业务成本明细账

4. 下列选项中适用于总分类账的外表形式的是（　　）。

A. 订本式

B. 活页式

C. 多栏式

D. 数量金额式

5. 下列选项中不适用于三栏式账页的是（　　）。

A. 总账

B. 应付账款明细账

C. 库存现金日记账

D. 原材料明细账

6. 下列选项中适用于数量金额式账页的是(　　)。

A. 生产成本明细账

B. 库存商品明细账

C. 应收账款明细账

D. 产品销售成本明细账

7. 应在存货分类账簿中登记的事项是(　　)。

A. 购入一台机器设备

B. 采购原材料一批

C. 代销其他企业的商品

D. 接受一批委托加工材料

8. 记账后,如果发现记账错误是由于记账凭证所列示的会计科目和金额错误引起的,可采用的更正错账方法是(　　)。

A. 红字更正法

B. 划线更正法

C. 补充登记法

D. A、B 均可

9. 下列选项中必须逐日逐笔登记的账簿是(　　)。

A. 明细账

B. 总账

C. 日记账

D. 备查账

10. 记账凭证上记账栏中的"√"记号表示(　　)。

A. 已经登记入账

B. 不需登记入账

C. 此凭证作废

D. 此凭证编制正确

二、多项选择题

1. 企业到银行提取现金 500 元,此项业务应登记(　　)。

A. 库存现金日记账

B. 银行存款日记账

C. 总分类账

D. 明细分类账

E. 备查账

2. 下列选项中可以作为库存现金日记账登记依据的有（　　）。

A. 现金收款凭证

B. 现金付款凭证

C. 银行存款收款凭证

D. 银行存款付款凭证

E. 转账凭证

3. 红字更正法的方法要点有（　　）。

A. 用红字金额填写一张与错误记账凭证完全相同的记账凭证并用红字记账

B. 用红字金额填写一张与错误原始凭证完全相同的记账凭证并用红字记账

C. 用蓝字金额填写一张与错误原始凭证完全相同的记账凭证并用蓝字记账

D. 再用红字重填一张正确的记账凭证，登记入账

E. 再用蓝字重填一张正确的记账凭证，登记入账

4. 登记账簿的要求有（　　）。

A. 账簿书写的文字和数字上面要留适当空距，一般应占格长二分之一

B. 登记账簿要用圆珠笔、蓝黑或黑色墨水书写

C. 不得用铅笔

D. 各种账簿按页次顺序连续登记，不得跳行、隔页

E. 登记后，要在记账凭证上签名或盖章，并注明已登账的符号，表示已记账

5. 采用划线更正法，其要点有（　　）。

A. 在错误的文字或数字（单个数字）上划一条红线注销

B. 在错误的文字或数字（整个数字）上划一条红线注销

C. 在错误的文字或数字上划一条蓝线注销

D. 将正确的文字或数字用蓝字写在划线的上端

E. 更正人在划线处盖章

6. 多栏式明细分类账又可以分为（　　）。

A. 借方多栏式明细账

B. 贷方多栏式明细账

C. 借方贷方双方多栏式明细账

D. 对方科目多栏式明细账

E. 全部科目多栏式明细账

7. 可使用补充登记法更正差错的情况有（　　）。

A. 在登记完记账凭证后发现凭证有错误

B. 所填金额大于应填金额

C. 发现记账凭证中应借、应贷科目有错

D. 发现记账凭证中应借、应贷科目无错

E. 所填金额小于应填金额

8. 在会计工作中红色墨水笔可用于（　　）。

A. 记账

B. 结账

C. 对账

D. 冲账

E. 算账

9. 会计上允许使用的更正错误的方法有（　　）。

A. 划线更正法

B. 红字更正法

C. 补充登记法

D. 用涂改液修正

E. 刮擦挖补

10. 账簿按用途不同可分为（　　）。

A. 序时账簿

B. 分类账簿

C. 联合账簿

D. 备查账簿

E. 活页式账簿

三、判断题

1. 在整个账簿体系中，日记账和分类账是主要账簿，备查账为辅助账簿。（　　）

2. 三栏式账簿一般适用于费用、成本等明细账。（　　）

3. 企业对受托代销的商品，可以设置备查账簿进行登记。（　　）

4. 多栏式日记账实际上是普通日记账的一种特殊形式。（　　）

5. 结账之前，如果发现账簿中所记文字或数字有过账笔误或计算错误，而记账凭证并没有错，可用划线更正法更正。（　　）

6. 账簿即会计账户。（　　）

7. 经营性租赁的固定资产不能在“固定资产”分类账中登记，而应在备查账簿中登记，因此，在编制资产负债表时，“固定资产原值”项目应是“固定资产”分类账与备查账簿的金额之和。（　　）

8. 就现金业务而言，目前我国企业设库存现金日记账和库存现金总分类账，同时还应设库存现金明细分类账。（　　）

9. 总分类账、库存现金及银行存款日记账一般采用活页式账簿。

（　　）

10. 普通日记账既可以取代记账凭证，也可以取代总分类账。

（　　）

四、业务处理题

1. 某企业“原材料”账户 5 月 1 日余额为 36 500 元。其中：甲材料 650 千克，单价 20 元/千克；乙材料 2 350 千克，单价 10 元/千克。本月发生下列原材料收发业务：

(1)5 月 10 日购入甲材料 480 千克，单价 20 元/千克；乙材料 1 000 千克，单价 10 元/千克，假设购入的材料不考虑增值税。材料已经验收入库，货款已付。

(2)5 月 11 日仓库发出材料各类用途如下：生产产品领用甲材料 360 千克、乙材料 1 500 千克，车间领用甲材料 200 千克，行政管理部门领用乙材料 500 千克。

要求：

(1)编制本月业务的会计分录。

(2)开设并登记原材料总账(T 型账户)和明细分类账。

(3)编制总分类账户与明细分类账户发生额及余额对照表。

2. 某企业生产 A、B 两种产品，2023 年 5 月有关资料如下：

(1)期初结存的未完工 A 产品各成本项目余额如下：直接材料 1 212 元、直接人工 1 140 元、制造费用 4 437.5 元，共计 6 789.5 元。

(2)本月为生产 A、B 产品发生的费用如下：

A 产品耗用甲材料 100 千克、耗用乙材料 50 千克，B 产品耗用乙材料 30 千克(设甲材料单位成本为 32.58 元/千克，乙材料单位成本为 83.5 元/千克)。A 产品生产工人工资为 5 000 元，B 产品生产工人工资为 3 000 元。制造部门本月共发生间接费用 10 500 元，以生产工人工资比例为标准分配。

本月生产的 100 件 A 产品全部制造完工，50 件 B 产品也已制造完工，尚有 10 件 B 产品没有完工。在产品每件按下列标准计价：直接材料

8元/件、直接人工6元/件、制造费用2.05元/件,共计16.05元/件。

要求:

(1)编制有关业务的会计分录。

(2)编制制造费用分配表。

(3)登记A、B产品生产成本明细分类账。

(4)编制完工产品成本计算表。

3.某企业生产A、B两种产品,5月份有关资料如下:

(1)期初结存的未完工A产品各成本项目余额如下:直接材料费1 212元、直接工资费1 140元、其他直接支出160元、制造费用4 437.5元,共计6 949.5元。

(2)本月为生产A、B产品发生的费用如下:A产品耗用甲材料100千克、耗用乙材料50千克,B产品耗用乙材料30千克(设甲材料单位成本32.58元,乙材料单位成本83.5元);A产品生产工人工资5 000元,B产品生产工人工资3 000元;职工福利费按14%提取;制造部门本月共发生间接费用10 500元,按生产工人工资为标准分配;本月生产的100件A产品全部制造完工,50件B产品也已制造完工,尚有20件B产品没有完工,作为在产品。在产品每件按下列标准计价:材料8元、生产工人工资6元、其他直接支出0.84元、制造费用1.16元,共计16元。

要求:

(1)编制有关业务的会计分录。

(2)编制制造费用分配表。

(3)登记A、B产品生产成本明细分类账。

(4)编制完工产品成本计算表。

4.某企业2023年5月查账时发现下列错账:

(1)从银行提取现金3 500元,过账后,原记账凭证没错,账簿错将金额记为5 300元。

(2)接受某企业投资固定资产,评估确认价值70 000元。查账时发现凭证与账簿均记为:

借:固定资产　　　　70 000

　　贷:资本公积　　　　70 000

(3)用银行存款5 000元购入5台小型计算器,查账时发现凭证与账簿均记为:

借:固定资产　　　　5 000

　　贷:银行存款　　　　5 000

(4)用银行存款 2 400 元预付明年财产保险费，查账时发现凭证与账簿均将“待摊费用”账户错记为“预提费用”账户。

(5)以银行存款偿还短期借款 4 000 元，查账时发现凭证与账簿中的科目没有记错，但金额均记为 40 000 元。

(6)以一张商业承兑汇票抵付应付账款，查账时发现科目没错，但凭证与账簿均多记 54 000 元。

(7)将一部分盈余公积金按规定程序转为实收资本，查账时发现凭证与账簿均少记 72 000 元。

要求：按正确的方法更正以上错账。

项目七

清查财产

学习目标

知识目标

1. 了解财产清查的意义和种类。

2. 明确财产清查前的准备工作和财产物资盘存制度。

能力目标

掌握财产清查的方法及清查结果的处理。

素质目标

了解财产清查的重要性。

项目描述

本项目重点介绍了会计核算的基本方法——财产清查，通过本章的学习，使同学们明确财产清查对保证会计核算质量的重要作用，了解财产清查的含义与种类以及财产清查结果的账务处理方法等内容。

任务一　清查货币资金

【任务导入】

长江厂是汽车零配件生产企业，为了加强对企业财产物资的管理，掌握各项财产物资是否安全完整以及结存和利用情况，保证财务报告的真实可靠，厂里在年终之前要对企业的财产物资进行一次全面清查，由主管业务的秦副厂长牵头负责，成立一个财产清查领导小组，成员有资产科业务人员、财会科会计人员、仓库保管员等。12月中旬，财产清查领导小组开会制订了财产清查计划。那么，作为财务人员应当做什么样的准备，采用什么方式的清查方法呢？

【知识精编】

一、财产清查的意义

如前所述，企业的各项财产包括货币资金、存货、固定资产和各项债权。各项财产物资的增减变动和结存情况都是通过账簿记录反映出来的。为了保证账簿记录的正确性，必须对财产物资进行定期或不定期的清点和审查工作，即财产清查。财产清查是会计核算的专门方法之一，它是根据账簿记录，对企业的财产物资进行盘点或核对，查明各项财产的实存数与账面结存数是否相符，为定期编制会计报表提供准确的、完整的、系统的核算信息的一种方法。

按照《中华人民共和国会计法》（以下简称《会计法》）的规定，每一个单位发生的日常经济业务，都需要通过填制和审核会计凭证、登记账簿、试算平衡和对账等一系列严密的会计处理方法，来保证账证相符和账账相符。因此，从理论上来讲，会计账簿上所记载的财产增减变动和结存情况，应该与实际的财产收发和结存相符。但在实际工作中，有很多客观原因造成了各项财产的账面数额与实际结存数额有差异，例如，财产物资在运输、保管或收发工作中有时会发生自然损耗或计量、检验不准确；财产物资在保管中有时会发生因水灾、火灾和风灾等自然灾害造成的损失；有关工作人员玩忽职守或不法分子贪污盗窃等原因造成了财产物资的损失等。另外在实际工作中，还存在着隐性的账实不符的情况。例如，财产物资由于企业外部环境的变化，而产生了贬值；应收账款因长期未经清偿而成为事实上的坏账等，这些现象都会造成账实不符。因此，为了保证会计账簿记录的真实和准确，进一步建立健全财产物资的管理制度，确保企业财产的完整无损，就必须运用财产清查这一行之有效的会计核算方法，对各项财产进行清查，做到账实相符。财产清查的意义主要表现在以下几个方面：

(一)财产清查为会计信息系统的有效运行提供了一定的保证

企业在一定会计期间内所发生的全部经济业务，都要通过收集转换阶段、储存计算阶段和资料报出阶段，即经过确认、计量、记录和汇总，将大量的经济业务数据以会计报表的形式输出会计信息，为信息使用者提供真实客观的会计信息。在会计信息质量的要求中，可靠性最为重要，它是会计报表的“生命源泉”。因此，为了避免会计信息在收集转换和储存计算阶段中受到主客观因素的干扰而失真，提高会计信息的质量，就必须查明各项财产物资的实存数，并与账簿记录相核对，为会计信息系统正常、有效地运行奠定坚实的基础。

(二)财产清查为内部控制制度的实施创造了有利的条件

为了防止企业内部控制制度不健全、管理失控等情况的发生，《会计法》对企业建立内部控制制度的问题做了明确规定。建立有效的财产内部控制制度的目的之一是保证企业经营活动的有效进行，保护财产物资的安全和完整，提高会计信息的质量。内部控制制度执行的好坏，又可通过财产清查的方法加以查验。企业通过财产清查，可以查明各项财产物资是否完整，有无被不法分子挪用、贪污或盗窃等情况；还可以查明各项财产物资的储备是否合理，利用是否充分，有无超储积压或闲置等现象，以便有关部门及时采取措施使内部控制制度充分发挥作用。

二、财产清查的内容

(一)库存现金的清查

库存现金清查的基本方法是实地盘点法。它是通过对库存现金的盘点实有数与库存现金日记账的余额进行核对的方法，来查明账实是否相符。

库存现金的清查可分为以下两种情况：

(1)出纳员自查。在日常的工作中,现金出纳员每日清点库存现金实有数额,并及时与库存现金日记账的余额相核对。这种清查方法实际上是现金出纳员的工作职责。

(2)专门人员清查。在由专门清查人员进行的清查工作中,为了明确经济责任,出纳人员必须在场。清查人员要认真审核收付凭证和账簿记录,检查经济业务的合理和合法性。此外,清查人员还应检查企业是否以“白条”(即不符合有关制度要求的借据)抵充现金。

库存现金盘点结束后,应根据盘点的结果,填制“库存现金盘点报告表”。该表是重要的原始凭证,既有实物财产清查“盘存单”的作用,又有“实存账存对比表”的作用。“库存现金盘点报告表”填制完毕,应由盘点人和出纳员共同签章方能生效。“库存现金盘点报告表”的格式见表 7—1。

表 7—1　　库存现金盘点报告表

单位名称:　　　　年　月　日

实存金额	账存金额	实存与账存对比		备注
		盘盈	盘亏	

盘点人签章:　　　　出纳员签章:

(二)银行存款的清查

银行存款的清查

银行存款的清查,通常采用银行存款日记账与开户银行提供的“对账单”相核对的方法。核对前,首先把至清查日止所有银行存款的收、付业务登记入账,对发生的错账、漏账应及时查清更正。然后再与银行的“对账单”逐笔核对,若二者余额相符,一般说明无错误;若发现二者不相符,则可能存在未达账项。

所谓未达账项是指在企业和银行之间,由于凭证的传递时间不同,导致双方记账时间不一致,即一方已接到有关结算凭证并已经登记入账,另一方由于尚未接到有关结算凭证而尚未入账的款项。概括来说,未达账项有两大类型:一是企业已经入账而银行尚未入账的款项;二是银行已经入账而企业尚未入账的款项。具体有以下四种情况:(1)企业已收款入账,银行未收款入账的款项;(2)企业已付款入账,银行未付款入账的款项;(3)银行已收款入账,企业未收款入账的款项;(4)银行已付款入账，企业未付款入账的款项。

上述任何一种未达账项存在，都会使企业银行存款日记账余额与银行提供的“对账单”的余额不符。在与银行对账时，应首先查明有无未达账项，如果存在未达账项，可编制“银行存款余额调节表”予以调整。“银行存款余额调节表”的编制应在企业银行存款日记账余额和银行对账单余额的基础上，分别加减未达账项，调整后的双方余额应该相符，并且是企业当时实际可以动用的款项。其计算公式如下：

企业银行存款日记账余额＋银行已收企业未收款项－银行已付企业未付款项＝银行对账单余额＋企业已收银行未收款项－企业已付银行未付款项

现举例说明“银行存款余额调节表”的具体编制方法。

【例 7－1】 某企业 2023 年 8 月 31 日银行存款日记账的余额为 112 000 元，银行对账单的余额为 148 000 元，经核对发现以下未达账项：

(1)企业将收到的销货款 4 000 元存入银行，企业已登记银行存款增加，而银行尚未登记增加。

(2)企业开出转账支票 36 000 元支付购料款，企业已登记银行存款减少，而银行尚未登记减少。

(3)收到某单位汇来的购货款 20 000 元，银行已登记增加，企业尚未登记增加。

(4)银行代企业支付水电费 16 000 元，银行已登记减少，企业尚未登记减少。根据上述资料编制“银行存款余额调节表”，见表 7－2。

表 7－2　　　　**银行存款余额调节表**

2023 年 8 月 31 日

项　目	金　额	项　目	金　额
企业银行存款日记账余额	112 000	银行对账单余额	148 000
加：银行已收企业未收	20 000	加：企业已收银行未收	4 000
减：银行已付企业未付	16 000	减：企业已付银行未付	36 000
调节后的存款余额	116 000	调节后的存款余额	116 000

应该指出，表 7－2 中的“调节后的存款余额”，只表明企业可以实际动用的银行存款数，并非企业银行存款的实际数；“银行存款余额调节表”只是银行存款清查的一种形式，它只起到对账作用，不能作为调节账面余额的原始凭证；银行存款日记账的登记，必须在收到有关原始

凭证后再进行。

二、实物财产的清查

实物财产是指具有实物形态的各种财产，包括原材料、半成品、在产品、产成品、低值易耗品、包装物和固定资产等。

（一）实物财产的清查方法

不同品种的实物财产，由于其实物形态、体积、重量、堆放方式等不同，因而它们采用的清查方法也有所不同。常用的实物财产清查方法包括以下几种：

（1）实地盘点法，是指通过点数、过磅、量尺等方法来确定财产的实有数额。这种方法一般适用于机器设备、包装好的原材料、在产品和库存商品等的清查。

（2）技术推算法，是指利用技术方法对财产的实存数进行推算的一种方法。这种方法又称“估堆”，一般适用于散装的、大量成堆且难以逐一清点其实存数的各种资产，如煤、盐、化肥、饲料等的清查。

（3）抽样盘存法，是指采用抽取一定数量样品的方式对实物资产的实有数进行估算确定的一种方法。这种方法一般适用于数量多、重量和体积比较均衡的实物财产的清查。

（4）函证核对法，是指通过向对方发函的方式对实物资产的实有数进行确定的一种方法。这种方法一般适用于对委托外单位加工或保管的实物资产的清查。

（二）实物财产清查使用的凭证

为了明确经济责任，进行财产清查时，有关实物财产的保管人员必须在场，并参加盘点工作。对各项财产的盘点结果，应如实准确地登记在“盘存单”上，并由有关参加盘点人员同时签章。“盘存单”既是财产盘点结果的书面证明，也是反映实物财产实有数额的原始凭证。“盘存单”的一般格式见表7—3。

表7—3　　盘存单

单位名称：　　财产类别：　　盘点时间：存放地点：　　编号：

序号	名称	规格型号	计量单位	实存数量	单价	金额	备注

盘点人签章：×××　　　　保管人签章：×××

盘点完毕，将“盘存单”中所记录的实存数与账面结存数相核对，如发现实物盘点结果与账面结存结果不相符，应根据“盘存单”和有关账簿记录，填制“实存账存对比表”，以确定实物财产的盘盈数或盘亏数。“实存账存对比表”是记录财产清查结果的原始凭证，也是分析盈亏原因，明确经济责任，以及进行账务处理的重要依据。“实存账存对比表”的格式与“库存现金盘点报告表”基本相似，这里不再赘述。

（三）库存现金清查结果的会计处理

库存现金清查中发现库存现金短缺或盈余时，除了设法查明原因外，还应及时根据“库存现金盘点报告表”进行会计处理。

【例7—2】 某企业进行库存现金清查中发现长款150元。其会计处理如下：

（1）批准前：

借：库存现金　　150

　　贷：待处理财产损溢——待处理流动资产损溢　　150

（2）经反复核查，未查明原因，报经批准转作营业外收入：

借：待处理财产损溢——待处理流动资产损溢　　150

　　贷：营业外收入　　150

【例7—3】 某企业在库存现金清查中发现短款500元。其会计处理如下：

（1）批准前：

借：待处理财产损溢——待处理流动资产损溢　　500

　　贷：库存现金　　500

（2）经查，该短款属于出纳员李×的责任，应由该出纳员赔偿：

借：其他应收款——李×　　500

　　贷：待处理财产损溢——待处理流动资产损溢　　500

【任务活动】

1. 绘制本任务的知识思维导图。

要求：形式不限，至少整理至“1.”级标题。

2. 提取并整理本任务中的术语。

3. 以小组为单位，讨论本任务“任务导入”中的问题。

4. 以小组为单位，各成员就财产清查的内容和银行存款余额调节表的编制方法进行解释说明。

任务二 清查实物资产

【任务导入】

在你整理房间时，你可能会清点书籍、衣物、电子设备等物品，然后记录它们的种类、数量和状况。同样地，公司也需要定期清点和记录其拥有的实物资产，如机器设备、办公家具、库存商品等。这有助于发现潜在的遗失、损耗或盗窃情况，确保财务报表准确反映公司的真实财务状况。那我们如何去清查实物资产呢？

【知识精编】

清查实物资产

财产清查的重要环节是盘点财产物资，尤其是存货的实存数量。为使财产清查工作顺利进行，企业应建立科学而适用的存货盘存制度。在实际工作中，存货的盘存制度，有永续盘存制和实地盘存制两种。现以商品流通企业的经济业务为例，说明这两种制度的特点。

一、永续盘存制

（一）永续盘存制的概念

永续盘存制，也称账面盘存制，是通过设置存货明细账，逐笔或逐日地登记收入数、发出数，并能随时计算出结存数的一种存货盘存制度。采用这种方法，存货明细账按品种规格设置；在明细账中，除登记收、发、结存数量外，通常还要登记金额。

采用永续盘存制时，对存货仍需进行实地盘点，至少每年实地盘点一次，以验证账实是否相符。

（二）永续盘存制下的账簿组织

在永续盘存制下，各企业存货核算的账簿组织不尽相同。就库存商品而言，通常除品种外，还要按大类核算。一般的账簿组织如下：

会计部门设“库存商品”总分类账，其下按商品大类设置二级账户进行金额核算；在二级账户下，按每种商品设置明细分类账，进行金额、数量双重计量。

仓储部门按每种商品分户设置保管账和保管卡，保管账由记账员根据收、发货单登记收、发数量，进行数量控制。商品卡挂在每种商品的堆垛存放处，由保管员根据收、发货单逐笔登记数量，以控制实存商品。

存货核算的这种总账、二级账、明细账的设置，可以进行逐级控制，相互核对，起到随时反映库存情况和保护存货安全完整的作用。在这种账簿组织下，一旦库存实物发生差错，也很容易及时发现，从而便于加强对存货的日常管理。

(三)期末存货的计价和本期发出存货成本的计算

若企业商品购进价格保持不变，期末存货的计价是十分简单的。然而，在实际工作中，同一商品的购进价格在会计期内往往不同，期末存货势必存在一个按什么价格计算的问题。在永续盘存制下，存货明细分类账能随时反映商品的结存数量和销售数量，至于存货的计价方法，则主要有先进先出法、加权平均法和个别计价法等。

1. 先进先出法

先进先出法是假设先入库的存货先发出，即按照存货入库的先后顺序，用先入库存货的单位成本确定发出存货成本的一种方法。采用先进先出法对存货进行计价，可以将发出存货的计价工作分散在平时进行，减轻了月末的计算工作量；期末存货的计价标准为后入库存货的价格，从而使反映在资产负债表上的存货价值比较接近当前市价。但在物价上涨时，本期发出存货成本要比当前市价低，从而使本期利润偏高，需多缴所得税。现举例说明如下：

【例 7—4】 某商品流通企业 W 商品的期初结存和本期购销情况如下：

6 月 1 日	期初结存	150 件	单价 60 元	计 9 000 元
6 月 8 日	销售	70 件		
6 月 15 日	购进	100 件	单价 62 元	计 6 200 元
6 月 20 日	销售	50 件		
6 月 24 日	销售	90 件		
6 月 28 日	购进	200 件	单价 68 元	计 13 600 元
6 月 30 日	销售	60 件		

根据上述实例，采用先进先出法计算本期发出商品成本和期末结存商品成本如下：

本期发出商品成本＝70×60＋50×60＋30×60＋60×62＋40×62＋20×68＝16 560(元)

期末结存商品成本＝180×68＝12 240（元)或＝9 000＋6 200＋13 600－16 560＝12 240（元)

存货采用先进先出法计价，库存商品明细分类账的登记结果见表 7—4。

表 7—4　　　　　　　　库存商品明细分类账

品名：W 商品　　　　　　　　　　　　　　　　　　金额单位：元

2023 年		摘　要	收　入			发　出			结　存		
月	日		数量	单价	金额	数量	单价	金额	数量	单价	金额
6	1	期初结存							150	60	9 000
	8	销售				70	60	4 200	80	60	4 800
	15	购进	100	62	6 200				80 100	60 62	11 000
	20	销售				50	60	3 000	30 100	60 62	8 000
	24	销售				30 60	60 62	1 800 3 720	40	62	2 480
	28	购进	200	68	13 600				40 200	62 68	16 080
	30	销售				40 20	62 68	2 480 1 360	180	68	12 240
		本期销售成本				270		16 560			

2. 加权平均法

加权平均法是把可供发出的存货总成本平均分配给所有可供发出的存货数量。因此，本期发出存货成本和期末存货成本都要按这一平均单价计算。在平均单价的计算过程中，考虑了各批存货的数量因素，即批量越大的成本，对平均单价的影响也越大。由于数量对单价起权衡轻重的作用，故由此计算的平均单价称为加权平均单价。永续盘存制下存货计价的加权平均法，又分为一次加权平均法和移动加权平均法两种。

（1）一次加权平均法。采用一次加权平均法，对于本月发出的存货，平时只登记数量，不登记单价和金额，月末按一次计算的加权平均单价，计算本期发出存货成本和期末存货成本。一次加权平均法计算比较简单，计算出的期末存货成本和本期发出存货成本都比较平稳，但由于计价工作集中在月末进行，所以平时不能从账簿中看到存货发出和结存的金额，从而不便于加强存货资金的日常管理。一次加权平均单价的计算公式如下：

$$一次加权平均单价=\frac{期初结存存货成本+本期入库存货成本}{期初结存存货数量+本期入库存货数量}$$

（2）移动加权平均法。采用移动加权平均法，当每次入库存货单价与结存单价不同时，就需要重新计算一次加权平均价，并据此计算下次入库前的发出存货成本和结存存货成本。采用移动加权平均法，可以随时结转销售成本，随时提供存货明细账上的结存数量和金额，有利于对存货进行数量、金额的日常控制。但这种方法，由于每次进货后都要计算一次加权平均价，势必会增加会计核算工作量。移动加权平均单价的计算公式为：

$$移动加权平均单价=\frac{入库前存货成本+本次入库存货成本}{本次入库前结存数量+本次入库存货数量}$$

3. 个别计价法

个别计价法又称个别认定法，是指每次发出存货的成本按其购入或生产的实际成本分别计价的方法。采用个别计价法需要逐一辨认各批发出存货和期末存货的购进或生产批别，分别以购入或生产时确定的单位成本来计算确定各批发出和期末存货的成本。这种方法的优点是成本计算准确，符合实际情况。其缺点是发出存货成本分辨的工作量繁重。个别计价法适用于容易辨认、品种数量不多，且单位成本较高的存货计价。

表 7—5　　库存商品明细分类账

品名：W 商品　　金额单位：元

2023 年		摘　要	收　入			发　出			结　存		
月	日		数量	单价	金额	数量	单价	金额	数量	单价	金额
6	1	期初结存							150	60	9 000
	8	销售				70	60	4 200	80	60	4 800
	15	购进	100	62	6 200				180	61.11	11 000
	20	销售				50	61.11	3 056	130	61.11	7 944
	24	销售				90	61.11	5 500	40	61.11	2 444
	28	购进	200	68	13 600				240	66.85	16 044
	30	销售				60	66.85	4 011	180	66.85	12 033
		本期销售成本				270		16 767			

仍以例 7—3 为例，通过表 7—5 可知，确定各批销售商品的购进批别为：6 月 8 日出售的 70 件商品系期初结存的存货；6 月 20 日出售的 50 件商品系 6 月 15 日的进货；6 月 24 出售的 90 件商品中有 60 件系期初结存的存货，有 30 件系 6 月 15 日的进货；6 月 30 日出售的 60 件商品中有 5 件系期初结存的存货，有 10 件系 6 月 15 日的进货，有 45 件系 6 月 28 日的进货。

按个别计价法计算本期发出商品成本和期末结存商品成本如下：

本期发出商品成本＝70×60＋50×62＋60×60＋30×62＋5×60＋10×62＋45×68＝16 740（元）

期末结存商品成本＝15×60＋10×62＋155×68＝12 060(元)

或＝9 000＋6 200＋13 600－16 740＝12 060(元)

(四)永续盘存制的优、缺点

永续盘存制的优点是:在存货明细账中,可以随时反映每种存货的收入、发出和结存情况,并能进行数量和金额的双重控制;明细账的结存数量,可以与实际盘存数进行核对,如发生库存溢余或短缺,可查明原因,及时纠正;明细账上的结存数,还可以随时与预定的最高和最低库存限额进行比较,取得库存积压或不足的信息,从而便于及时采取相应对策。

永续盘存制的缺点是:存货的明细分类核算工作量较大,需要较多的人力和费用。但同实地盘存制相比,它在控制和保护财产物资安全完整方面具有明显的优越性,所以在实际工作中被多数企业采用。

二、实地盘存制

(一)实地盘存制及其一般程序

1. 实地盘存制的概念

实地盘存制是在期末通过盘点实物来确定存货的数量,并据以计算出期末存货成本和本期发出存货成本的一种存货盘存制度。它用于商品流通企业时,又称"以存计销制"或"盘存计销制";用于制造业企业时,又称"以存计耗制"或"盘存计耗制"。采用这一方法,平时只登记存货的购进或收入,不登记发出,期末通过盘点实物确定实存数,采用倒挤的方法,轧计出存货的发出数。

2. 实地盘存制的一般程序

实地盘存制的程序通常为:

(1)确定期末存货数量。每期期末实地盘点存货,确定存货的实际结存数量。

(2)计算期末存货成本。某种存货成本等于该项存货的数量乘以适当的单位成本;将各种存货成本相加,即为存货总成本。

(3)计算本期可供发出存货成本。本期可供发出存货成本也称本期可供销售或耗用存货成本,它等于期初存货成本加本期入库存货成本。

(4)计算本期发出存货成本。它等于本期可供发出存货成本减期末存货成本。其计算公式为:

本期发出存货成本＝期初结存存货成本＋本期入库存货成本－期末结存存货成本

期末结存存货成本＝期末存货实地盘存数×单价

(二)期末存货数量的确定

在实地盘存制下，期末存货数量的确定，一般分为以下两个步骤：

1. 进行实地盘点，确定盘存数

存货的盘点方法因存货性质而异。盘点时间通常在本期营业或生产活动结束，下期营业或生产活动开始以前进行。盘存结果应填列在存货盘存表中。

2. 调整盘存数，确定存货结存数

将临近会计期末的购销单据或收发凭证进行整理，在盘存数量的基础上，考虑有关影响因素，调整求得存货实际结存数量。在商品流通企业中，对于企业已经付款但尚未收到的商品，即在途商品、已经出库但尚未记录销售的商品，以及已记录销售但尚未提走的商品，都要进行调整，以计算出实际库存数量。其计算公式如下：

存货结存数量＝存货盘点数量＋在途商品数量＋已提未销数量－已销未提数量

(三)期末存货的计价和本期发出存货成本的计算

实地盘存制下的存货计价方法主要有先进先出法、一次加权平均法和个别计价法。现举例说明各种存货计价方法的具体运用。

【例 7—5】 某商品流通企业 M 商品的期末实际盘点数为 220 件，期初库存和本期购进情况为：

6 月 1 日	期初库存	200 件	单价 10 元	计 2 000 元
6 月 5 日	购进	400 件	单价 12 元	计 4 800 元
6 月 18 日	购进	200 件	单价 15 元	计 3 000 元
		合　计		9 800 元

现分别采用先进先出法、一次加权平均法和个别计价法计算实地盘存制下期末结存商品成本和本期发出商品成本为：

(1)按先进先出法计算：

期末结存商品成本＝200×15＋20×12＝3 240(元)

本期发出商品成本＝2 000＋4 800＋3 000－3 240＝6 560(元)

(2)按一次加权平均法计算：

加权平均单位价(2 000＋4 800＋3 000)÷800＝12.25(元/件)

期末结存商品成本＝220×12.25＝2 695(元)

本期发出商品成本＝2 000＋4 800＋3 000－2 695＝7 105(元)

(3)按个别计价法计算(若期末结存220件商品中有50件系期初结存的存货,有70件系6月5日的进货,有100件系6月18日的进货):

期末结存商品成本=50×10+70×12+100×15=2 840(元)

本期发出商品成本=2 000+4 800+3 000-2 840=6 960(元)

(四)实地盘存制的优、缺点

实地盘存制的最大优点是不需要每天记录存货的发出和结存数量,核算工作简单,工作量小。但这种方法不能随时反映存货的发出和结存成本,倒轧出的各项存货的销售或耗用成本成分复杂,除了正常销售或耗用外,可能隐含存货损耗、短缺等非正常因素,因而不便于对存货进行控制和监督,影响成本计算的准确性。因此,这种方法只适用于经营那些品种多、价值低、交易频繁的商品,以及数量不稳定、损耗大且难以控制的鲜活商品等商品流通企业。

(五)存货清查结果的会计处理

1.存货盘盈的会计处理

当存货盘盈时,应根据"实存账存对比表",将盘盈存货的价值记入"原材料""生产成本""库存商品"等账户的借方,同时记入"待处理财产损溢——待处理流动资产损溢"账户的贷方;报经批准后,冲减管理费用。

【例7-6】 某企业财产清查中盘盈G材料2 000千克。经查明是收发计量上的错误造成的,按每千克4元入账。其会计处理如下:

(1)批准前:

借:原材料——G材料　　8 000

　　贷:待处理财产损溢——待处理流动资产损溢　　8 000

(2)批准后,冲减管理费用:

借:待处理财产损溢——待处理流动资产损溢　　8 000

　　贷:管理费用　　8 000

2.存货盘亏的会计处理

当存货盘亏或毁损时,经批准前应先记入"待处理财产损溢——待处理流动资产损溢"账户的借方,同时记入有关存货账户的贷方。批准后,再根据造成亏损的原因,分别进行账务处理:

(1)属于自然损耗产生的定额内的合理损耗,经批准后即可计入管理费用。

(2)属于超定额短缺的,能确定过失人的应由过失人负责赔偿;属于保险责任范围的,应向保险公司索赔;扣除过失人或保险公司赔款和残料价值后的余额,应计入管理费用。

(3)属于非常损失所造成的存货毁损,扣除保险公司赔款和残料价值后，应计入营业外支出。

【例7—7】 某企业盘亏A产品100千克，单位成本100元。经查明，属于定额内合理损耗。其会计处理如下：

(1)批准前：

借：待处理财产损溢——待处理流动资产损溢　10 000

　　贷：库存商品——A产品　10 000

(2)批准后，计入管理费用：

借：管理费用　10 000

　　贷：待处理财产损溢——待处理流动资产损溢　10 000

【例7—8】 某企业盘亏甲材料10件，每件200元。经查明，是由于工作人员失职造成的材料毁损，应由过失人赔偿1 000元，毁损材料残值300元。适用的增值税税率为13%。其会计处理如下：

(1)批准前：

借：待处理财产损溢——待处理流动资产损溢 2 260

　　贷：原材料——甲材料　2 000

　　　　应交税费——应交增值税(进项税额转出)　260

(2)批准后，分别不同情况处理：

①由过失人赔偿：

借：其他应收款——××　1 000

　　贷：待处理财产损溢——待处理流动资产损溢 1 000

②残料作价入库：

借：原材料——甲材料　300

　　贷：待处理财产损溢——待处理流动资产损溢　300

③扣除过失人的赔款和残值后的盘亏数，计入管理费用：

借：管理费用　960

　　贷：待处理财产损溢——待处理流动资产损溢　960

【例7—9】 某企业丙材料盘亏一批，实际成本为5 000元。经查明，属于非常事故造成的损失，保险公司应给予3 000元的赔偿。适用的增值税税率为13%。其会计处理如下：

(1)批准前：

借：待处理财产损溢——待处理流动资产损溢 5 650

　　贷：原材料——丙材料　5 000

　　　　应交税费——应交增值税(进项税额转出)　650

（2）批准后，分别不同情况处理：

①应由保险公司赔偿部分：

借：其他应收款——保险公司　　3 000

　　贷：待处理财产损溢——待处理流动资产损溢 3 000

②计入营业外支出部分：

借：营业外支出　　2 650

　　贷：待处理财产损溢——待处理流动资产损溢 2 650

【任务活动】

1. 绘制本任务的知识思维导图。

要求：形式不限，至少整理至“1. ”级标题。

2. 提取并整理本任务中的术语。

3. 以小组为单位，讨论本任务“任务导入”中的问题。

4. 以小组为单位，各成员就存货的盘存制度会计处理方法进行解释说明。

任务三　清查往来款项

【任务导入】

在日常生活中，无论是小型手工艺品店还是大型企业，清查往来款项都是维护财务健康的重要步骤。假设同学们购买了一批原材料，但供应商提供了错误的发票金额。通过清查往来款项，你可以及时发现这个错误，避免多付款或付款不足。同样地，企业也需要定期核对与供应商和客户的往来款项，以避免账务错误或漏项。那在企业中我们会采取什么样的方法有效的清查往来款项？

【知识精编】

清查往来款项是加强企业资产监管、规避财务风险的关键环节。通过往来款项的清查能够了解企业实际债权债务和数额，确保财务安全与完整。

清查往来款项

一、应收款的清查

对各种应收款的清查，应采取“函证核对法”，即同对方核对账目的方法。清查单位应在其各种往来款项记录准确的基础上，编制“往来款项对账单”，寄发或派人送交对方单位进行核对。“往来款项对账单”的格式和内容如下：

往来款项对账单

________单位：

你单位于2×23年8月25日购入我单位A产品1 000件，已付货款16 000元，尚有22 000元货款未付，请核对后将回联单寄回。

清查单位：（盖章）

2×23年12月13日

沿此虚线裁开，将以下回联单寄回！

往来款项对账单（回联）

________清查单位：

你单位寄来的“往来款项对账单”已经收到，经核对相符无误。

××单位（盖章）

2×23年12月22日

二、应收款清查结果的会计处理

在财产清查过程中，如发现长期应收而收不回的款项，即坏账损失，经批准应予以转销。坏账损失不需要通过“待处理财产损溢”账户进行核算。转销方法通常采用备抵法。备抵法，是指按期估计坏账损失，形成坏账准备，当某一应收款项全部或部分被确认为坏账时，应根据其金额冲减坏账准备，同时转销相应的应收款项金额的一种核算方法。估计坏账损失的方法有应收款项余额百分比法、账龄分析法和销货百分比法等，这里主要介绍常用的应收款项余额百分比法。

采用备抵法，企业需设置“坏账准备”账户。企业计提坏账准备时，借记“资产减值损失”账户，贷记“坏账准备”账户；实际发生坏账时，借记“坏账准备”账户，贷记“应收账款”等账户。如果确认并转销的坏账以后又收回，则应按收回的金额，借记“应收账款”等账户，贷记“坏账准备”账户，以恢复企业债权、冲回已转销的坏账准备金额；同时，借记“银行存款”账户，贷记“应收账款”等账户，以反映款项收回情况。“坏账准备”账户平时（1—11月）的期末余额可能在借方，也可能在贷方，但其年末余额则一定在贷方。

【例7—10】 某企业自2×20年年末开始计提坏账准备。2×20年年末应收账款余额为4 000 000元，2×21年6月发生坏账22 000元，2×21年年末应收账款余额为4 400 000元，2×22年1月收回上年已转销的坏账 10 000 元，2×22 年年末应收账款余额为 5 000 000 元。该企业各年坏账准备提取比例均为 5%。其有关会计处理如下：

(1)2×20 年年末提取坏账准备 200 000 元(4 000 000×5%)：

借：资产减值损失　　200 000
　　贷：坏账准备　　200 000

(2)2×21 年 6 月发生坏账 22 000 元：

借：坏账准备　　22 000
　　贷：应收账款　　22 000

(3)2×21 年年末补提坏账准备 42 000 元(4 400 000×5%－200 000＋22 000)：

借：资产减值损失　　42 000
　　贷：坏账准备　　42 000

(4) 2×22 年 1 月收回已转销坏账 10 000 元：

借：银行存款　　10 000
　　贷：应收账款　　10 000
借：应收账款　　10 000
　　贷：坏账准备　　10 000

(5) 2×22 年年末补提坏账准备 20 000 元(5 000 000×5%－220 000－10 000)：

借：资产减值损失　　20 000
　　贷：坏账准备　　20 000

【任务活动】

1. 绘制本任务的知识思维导图。

要求：形式不限，至少整理至“1.”级标题。

2. 提取并整理本任务中的术语。

3. 以小组为单位，讨论本任务“任务导入”中的问题。

4. 以小组为单位，各成员就应收款清查结果和会计处理进行解释说明。

【巩固练习】

一、单项选择题

1. 现金清查的方法是(　　)。

A. 技术推算法

B. 实地盘点法

C. 外调核对法

D. 与银行对账单相核对

2. 实地盘存制与永续盘存制的主要区别是(　　)。

A. 盘点的方法不同

B. 盘点的目的不同

C. 盘点的工具不同

D. 盘亏结果处理不同

3. 一般而言,单位撤销、合并时,要进行(　　)。

A. 定期清查

B. 全面清查

C. 局部清查

D. 实地清查

4. 对于现金的清查,应将其结果及时填列(　　)。

A. 盘存单

B. 实存账存对比表

C. 现金盘点报告表

D. 对账单

5. 银行存款清查的方法是(　　)。

A. 日记账与总分类账核对

B. 日记账与收付款凭证核对

C. 日记账和对账单核对

D. 总分类账和收付款凭证核对

6. 对于大量成堆难以清点的财产物资,应采用的清查方法是(　　)。

A. 实地盘点法

B. 抽样盘点法

C. 询证核对法

D. 技术推算法

7. 在记账无误的情况下,造成银行对账单和银行存款日记账不一致的原因是(　　)。

A. 应付账款

B. 应收账款

C. 未达账项

D. 外埠存款

8. 实存账存对比表是调整账面记录的(　　)。

A. 记账凭证

B. 转账凭证

C. 原始凭证

D. 累计凭证

9. 下列项目的清查应采用函证核对法的是(　　)。

A. 原材料

B. 应付账款

C. 实收资本

D. 短期投资

10. 对于盘亏的固定资产,按规定程序批准后,应按盘亏固定资产的净值借记的会计科目是(　　)。

A. 待处理财产损溢

B. 营业外支出

C. 累计折旧

D. 固定资产清理

二、多项选择题

1. 导致企业银行存款日记账余额大于银行对账单余额的未达账项是(　　)。

A. 企业先收款记账而银行未收款未记账的款项

B. 银行先收款记账而企业未收款未记账的款项

C. 企业和银行同时收款的款项

D. 银行先付款记账而企业未付款未记账的款项

E. 企业先付款记账而银行未付款未记账的款项

2. 财产物资的盘存制度有(　　)。

A. 收付实现制

B. 权责发生制

C. 永续盘存制

D. 实地盘存制

E. 岗位责任制

3. 财产清查按照清查的时间可分为(　　)。

A. 全面清查

B. 局部清查

C. 定期清查

D. 不定期清查

E. 内部清查

4. 企业进行全部清查主要发生的情况有(　　)。

A. 年终决算后

B. 清产核资时

C. 关停并转时

D. 更换现金出纳时

E. 单位主要负责人调离时

5. 财产清查按照清查的执行单位不同,可分为(　　)。

A. 内部清查

B. 局部清查

C. 定期清查

D. 不定期清查

E. 外部清查

6. “银行存款余额调节表”是(　　)。

A. 原始凭证

B. 盘存表的表现形式

C. 只起到对账作用

D. 银行存款清查的方法

E. 调整账面记录的原始依据

7. 常用的实物财产清查方法包括(　　)。

A. 实地盘点法

B. 技术推算法

C. 函证核对法

D. 抽样盘点法

E. 永续盘存法

8. 按清查范围不同,可将财产清查分为(　　)。

A. 全面清查

B. 局部清查

C. 定期清查

D. 内部清查

E. 外部清查

9. 采用实地盘点法进行清查的项目有(　　)。

A. 固定资产

B. 产成品

C. 银行存款

D. 往来款项

E. 现金

10. 定期清查的时间一般是(　　)。

A. 年末

B. 单位合并

C. 中外合资时

D. 季末

E. 月末

三、判断题

1. 会计部门要在财产清查之后将所有的经济业务登记入账并结出余额,做到账账相符、账证相符,为财产清查提供可靠的依据。(　　)

2. 采用先进先出法,在物价上涨时,会过低估计企业的当期利润和存货价值;反之,会高估企业的存货价值和当期利润。(　　)

3. 采用加权平均法,平时无法从账上提供发出和结存存货的单价及金额,因而不利于加强对存货的管理。所以,它只是理论上的一种方法,一般不为企业所采用。(　　)

4. 对在银行存款清查时出现的未达账项,可编制银行存款余额调节表来调整,该表是调节账面余额的原始凭证。(　　)

5. 存货发出的计价方法不同,不仅会影响企业资产负债表中的负债和损益项目,同时也会影响企业资产负债表中的资产项目。(　　)

6. 实地盘存制是指平时根据会计凭证在账簿中登记各种财产的增加数和减少数,在期末时再通过盘点实物来确定各种财产的数量,并据以确定账实是否相符的一种盘存制度。(　　)

7. 未达账项是指在企业和银行之间,由于凭证的传递时间不同,导致记账时间不一致,即一方已接到有关结算凭证已经登记入账,而另一方尚未接到有关结算凭证而未入账的款项。(　　)

8. 为了反映和监督各单位在财产清查过程中查明的各种资产的盈亏及报经批准后的转销数额,应设置"待处理财产损溢"账户,该账户属于负债类账户。(　　)

9. 采用永续盘存制的企业,可以不再进行存货的实地盘点。

(　　)

10. 对固定资产进行清查时,一般应采用全面盘点法。(　　)

四、业务处理题

1. 某企业 2022 年 3 月 31 日的银行存款日记账账面余额为 691 600 元，而银行对账单上的企业存款余额为 681 600 元，经逐笔核对，发现有以下未达账项：

(1)3 月 26 日，企业开出转账支票 3 000 元，持票人尚未到银行办理转账，银行尚未登记入账。

(2)3 月 28 日，企业委托银行代收款项 4 000 元，银行已收款入账，但企业尚未接到银行的收款通知，因而未登记入账。

(3)3 月 29 日，企业送存购货单位签发的转账支票 15 000 元，企业已登记入账，银行尚未登记入账。

(4)3 月 30 日，银行代企业支付水电费 2 000 元，企业尚未接到银行的付款通知，故未登记入账。

要求：根据以上有关内容，编制“银行存款余额调节表”，并分析调节后是否需要编制有关会计分录。

2. X 企业 2022 年经财产清查，发现盘盈 A 材料 3 200 吨。经查明，是计量上的错误造成的，按计划成本每吨 2 元入账。

要求：对 X 企业盘盈 A 材料做出批准前和批准后的账务处理。

3. Y 企业 2022 年经财产清查，发现盘亏 B 材料 100 吨，单价 200 元/吨。经查明，属于定额内合理损耗的共计 1 000 元；属于由过失责任人赔偿的共计 8 000 元；其余的属于自然灾害造成的损失，但由保险公司赔偿 6 000 元。

要求：对 Y 企业盘亏 B 材料进行批准前和批准后的账务处理。

4. W 企业 2022 年在财产清查中，发现盘盈机器设备一台，估计原值为 300 000 元，估计已提折旧额为 50 000 元。

要求：对 W 企业盘盈固定资产进行账务处理。

5. W 企业 2022 年在财产清查中发现盘亏机器设备一台，账面原值为 280 000 元，已提折旧额为 100 000 元。

要求：对 W 企业盘亏固定资产进行批准前和批准后的账务处理。

项目八
编制会计报表

学习目标

知识目标

1. 了解资产负债表的基本内容和结构。
2. 了解利润表的基本内容和结构。
3. 了解现金流量表的基本内容和结构。
4. 了解所有者权益变动表的基本内容和结构。

能力目标

1. 能够独立编制资产负债表。
2. 能够独立编制利润表。
3. 能够至少运用一种方法独立编制现金流量表。

素质目标

1. 加深对财务报表的理解。
2. 掌握财务报表的分析方法。
3. 具备评价企业经营成果和财务状况的能力。

项目描述

本章重点介绍了会计核算的基本方法——编制财务会计报告，使同学们了解财务会计报告的有关基本概念，掌握财务会计报告的基本编制方法。通过学习，同学们应了解财务会计报告的定义和作用，较为熟练地掌握利润表和资产负债表的基本编制方法。

任务一　认识财务会计报告

【任务导入】

公司老板想要到股市试试身手，他听说分析股票证券公司的财务报告和审计报告对于选股很重要。那么为什么要分析财务报告？要分析什么？要怎么进行分析呢？

【知识精编】

一、财务报告的定义与种类

(一)财务报告的定义

财务报告，是指企业对外提供的反映企业某一特定日期财务状况和某一会计期间经营成果、现金流量等会计信息的文件。财务报告的主要作用是向财务报告使用者提供真实、公允的信息，用于落实和考核企业领导人经济责任的履行情况，并有助于包括所有者在内的财务报告使用者的经济决策。我国《企业财务会计报告条例》规定：企业不得编制和对外提供虚假的或隐瞒重要事实的财务会计报告；企业负责人对本企业财务会计报告的真实性、完整性负责。

(二)财务报告的种类

在我国《企业财务会计报告条例》中规定：按照财务报表编报期间的不同，企业的财务会计报告可分为年度、半年度、季度和月度财务会计报告。月度、季度财务报告是指月度和季度终了提供的财务报告；半年度财务报告是指在每个会计年度的前6个月结束后对外提供的财务报告；年度财务报告是指年度终了对外提供的财务报告。其中将半年度、季度和月度财务报告统称为中期财务报告。

通常情况下，企业年度财务报告的会计期间是指公历每年的1月1日至12月31日；半年度财务报告的会计期间是指公历每年的1月1

日至6月30日或7月1日至12月31日；季度财务报告的会计期间是指公历每一季度；月度财务报告的会计期间则是指公历每月1日至最后一日。

二、财务报告的构成

财务报告的构成

关于财务报告应包括哪些内容，《企业会计准则——基本准则》第四十四条规定："财务会计报告包括会计报表及其附注和其他应当在财务会计报告中披露的相关信息和资料。"企业对外提供的财务报告的内容、会计报表种类和格式、会计报表附注的主要内容等，由会计准则规定；企业内部管理需要的会计报表，由企业自行规定。

（一）会计报表

根据《企业会计准则第30号——财务报表列报》的规定，财务报表是对企业财务状况、经营成果和现金流量的结构性表述。企业对外提供的财务报表至少包括：资产负债表、利润表、现金流量表、所有者权益（或股东权益）变动表和附注。

（二）会计报表附注

会计报表附注是对在资产负债表、利润表、现金流量表和所有者权益变动表等报表中列示的项目的文字描述或明细资料，以及对未能在这些报表中列示的项目的说明等。

（三）其他财务报告

其他财务报告的编制基础与方式可以不受会计准则的约束，提供的信息十分广泛，并且提供相关信息的形式灵活多样，包括定性信息和非会计信息等。根据现行国际惯例，其他财务报告的内容主要包括：管理当局的分析与讨论预测报告；物价变动影响报告；社会责任报告等。

三、财务报告的基本要求

（一）财务报告的质量要求

会计核算应当以实际发生的交易或事项为依据，如实反映企业的财务状况、经营成果和现金流量，这是对会计工作的基本要求。如果会计信息不能真实反映企业的实际情况，会计工作就失去了存在的意义，甚至会误导会计信息使用者，导致经济决策的失误。

企业应当按照《企业财务会计报告条例》的规定，编制和对外提供真实、完整的财务报告。

财务报告的真实性，是指企业财务报告要真实地反映经济业务的实际发生情况，不能人为地扭曲，以使企业财务报告使用者通过企业财务报告了解有关单位实际的财务状况、经营成果和现金流量。财务报告的完整性,是指提供的企业财务报告要符合规定的格式和内容,不得漏报或者任意取舍,以使企业财务报告使用者全面地了解有关单位的整体情况。

(二)财务报告的时间要求

会计信息的价值在于帮助所有者或其他方面的决策者做出经济决策,如果不能及时提供会计信息,经济环境发生了变化,时过境迁,这些信息也就失去了应有的价值,无助于经济决策。所以,企业的会计核算应当及时进行,不得提前或延后。

企业应当依照有关法律、行政法规规定的结账日进行结账。年度结账日为公历年度每年的 12 月 31 日;半年度、季度、月度结账日分别为公历年度每半年、每季、每月的最后一天。并且要求月度财务报告应当于月度终了后 6 天内(节假日顺延,下同)对外提供;季度财务报告应当于季度终了后 15 天内对外提供;半年度财务报告应当于年度中期结束后 60 天内(相当于两个连续的月份)对外提供;年度财务报告应当于年度终了后 4 个月内对外提供。

(三)财务报告的形式要求

企业对外提供的会计报表应当依次编定页数,加具封面,装订成册,加盖公章。封面上应当注明:企业名称、企业统一代码、组织形式、地址、报表所属年度或者月份、报出日期,并由企业负责人、主管会计工作的负责人和会计机构负责人(会计主管人员)签名并盖章;设置总会计师的企业,还应当由总会计师签名并盖章。

(四)财务报告的编制要求

在编制财务报告的过程中,应遵守下列关于财务报告编制的要求:

1. 企业在编制年度财务报告前,应当全面清查资产、核实债务,包括结算款项、存货、投资、固定资产、在建工程等。在年度中间,应根据具体情况,对各项财产物资和结算款项进行重点抽查、轮流清查或者定期清查。企业清查、核实后,应当将清查、核实的结果及其处理办法向企业的董事会或者相应机构报告,并根据国家统一的会计准则的规定进行相应的会计处理。

企业在编制财务报告前,除应当全面清查资产、核实债务外,还要做好结账和对账工作,并检查会计核算中可能存在的各种需要调整的情况。

2. 企业在编制财务报告时,应当按照国家统一的会计准则规定的会计报表格式和内容,根据登记完整、核对无误的会计账簿记录和其他有关资料编制会计报表，做到内容完整、数字真实、计算准确，不得漏报或者任意取舍。会计报表之间、会计报表各项目之间，凡有对应关系的数字，应当相互一致；会计报表中本期与上期的有关数字应当相互衔接。会计报表附注应当对会计报表中需要说明的事项做出真实、完整、清楚的说明。

【任务活动】

1. 绘制本任务的知识思维导图。

要求：形式不限，至少整理至“1.”级标题。

2. 提取并整理本任务中的术语。

3. 以小组为单位，讨论本任务“任务导入”中的问题。

任务二　编制资产负债表

【任务导入】

在企业中，资产负债表展示了企业在特定时间点的资产、负债和所有者权益的情况。就像我们整理个人财务信息以供银行审查一样，企业编制资产负债表以供外部利益相关者了解其财务状况。那么作为会计人员，我们该如何编制资产负债表呢？

【知识精编】

一、资产负债表的要求与格式

资产负债表属于静态报表，是反映企业在某一特定日期财务状况的报表，主要提供有关企业财务状况方面的信息。通过资产负债表，可以提供企业在某一特定日期的资产总额及其结构，表明企业拥有或控制的资源及其分布情况；可以提供企业在某一特定日期的负债总额及其结构，表明企业未来需要用多少资产或劳务清偿债务以及清偿时间；可以反映企业所有者在某一特定日期所拥有的权益，据以判断资本保值、增值的情况以及对负债的保障程度。

资产负债表一般有表首、正表两部分。其中，表首概括地说明报表名称、编制单位、报表日期、报表编号、货币名称、计量单位等。正表则列示了用以说明企业财务状况的各个项目，它一般有两种格式：报告式资产负债表和账户式资产负债表。报告式资产负债表是上下结构，上半部列示资产,下半部列示负债和所有者权益。具体排列形式又有两种:一是按"资产=负债+所有者权益"的原理排列;二是按"资产-负债=所有者权益"的原理排列。账户式资产负债表是左右结构,左边列示资产,右边列示负债和所有者权益。不管采取什么格式,资产各项目的合计等于负债和所有者权益各项目的合计这一等式不变。在我国,资产负债表采用账户式,资产负债表左右双方平衡,即资产总计等于负债和所有者权益总计。

在资产负债表中,资产按照其流动性分类分项列示,包括流动资产和非流动资产;负债按照其流动性分类分项列示,包括流动负债和非流动负债;所有者权益按照实收资本(股本)、资本公积、盈余公积、未分配利润等项目分项列示。

财政部于2018年6月发布了财会〔2018〕15号文,对一般企业财务报表格式进行了修订完善。本次修订包含两套财务报表格式,分别适用于尚未执行新金融工具准则和新收入准则的非金融企业和已执行新金融工具准则或新收入准则的非金融企业。

(一)尚未执行新金融工具准则和新收入准则的非金融企业

尚未执行新金融工具准则和新收入准则的非金融企业的资产负债表的基本格式和内容见表8-1。

表8-1　　资产负债表

编制单位:××公司　　2023年12月31日　　单位:元

资　产	年初数	期末数	负债和所有者权益(或股东权益)	年初数	期末数
流动资产:			流动负债:		
货币资金		1 406 300	短期借款		300 000
以公允价值计量且其变动计入当期损益的金融资产		15 000	以公允价值计量且其变动计入当期损益的金融负债		0
应收票据及应收账款	略	545 100	应付票据及应付账款	略	1 263 800
预付账款		100 000	预收款项		0
其他应收款		5 000	应付职工薪酬		110
存货		2 580 000	应交税费		0
持有待售资产		0	其他应付款		36 600
一年内到期的非流动资产		0	持有待售负债		50 000
其他流动资产		0	一年内到期的非流动负债		1 000
流动资产合计		4 651 400	其他流动负债		900 000
非流动资产:			流动负债合计		2 551 400
可供出售金融资产		0	非流动负债:		
持有至到期投资		0	长期借款		600 000
长期应收款		0	应付债券		0

续表

资　产	年初数	期末数	负债和所有者权益(或股东权益)	年初数	期末数
长期股权投资		250 000	长期应付款		0
投资性房地产		0	预计负债		0
固定资产		1 100 000	其他非流动负债		0
在建工程		1 500 000	非流动负债合计		600 000
无形资产		600 000	负债合计		3 151 400
开发支出		0	所有者权益(或股东权益):		
长期待摊费用		200 000	实收资本(或股本)		5 000 000
其他非流动资产		0	资本公积		0
非流动资产合计		3 650 000	盈余公积		100 000
			未分配利润		50 000
			所有者权益(或股东权益)合计		5 150 000
资产总计		8 301 400	负债和所有者权益(或股东权益)总计		8 301 400

新金融工具准则和新收入准则对于境内外同时上市的企业，以及在境外上市并采用国际财务报告准则或企业会计准则编制财务报告的企业于2018年1月1日起施行；其他境内的上市企业分别自2019年1月1日和2020年1月1日起施行；执行企业会计准则的非上市企业均自2021年1月1日起施行。允许提前执行。

(二)已执行新金融工具准则或新收入准则的非金融企业

已执行新金融工具准则或新收入准则的非金融企业资产负债表的基本格式和内容见表8—2。

表8—2　　　　资产负债表

编制单位:××公司　　　　2023年12月31日　　　　单位:元

资　产	年初数	期末数	负债和所有者权益(或股东权益)	年初数	期末数
流动资产:			流动负债:		
货币资金	略	1 406 300	短期借款	略	300 000
交易性金融资产		15 000	交易性金融负债		0
应收票据及应收账款		545 100	应付票据及应付账款		1 263 800
预付款项		100 000	预收款项		0
其他应收款		5 000	合同负债		0
存货		2 580 000	应付职工薪酬		0
合同资产		0	应交税费		0
持有待售资产		0	其他应付款		36 600
一年内到期的非流动资产		0	持有待售负债		50 000
其他流动资产		0	一年内到期的非流动负债		1 000
流动资产合计		4 651 400	其他流动负债		900 000
非流动资产:			流动负债合计		2 551 400

续表

资　产	年初数	期末数	负债和所有者权益(或股东权益)	年初数	期末数
债权投资		0	非流动负债：		
其他债权投资		0	长期借款		600 000
长期应收款		0	应付债券		0
长期股权投资		250 000	长期应付款		0
其他权益工具投资		0	预计负债		0
其他非流动金融资产		0	其他非流动负债		0
投资性房地产		0	非流动负债合计		600 000
固定资产		1 100 000	负债合计		3 151 400
在建工程		1 500 000	所有者权益(或股东权益)：		
无形资产		600 000	实收资本(或股本)		5 000 000
开发支出		0	资本公积		0
长期待摊费用		200 000	盈余公积		100 000
其他非流动资产		0	未分配利润		50 000
非流动资产合计		3 650 000	所有者权益(或股东权益)合计		5 150 000
资产总计		8 301 400	负债和所有者权益(或股东权益)总计		8 301 400

二、资产负债表的编制方法

(一)资产负债表中的“年初数”和“期末数”

《企业会计准则》规定：会计报表至少应当反映相关两个期间的比较数据。也就是说，企业需要提供比较资产负债表，所以，资产负债表各项目需要分为“年初数”和“期末数”两栏分别填列。

表中“年初数”栏内各项目的数字，应根据上年年末资产负债表“期末数”栏内所列数字填列。如果本年度资产负债表规定的各个项目的名称和内容同上年度不一致，应对上年年末资产负债表各项目的名称和数字按照本年度的规定进行调整，按调整后的数字填入本表“年初数”栏内。

“期末数”是指某一会计期末的数字，即月末、季末、半年末或年末的数字。资产负债表各项目“期末数”栏内的数字，可通过以下几种方式取得：

(1)根据总账余额直接填列。如“短期借款”“应收股利”等项目。

(2)根据总账余额计算填列。如“货币资金”项目，需要根据“库存现金”“银行存款”“其他货币资金”账户的期末余额合计数填列。

(3)根据明细账余额计算填列。如“应付票据及应付账款”项目，需要根据“应付票据及应付账款”“预付账款”账户所属相关明细账的期末贷方余额计算填列。

(4)根据总账和明细账余额分析计算填列。如“长期借款”项目,需要根据“长期借款”总账期末余额,扣除“长期借款”总账所属明细账中反映的、将于1年内到期且企业不能自主地将清偿义务展期的长期借款部分,分析计算填列。

(5)根据有关账户余额减去其备抵账户余额后的净额填列。如“无形资产”项目是用“无形资产”账户余额减去“累计摊销”和“无形资产减值准备”账户余额后的净额填列。

(6)综合运用上述填列方法分析填列。如“应付票据及应付账款”项目,应根据“应付票据”“应付账款”和“应收账款”账户所属各明细账户的期末借方余额合计数,减去“坏账准备”账户中有关应收账款计提的坏账准备期末余额后的金额填列。

(二)资产负债表中各项目的填列方法

(1)“货币资金”项目,反映企业库存现金、银行存款、外埠存款、银行汇票存款、银行本票存款、信用证保证金存款等的合计数。本项目应根据“库存现金”“银行存款”“其他货币资金”账户的期末余额合计填列。

(2)“以公允价值计量且其变动计入当期损益的金融资产”项目,反映企业购入的各种能随时变现、并准备随时变现的股票、债券和基金投资。本项目应根据“交易性金融资产”账户的期末余额填列。

(3)“交易性金融资产”项目,反映资产负债表日企业分类为以公允价值计量且其变动计入当期损益的金融资产,以及企业持有的直接指定为以公允价值计量且其变动计入当期损益的金融资产的期末账面价值。该项目应根据“交易性金融资产”账户的相关明细账户的期末余额分析填列。自资产负债表日起超过一年到期且预期持有超过一年的以公允价值计量且其变动计入当期损益的非流动金融资产的期末账面价值,在“其他非流动金融资产”行项目反映。

(4)“应收票据及应收账款”项目,反映资产负债表日以摊余成本计量的、企业因销售商品、提供服务等经营活动应收取的款项,以及收到的商业汇票,包括银行承兑汇票和商业承兑汇票。该项目应根据“应收票据”和“应收账款”账户的期末余额,减去“坏账准备”账户中相关坏账准备期末余额后的金额填列。“应收票据”项目应根据“应收票据”账户的期末余额填列,已向银行贴现和已背书转让的应收票据不包括在本项目内。“应收账款”项目应根据“应收账款”账户和“预收账款”账户所属各明细账的期末借方余额合计,减去“坏账准备”账户中有关应收账款计提的坏账准备期末余额后的金额填列。如“应收账款”账户所属明细账期末有贷方余额,应在本表“预收款项”项目内填列。

(5)“其他应收款”项目,反映企业除应收票据、应收账款、预付账款以外的应收和暂付其他单位和个人的款项,应根据“应收利息”“应收股利”“其他应收款”账户的期末余额合计数,减去“坏账准备”账户中相关坏账准备期末余额后的金额填列。“应收股利”项目,反映企业因股权投资而应收取的现金股利,企业应收其他单位的利润,也包括在本项目内,本项目应根据“应收股利”账户的期末余额填列。“应收利息”项目,反映企业因债权投资而应收取的利息,本项目应根据“应收利息”账户的期末余额填列。

(6)“预付款项”项目,反映企业预付给供应单位的款项。本项目应根据“预付账款”账户和“应付账款”账户所属各明细账的期末借方余额合计,减去“坏账准备”账户中有关预付账款计提的坏账准备期末余额后的金额填列。如“预付账款”账户所属有关明细账期末有贷方余额的,应在本表“应付账款”项目内填列。

(7)“存货”项目,反映企业期末库存、在途和加工中的各项存货的价值,包括各种材料、商品、在产品、半成品、包装物、低值易耗品等。本项目应根据“在途物资”(或“材料采购”)、“原材料”“库存商品”“周转材料”“委托加工物资”“生产成本”等账户的期末余额合计,减去“存货跌价准备”账户期末余额后的金额填列。原材料采用计划成本核算的企业,还应按加或减材料成本差异后的金额填列,

(8)“持有待售资产”项目,反映资产负债表日划分为持有待售类别的非流动资产及划分为持有待售类别的处置组中流动资产和非流动资产的期末账面价值。本项目应根据“持有待售资产”账户的期末余额,减去“持有待售资产减值准备”账户的期末余额后的金额填列。

(9)“其他流动资产”项目,反映企业除以上流动资产项目外的其他流动资产,本项目应根据有关账户的期末余额填列。如其他流动资产价值较大,应在会计报表附注中披露其内容和金额。

(10)“可供出售金融资产”项目,反映企业持有的可供出售金融资产的净值。本项目应根据“可供出售金融资产”账户的期末余额,减去“可供出售金融资产减值准备”账户余额后的金额填列。

(11)“债权投资”项目,反映资产负债表日企业以摊余成本计量的长期债权投资的期末账面价值。该项目应根据“债权投资”账户的相关明细账户期末余额,减去“债权投资减值准备”账户中相关减值准备的期末余额后的金额分析填列。自资产负债表日起一年内到期的长期债权投资的期末账面价值,在“1 年内到期的非流动资产”行项目反映。

企业购入的以摊余成本计量的1年内到期的债权投资的期末账面价值，在“其他流动资产”行项目反映。

(12)“持有至到期投资”项目，反映企业所拥有的期限在1年以上而且到期日确定的债权性投资的净值。本项目应根据“持有至到期投资”账户的期末余额，减去“持有至到期投资减值准备”账户的余额后填列。

(13)“其他债权投资”项目，反映资产负债表日企业分类为以公允价值计量且其变动计入其他综合收益的长期债权投资的期末账面价值。该项目应根据“其他债权投资”账户的相关明细账户期末余额分析填列。自资产负债表日起1年内到期的长期债权投资的期末账面价值，在“1年内到期的非流动资产”行项目反映。企业购入的以公允价值计量且其变动计入其他综合收益的1年内到期的债权投资的期末账面价值，在“其他流动资产”行项目反映。

(14)“长期应收款”项目，反映企业应收期限在1年以上的款项。本项目应根据“长期应收款”账户的期末余额减去相应的“未实现融资收益”账户期末余额和“坏账准备”账户期末余额，再减去所属相关明细账中将于1年内到期部分后的金额进行填列。

(15)“长期股权投资”项目，反映企业不准备在1年内(含1年)变现的各种股权性质投资的可收回金额。本项目应根据“长期股权投资”账户的期末余额，减去“长期股权投资减值准备”账户余额后的金额填列。

(16)“其他权益工具投资”项目，反映资产负债表日企业指定为以公允价值计量且其变动计入其他综合收益的非交易性权益工具投资的期末账面价值。该项目应根据“其他权益工具投资”账户的期末余额填列。

(17)“投资性房地产”项目，反映企业拥有的用于出租的建筑物和土地使用权的金额。本项目应根据“投资性房地产”账户的期末余额填列。

(18)“固定资产”项目，反映资产负债表日企业固定资产的期末账面价值和企业尚未清理完毕的固定资产清理净损益。该项目应根据“固定资产”账户的期末余额，减去“累计折旧”和“固定资产减值准备”账户的期末余额后的金额以及“固定资产清理”账户的期末余额填列。“固定资产清理”项目，反映企业因出售、毁损、报废等原因转入清理但尚未清理完毕的固定资产的账面价值，与固定资产清理过程中所发生的清理费用和变价收入等各项金额的差额。

(19)“在建工程”项目，反映资产负债表日企业尚未达到预定可使用状态的在建工程的期末账面价值和企业为在建工程准备的各种物资的期末账面价值。该项目应根据“在建工程”账户的期末余额，减去“在建工程减值准备”账户的期末余额后的金额，以及“工程物资”账户的期末余额，减去“工程物资减值准备”账户的期末余额后的金额填列。

(20)“无形资产”项目，反映企业各项无形资产的期末可收回金额。本项目应根据“无形资产”账户的期末余额，减去“累计摊销”和“无形资产减值准备”账户期末余额后的金额填列。

(21)“研发支出”项目，反映企业自行研究开发的无形资产在期末尚未完成开发阶段的无形资产的价值。本项目应根据“研发支出”账户的期末余额填列。

(22)“长期待摊费用”项目，反映企业尚未摊销的摊销期限在1年以上(不含1年)的各种费用。如租入固定资产改良支出、摊销期限在1年以上(不含1年)的其他待摊费用。本项目应根据“长期待摊费用”账户的期末余额填列。

(23)“其他非流动资产”项目，反映企业除以上资产以外的其他长期资产。本项目应根据有关账户的期末余额填列。如其他非流动资产价值较大，应在会计报表附注中披露其内容和金额。“短期借款”项目，反映企业借入尚未归还的1年期以下(含1年)的借款。本项目应根据“短期借款”账户的期末余额填列。

(24)“以公允价值计量且其变动计入当期损益的金融负债”项目，反映企业承担的以公允价值计量且其变动计入当期损益的为交易目的持有的金融负债。本项目应根据“交易性金融负债”账户的期末余额填列。

(25)“交易性金融负债”项目，反映资产负债表日企业承担的交易性金融负债，以及企业持有的直接指定为以公允价值计量且其变动计入当期损益的金融负债的期末账面价值。该项目应根据“交易性金融负债”账户的相关明细科目的期末余额填列。

(26)“应付票据及应付账款”项目，反映资产负债表日企业因购买材料、商品和接受服务等经营活动应支付的款项，以及开出、承兑的商业汇票，包括银行承兑汇票和商业承兑汇票。该项目应根据“应付票据”账户的期末余额，以及“应付账款”和“预付账款”账户所属的相关明细账户的期末贷方余额合计数填列。“应付票据”项目应根据“应付票据”账户的期末余额填列。“应付账款”项目应根据“应付账款”账户和“预付账款”账户所属各有关明细账的期末贷方余额合计填列。如“应付账款"账户所属各明细账期末有借方余额,应在本表"预付款项"项目内填列。

(27)"预收款项"项目,反映企业预收购买单位的账款。本项目应根据"预收账款"和"应收账款"账户所属各有关明细账户的期末贷方余额合计填列。如"预收账款"账户所属有关明细账户有借方余额的,应在本表"应收账款"项目内填列。

(28)"应付职工薪酬"项目,反映企业应付未付的职工薪酬。应付职工薪酬包括应付职工的工资、奖金、津贴和补贴、职工福利费和医疗保险费、养老保险费等各种保险费以及住房公积金等。本项目应根据"应付职工薪酬"账户期末贷方余额填列。如根据"应付职工薪酬"账户期末借方余额填列。

(29)"应交税费"项目,反映企业期末未交、多交或未抵扣的各种税金和其他费用。本项目应根据"应交税费"账户的期末贷方余额填列。如"应交税费"账户期末为借方余额,以"-"号填列。

(30)"其他应付款"项目,应根据"应付利息""应付股利""其他应付款"账户的期末余额合计数填列。"其他应付款"项目,反映企业除应付票据、应付账款、应付工资、应付利润等以外的应付和暂收其他单位和个人的款项。本项目应根据"其他应付款"账户的期末余额填列。"应付股利"项目,反映企业尚未支付的现金股利。本项目应根据"应付股利"账户的期末余额填列。

(31)"持有待售负债"项目,反映资产负债表日处置组中与划分为持有待售类别的资产直接相关的负债的期末账面价值。本项目应根据"持有待售负债"账户的期末余额填列。

(32)"其他流动负债"项目,反映企业除以上流动负债以外的其他流动负债。本项目应根据有关账户的期末余额填列。如其他流动负债价值较大,应在会计报表附注中披露其内容及金额。

(33)"长期借款"项目,反映企业借入尚未归还的1年期以上(不含1年)的借款本息。本项目应根据"长期借款"账户的期末余额填列。

(34)"应付债券"项目,反映企业发行的尚未偿还的各种长期债券的本息。本项目应根据"应付债券"账户的期末余额填列。

(35)"长期应付款"项目,反映资产负债表日企业除长期借款和应付债券以外的其他各种长期应付款项的期末账面价值。该项目应根据"长期应付款"账户的期末余额,减去相关的"未确认融资费用"账户的期末余额,再减去所属相关明细账中将于1年内到期部分后的金额,以及"专项应付款"账户的期末余额填列。其中,"专项应付款"项目,反映企业取得的政府作为企业所有者投入的具有专项或特定用途的款项，本项目应根据“专项应付款”账户的期末余额填列。

(36)“预计负债”项目，反映企业确认的对外提供担保、未决诉讼、产品质量保证等事项的预计负债的期末余额。本项目应根据“预计负债”账户的期末余额填列。

(37)“其他非流动负债”项目，反映企业除以上非流动负债项目以外的其他非流动负债。本项目应根据有关账户的期末余额填列。如其他非流动负债价值较大的，应在会计报表附注中披露其内容和金额。

上述非流动负债各项目中将于 1 年内(含 1 年)到期的负债，应在“1 年内到期的非流动负债”项目内单独反映。上述非流动负债各项目均应根据有关账户期末余额减去将于 1 年内(含 1 年)到期的非流动负债后的金额填列。

(38)“合同资产”和“合同负债”行项目。企业应按照《企业会计准则第 14 号——收入》(2017 年修订)的相关规定，根据本企业履行履约义务与客户付款之间的关系在资产负债表中列示合同资产或合同负债。“合同资产”项目、“合同负债”项目，应分别根据“合同资产”账户、“合同负债”账户的相关明细账户期末余额分析填列，同一合同下的合同资产和合同负债应当以净额列示，其中净额为借方余额的，应当根据其流动性在“合同资产”或“其他非流动资产”项目中填列，已计提减值准备的，还应减去“合同资产减值准备”账户中相关的期末余额后的金额填列；其中净额为贷方余额的，应当根据其流动性在“合同负债”或“其他非流动负债”项目中填列。

按照《企业会计准则第 14 号——收入》(2017 年修订)的相关规定确认为资产的合同取得成本，应当根据“合同取得成本”账户的明细账户初始确认时摊销期限是否超过 1 年或一个正常营业周期，在“其他流动资产”或“其他非流动资产”项目中填列，已计提减值准备的，还应减去“合同取得成本减值准备”账户中相关的期末余额后的金额填列。

按照《企业会计准则第 14 号——收入》(2017 年修订)的相关规定确认为资产的合同履约成本，应当根据“合同履约成本”账户的明细账户初始确认时摊销期限是否超过 1 年或一个正常营业周期，在“存货”或“其他非流动资产”项目中填列，已计提减值准备的，还应减去“合同履约成本减值准备”账户中相关的期末余额后的金额填列。

按照《企业会计准则第 14 号——收入》(2017 年修订)的相关规定确认为资产的应收退货成本，应当根据“应收退货成本”账户是否在 1 年或一个正常营业周期内出售，在“其他流动资产”或“其他非流动资产”项目中填列。

按照《企业会计准则第 14 号——收入》(2017 年修订)的相关规定确认为预计负债的应付退货款,应当根据“预计负债”账户下的“应付退货款”明细账户是否在 1 年或一个正常营业周期内清偿,在“其他流动负债”或“预计负债”项目中填列。

(39)“实收资本(或股本)”项目,反映企业各投资者实际投入的资本(或股本)总额。本项目应根据“实收资本(或股本)”账户的期末余额填列。

(40)“资本公积”项目,反映企业资本公积的期末余额。本项目应根据“资本公积”账户的期末余额填列。

(41)“盈余公积”项目,反映企业盈余公积的期末余额。本项目应根据“盈余公积”账户的期末余额填列。

(42)“未分配利润”项目,反映企业尚未分配的利润。本项目应根据“本年利润”账户和“利润分配”账户的余额计算填列。未弥补的亏损,在本项目内以“—”号填列。

【例 8—1】 星海实业股份有限公司 2023 年 12 月 31 日全部总账和有关明细账余额见表 8—3。

表 8—3　　**总账和有关明细账余额表**　　单位:元

总账	明细账户	借方余额	贷方余额	总账	明细账户	借方余额	贷方余额
库存现金		20 000		短期借款			1 200 000
银行存款		300 000		应付账款			200 000
交易性金融资产		280 000			F 企业		140 000
应收账款		460 000			H 企业	100 000	
	A 企业	200 000			W 企业		160 000
	B 企业		40 000	预收账款			20 000
	C 企业	300 000			U 企业		80 000
预付账款		94 000			V 企业	60 000	
	D 企业	100 000		其他应付款			180 000
	E 企业		6 000	应付职工薪酬			694 000
其他应收款		160 000		应交税费			1 200 000
原材料		540 000		应付股利			460 000
生产成本		160 000		长期借款			1 280 000
库存商品		440 000		实收资本			5 600 000
长期股权投资		4 540 000		盈余公积			1 480 585
固定资产		14 000 000		利润分配	未分配利润		9 190 145
累计折旧			1 200 000				
无形资产		1 630 730					
长期待摊费用		80 000					

假定星海实业股份有限公司为尚未执行新金融工具准则和新收入准则的非金融企业。根据上述资料，编制该公司2023年12月31日的资产负债表，见表8—4。

表8—4 **资产负债表** 会企01表

编制单位：星海实业股份有限公司 2023年12月31日 单位：元

资　产	期末数	负债和所有者权益（或股东权益）	期末数
流动资产：		流动负债：	
货币资金	320 000	短期借款	1 200 000
以公允价值计量且其变动计入当期损益的金融资产	280 000	应付票据及应付账款	306 000
应收票据及应收账款	560 000	预收款项	120 000
预付款项	200 000	其他应付款	640 000
其他应收款	160 000	应付职工薪酬	694 000
存货	1 140 000	应交税费	1 200 000
其他流动资产		其他流动负债	
流动资产合计	2 660 000	流动负债合计	4 160 000
非流动资产：		非流动负债：	
长期股权投资	4 540 000	长期借款	1 280 000
固定资产	12 800 000	应付债券	
在建工程		长期应付款	
无形资产	1 630 730	非流动负债合计	1 280 000
长期待摊费用	80 000	负债合计	5 440 000
其他非流动资产		所有者权益（或股东权益）：	
非流动资产合计	19 050 730	实收资本（或股本）	5 600 000
		资本公积	
		盈余公积	1 480 585
		未分配利润	9 190 145
		所有者权益（或股东权益）合计	16 270 730
资产总计	21 710 730	负债和所有者权益（或股东权益）总计	21 710 730

【任务活动】

1. 绘制本任务的知识思维导图。

要求：形式不限，至少整理至“1.”级标题。

2. 提取并整理本任务中的术语。

3. 以小组为单位，讨论本任务“任务导入”中的问题。

任务三　编制利润表

【任务导入】

利润表是一种财务报表，展示了企业在特定时期内的销售收入、成本和利润情况，通过准确计算销售收入和成本，我们可以清晰地了解经营活动的盈利水平，为制定未来的经营策略提供有力依据。那么利润表该如何编制呢？

【知识精编】

一、利润表的要求与格式

利润表属于动态报表，是反映企业在一定会计期间经营成果的报表，主要提供有关企业经营成果方面的信息。通过利润表，可以反映企业一定会计期间的收入实现情况和费用耗费情况；可以反映企业一定会计期间生产经营活动的成果，据以判断资本保值、增值情况。

一般情况下，利润表主要反映以下几方面的内容：

（1）构成营业利润的各项要素。从营业收入出发，减去营业成本、税金及附加、销售费用、管理费用、财务费用等项目后得出营业利润。

（2）构成利润总额的各项要素。在营业利润的基础上，加上营业外收入、减去营业外支出等项目后得出。

（3）构成净利润的各项要素。在利润总额的基础上，减去所得税费用后得出。

利润表一般有表首、正表两部分。其中，表首概括地说明报表名称、编制单位、报表所属期间、报表编号、货币名称、计量单位等；正表反映形成经营成果的各个项目和计算过程。

利润表正表的格式一般有两种：单步式利润表和多步式利润表。单步式利润表是将当期所有的收入列在一起，然后将所有的费用列在一起，两者相减得出当期净利润。多步式利润表是通过对当期的收入、费用、支出项目按性质或功能加以归类，按利润形成的主要环节列示一些中间性利润指标，如营业利润、利润总额、净利润，分步计算当期净利润。在我国，利润表一般采用多步式。

(一)尚未执行新金融工具准则和新收入准则的非金融企业

尚未执行新金融工具准则和新收入准则的非金融企业的利润表的基本格式和内容见表 8—5。

表 8—5 **利润表** 会企 02 表

编制单位：××公司 2023 年度 单位：元

项　目	本期数	上期数
一、营业收入	1 250 000	
减：营业成本	750 000	
税金及附加	2 000	
销售费用	20 000	
管理费用	158 000	
研发费用	0	
财务费用	41 500	
其中：利息费用	41 500	
利息收入	0	
资产减值损失	0	
加：其他收益	0	
投资收益	31 500	
公允价值变动收益	0	
资产处置收益	0	略
二、营业利润	310 000	
加：营业外收入	82 000	
减：营业外支出	54 700	
三、利润总额	337 300	
减：所得税费用	84 325	
四、净利润	252 975	
(一)持续经营净利润		
(二)终止经营净利润		
五、其他综合收益的税后净额		

续表

项　目	本期数	上期数
(一)以后不能重分类进损益的其他综合收益		
1.重新计量设定受益计划变动额		
2.权益法下不能转损益的其他综合收益		
(二)以后将重分类进损益的其他综合收益		
1. 权益法下可转损益的其他综合收益		
2. 可供出售金融资产公允价值变动损益		
3. 持有至到期投资重分类为可供出售金融资产损益		
4. 现金流量套期损益的有效部分		
5. 外币财务报表折算差额		
六、综合收益总额		
七、每股收益		
(一)基本每股收益		
(二)稀释每股收益		

(二)已执行新金融工具准则和新收入准则的非金融企业

已执行新金融工具准则和新收入准则的非金融企业的利润表的基本格式和内容见表 8—6。

表 8—6　　**利润表**　　会企 02 表

编制单位:××公司　　2023 年度　　单位:元

项　目	本期数	上期数
一、营业收入	1 250 000	
减:营业成本	750 000	
税金及附加	2 000	
销售费用	20 000	
管理费用	158 000	
研发费用	0	
财务费用	41 500	
其中:利息费用	41 500	
利息收入	0	
资产减值损失	0	

续表

项　目	本期数	上期数
信用减值损失	0	
加：其他收益	0	
投资收益	31 500	
净敞口套期收益	0	
公允价值变动收益	0	
资产处置收益	0	
二、营业利润	310 000	
加：营业外收入	82 000	
减：营业外支出	54 700	
三、利润总额	337 300	
减：所得税费用	84 325	
四、净利润	252 975	
（一）持续经营净利润		
（二）终止经营净利润		
五、其他综合收益的税后净额		
（一）以后不能重分类进损益的其他综合收益		
1. 重新计量设定受益计划变动额		
2. 权益法下不能转损益的其他综合收益		
3. 其他权益工具投资公允价值变动		
4. 企业自身信用风险公允价值变动		
（二）以后将重分类进损益的其他综合收益		
1. 权益法下可转损益的其他综合收益		
2. 其他债权投资公允价值变动		
3. 金融资产重分类计入其他综合收益的金额		
4. 其他债权投资信用减值准备		
5. 现金流量套期储备		
6. 外币财务报表折算差额		
六、综合收益总额		
七、每股收益		
（一）基本每股收益		
（二）稀释每股收益		

二、利润表的编制方法

（一）利润表中的“本期数”与“上期数”

《企业会计准则》规定：会计报表至少应当反映相关两个期间的比较数据。也就是说，企业需要提供比较利润表，所以，利润表各项目需要分为“本期数”和“上期数”两栏分别填列。

利润表中“本期数”栏反映各项目的本期实际发生数。在编报某月、某季度、某半年利润表时，填列上年同期实际发生数；在编报年度利润表时，填列上年全年实际发生数。如果上年度利润表与本年度利润表的项目名称和内容不相一致，应对上年度利润表项目的名称和数字按本年度的规定进行调整，填入本表“上期数”栏。

（二）利润表中各项目的填列方法

利润表中各项目的金额，一般是根据有关账户的本期发生额来填列的。“本期数”栏内各项数字，根据以下方法填列：

（1）“营业收入”项目，反映企业经营主要业务和其他业务所取得的收入总额。本项目应根据“主营业务收入”账户和“其他业务收入”账户的发生额合计分析填列。

（2）“营业成本”项目，反映企业经营主要业务和其他业务发生的实际成本总额。本项目应根据“主营业务成本”账户和“其他业务成本”账户的发生额合计分析填列。

（3）“税金及附加”项目，反映企业经营业务应负担的消费税、城市维护建设税、资源税、教育费附加及房产税、城镇土地使用税、车船税、印花税等。本项目应根据“税金及附加”账户的发生额分析填列。

（4）“销售费用”项目，反映企业在销售商品过程中发生的包装费、广告费等费用以及为销售本企业商品而专设的销售机构的职工薪酬、业务费等经营费用。本项目应根据“销售费用”账户的发生额分析填列。

（5）“管理费用”项目，反映企业为组织和管理生产经营发生的管理费用。本项目应根据“管理费用”账户的发生额扣除“研发费用”明细科目的发生额填列。

（6）“研发费用”项目，反映企业进行研究与开发过程中发生的费用化支出。该项目应根据“管理费用”账户下的“研发费用”明细账户的发生额分析填列。

（7）“财务费用”项目，反映企业为筹集生产经营所需资金而发生的利息支出等。本项目应根据“财务费用”账户的发生额分析填列。

其中:“利息费用”行项目,反映企业为筹集生产经营所需资金等而发生的应予费用化的利息支出。该项目应根据“财务费用”账户的相关明细账户的发生额分析填列。“利息收入”行项目,反映企业确认的利息收入。该项目应根据“财务费用”账户的相关明细账户的发生额分析填列。

(8)“资产减值损失”项目,反映企业因资产减值而发生的损失。本项目应根据“资产减值损失”账户的发生额分析填列。

(9)“信用减值损失”项目,反映企业按照《企业会计准则第22号——金融工具确认和计量》(2017年修订)的要求计提的各项金融工具减值准备所形成的预期信用损失。该项目应根据“信用减值损失”账户的发生额分析填列。

(10)“其他收益”项目,反映计入其他收益的政府补助等。该项目应根据在损益类账户新设置的“其他收益”账户的发生额分析填列。

(11)“投资收益”项目,反映企业以各种方式对外投资所取得的净收益。本项目应根据“投资收益”账户的发生额分析填列,如为投资净损失,以“-”号填列。

(12)“净敞口套期收益”项目,反映净敞口套期下被套期项目累计公允价值变动转入当期损益的金额或现金流量套期储备转入当期损益的金额,该项目应根据“净敞口套期损益”账户的发生额分析填列,如为套期损失,以“-”号填列。

(13)“公允价值变动收益”项目,反映企业资产因公允价值变动而发生的损益。本项目应根据“公允价值变动损益”账户的发生额分析填列,如为净损失,以“-”号填列。

(14)“资产处置收益”项目,反映企业出售划分为持有待售的非流动资产(金融工具、长期股权投资和投资性房地产除外)或处置时确认的处置利得或损失,以及处置未划分为持有待售的固定资产、在建工程、生产性生物资产及无形资产而产生的处置利得或损失。债务重组中因处置非流动资产产生的利得或损失和非货币性资产交换产生的利得或损失也包括在本项目内。本项目应根据在损益类账户新设置的“资产处置收益”账户的发生额分析填列,如为处置损失,以“-”号填列。

(15)“营业外收入”项目,反映企业发生的营业利润以外的收益,主要包括债务重组利得、与企业日常活动无关的政府补助、盘盈利得、捐赠利得(企业接受股东或股东的子公司直接或间接的捐赠,经济实质属于股东对企业的资本性投入的除外）等。本项目应根据“营业外收入”账户的发生额分析填列。

（16）“营业外支出”项目，反映企业发生的营业利润以外的支出，主要包括债务重组损失、公益性捐赠支出、非常损失、盘亏损失、非流动资产毁损报废损失等。本项目应根据“营业外支出”账户的发生额分析填列。

（17）“所得税费用”项目，反映企业按规定从本期利润总额中减去的所得税。本项目应根据“所得税费用”账户的发生额分析填列。

（18）“净利润”项目，反映企业实现的净利润。如为净亏损，以“－”号填列。

“持续经营净利润”和“终止经营净利润”行项目，分别反映净利润中与持续经营相关的净利润和与终止经营相关的净利润；如为净亏损，以“－”号填列。这两个项目应按照《企业会计准则第42号——持有待售的非流动资产、处置组和终止经营》的相关规定分别列报。

（19）“基本每股收益”和“稀释每股收益”项目，反映企业根据每股收益准则计算的两种每股收益指标的金额。

（20）“其他综合收益”和“综合收益总额”项目。“其他综合收益”反映企业未在当期损益中确认的各项利得和损失扣除所得税影响后的净额。“综合收益总额”反映净利润和其他综合收益扣除所得税影响后的净额相加后的合计数额。“其他综合收益”项目根据有关账户的明细发生额分析计算填列，“综合收益总额”项目根据本表中相关项目计算填列。

（21）“其他权益工具投资公允价值变动”项目，反映企业指定为以公允价值计量且其变动计入其他综合收益的非交易性权益工具投资发生的公允价值变动。该项目应根据“其他综合收益”账户的相关明细账户的发生额分析填列。

（22）“企业自身信用风险公允价值变动”项目，反映企业指定为以公允价值计量且其变动计入当期损益的金融负债，以及由企业自身信用风险变动引起的公允价值变动而计入其他综合收益的金额。该项目应根据“其他综合收益”账户的相关明细账户的发生额分析填列。

（23）“其他债权投资公允价值变动”项目，反映企业分类为以公允价值计量且其变动计入其他综合收益的债权投资发生的公允价值变动。企业将一项以公允价值计量且其变动计入其他综合收益的金融资产重分类为以摊余成本计量的金融资产，或重分类为以公允价值计量且其变动计入当期损益的金融资产时，之前计入其他综合收益的累计利得或损失从其他综合收益中转出的金额作为该项目的减项。该项目应根据“其他综合收益”账户下的相关明细账户的发生额分析填列。

(24)“金融资产重分类计入其他综合收益的金额”项目，反映企业将一项以摊余成本计量的金融资产重分类为以公允价值计量且其变动计入其他综合收益的金融资产时，计入其他综合收益的原账面价值与公允价值之间的差额。该项目应根据“其他综合收益”账户下的相关明细账户的发生额分析填列。

(25)“其他债权投资信用减值准备”项目，反映企业按照《企业会计准则第 22 号——金融工具确认和计量》(2017 年修订)第十八条分类为以公允价值计量且其变动计入其他综合收益的金融资产的损失准备。该项目应根据“其他综合收益”账户下的“信用减值准备”明细账户的发生额分析填列。

(26)“现金流量套期储备”项目，反映企业套期工具产生的利得或损失中属于套期有效的部分。该项目应根据“其他综合收益”账户下的“套期储备”明细账户的发生额分析填列。

【例 8—2】 星海实业股份有限公司 2023 年的有关收入、费用类账户的发生额资料如下：

主营业务收入	2 400 000 元
主营业务成本	1 360 000 元
税金及附加	80 000 元
管理费用	192 000 元
财务费用	48 000 元
销售费用	120 000 元
投资收益	160 000 元
营业外收入	30 000 元
营业外支出	19 000 元
其他业务收入	180 000 元
其他业务成本	100 000 元
所得税费用	212 750 元

该公司 2022 年的利润表中的有关数据见表 8—7。

表 8—7 **利润表** 会企 02 表

编制单位：星海实业股份有限公司 2022 年 单位：元

项　目	本期数	上期数
一、营业收入	2 150 000	

续表

项　目	本期数	上期数
减:营业成本	940 000	
税金及附加	150 000	
销售费用	130 000	
管理费用	154 000	
研发费用	0	
财务费用	86 000	
资产减值损失		
加:其他收益	0	略
投资收益	120 000	
公允价值变动收益	0	
资产处置收益	0	
二、营业利润	810 000	
加:营业外收入	45 000	
减:营业外支出	14 500	
三、利润总额	840 500	
减:所得税费用	210 125	
四、净利润	630 375	

假定星海实业股份有限公司为尚未执行新金融工具准则和新收入准则的非金融企业,根据上述2022年利润表及2023年有关资料,编制2023年利润表,见表8—8。

表8—8　　**利润表**　　会企02表

编制单位:星海实业股份有限公司　　2023年　　单位:元

项　目	本期数	上期数
一、营业收入	2 580 000	2 150 000
减:营业成本	1 460 000	940 000
税金及附加	80 000	150 000
销售费用	120 000	130 000
管理费用	192 000	154 000
研发费用	0	0
财务费用	48 000	86 000

续表

项　目	本期数	上期数
资产减值损失	0	0
加：其他收益	0	0
投资收益	160 000	120 000
公允价值变动收益	0	0
净敞口套期收益	0	0
资产处置收益	0	0
二、营业利润	840 000	810 000
加：营业外收入	30 000	45 000
减：营业外支出	19 000	14 500
三、利润总额	851 000	840 500
减：所得税费用	212 750	210 125
四、净利润	638 250	630 375

【任务活动】

1. 绘制本任务的知识思维导图。

要求：形式不限，至少整理至“1.”级标题。

2. 提取并整理本任务中的术语。

3. 以小组为单位，讨论本任务“任务导入”中的问题。

任务四　编制现金流量表

【任务导入】

企业编制的现金流量表是了解资金流动情况的关键工具。通过准确追踪现金流入和流出的情况，我们可以更好地规划预算、管理风险，为未来的支出和投资做出明智决策。那么我们该如何编制现金流量表？

【知识精编】

现金流量表的定义及内容

一、现金流量表的定义及内容

现金流量表是反映企业一定会计期间现金及现金等价物流入和流

出情况的报表，属于动态报表。企业编制现金流量表是为会计报表使用者提供企业一定会计期间内现金和现金等价物流入和流出的信息，以便于会计报表使用者了解和评价企业获取现金和现金等价物的能力，并据以预测企业未来现金流量。所以，现金流量表在评价企业经营业绩，衡量企业财务资源和财务风险以及预测企业未来前景方面，有着十分重要的作用。现金流量表有助于评价企业支付能力、偿债能力和周转能力；有助于预测企业未来现金流量；有助于分析企业收益质量及影响现金净流量的因素。

在现金流量表中，企业应当按照经营活动、投资活动和筹资活动的现金流量分类分项列示。经营活动的现金流量应当按照其经营活动的现金流入和流出的性质分项列示；投资活动的现金流量应当按照其投资活动的现金流入和流出的性质分项列示；筹资活动的现金流量应当按照其筹资活动的现金流入和流出的性质分项列示。

（一）经营活动产生的现金流量

经营活动是指企业投资活动和筹资活动以外的所有交易和事项，即除投资活动和筹资活动以外的所有交易和事项，都可归属于经营活动。对于工商企业而言，经营活动主要包括销售商品、提供劳务、购买商品、接受劳务、支付税费等。

通常情况下，经营活动产生的现金流入项目主要有销售商品、提供劳务收到的现金，收到的税费返还，收到的其他与经营活动有关的现金。经营活动产生的现金流出项目主要有购买商品、接受劳务支付的现金，支付给职工以及为职工支付的现金，支付的各项税费，支付的其他与经营活动有关的现金。

（二）投资活动产生的现金流量

投资活动是指企业长期资产的购建和不包括在现金等价物范围内的投资及其处置活动。

通常情况下，投资活动产生的现金流入项目主要有收回投资所收到的现金，取得投资收益所收到的现金，处置固定资产、无形资产和其他长期资产所收回的现金净额，收到的其他与投资活动有关的现金。投资活动产生的现金流出项目主要有：购建固定资产、无形资产和其他长期资产所支付的现金，投资所支付的现金，支付的其他与投资活动有关的现金。

（三）筹资活动产生的现金流量

筹资活动是指导致企业资本及债务规模和构成发生变化的活动。通常情况下，筹资活动产生的现金流入项目主要有吸收投资所收到的现金，取得借款所收到的现金，收到的其他与筹资活动有关的现金。筹资活动产生的现金流出项目主要有偿还债务所支付的现金，分配股利、利润或偿付利息所支付的现金，支付的其他与筹资活动有关的现金。

需要注意的是，对于企业日常活动之外特殊的、不经常发生的特殊项目，如自然灾害损失、保险赔款、捐赠等，企业应当将其归并到相关类别中单独反映。

二、现金流量表的编制基础

现金流量表是以现金及现金等价物为基础编制的，这里的现金包括库存现金、可以随时用于支付的存款。具体包括以下内容：

（一）库存现金

库存现金是指企业持有的、可随时用于支付的现金。

（二）银行存款

银行存款是指企业存在金融企业、随时可以用于支付的存款。它与银行存款账户核算的银行存款基本一致，主要的区别是编制现金流量表所指的银行存款是可以随时用于支付的银行存款，如结算户存款、通知存款等。

（三）其他货币资金

其他货币资金是指企业存在金融企业有特定用途的资金，也就是其他货币资金账户核算的银行存款，如外埠存款、银行汇票存款、银行本票存款、信用证保证金存款、在途货币资金等。

（四）现金等价物

现金等价物是指企业持有的期限短、流动性强、易于转换为已知金额的现金、价值变动风险很小的投资。这一定义本身包含了判断一项投资是否属于现金等价物的 4 个条件，即期限短、流动性强、易于转换为已知金额的现金、价值变动风险较小。其中，期限短、流动性强，强调了变现能力，而易于转换为已知金额的现金、价值变动风险较小，则强调了支付能力。

三、现金流量表的格式

现金流量表分为两部分，第一部分为表首，第二部分为正表。

表首概括地说明报表名称、编制单位、报表所属年度、报表编号、货币名称、计量单位等。

正表反映现金流量表的各项目内容。正表有五项：一是经营活动产生的现金流量；二是投资活动产生的现金流量；三是筹资活动产生的现金流量；四是汇率变动对现金的影响；五是现金及现金等价物净增加额。其中，经营活动产生的现金流量，是按直接法编制的。

现金流量表的基本格式见表8—9。

表8—9　　**现金流量表**　　会企03表

编制单位：××公司　　2×23年　　单位：元

项　目	行　次	金　额
一、经营活动产生的现金流量：		
销售商品、提供劳务收到的现金	1	1 342 500
收到的税费返还	3	0
收到的其他与经营活动有关的现金	8	0
现金流入小计	9	1 342 500
购买商品、接受劳务支付的现金	10	392 266
支付给职工以及为职工支付的现金	12	300 000
支付的各项税费	13	204 399
支付的其他与经营活动有关的现金	18	70 000
现金流出小计	20	966 665
经营活动产生的现金流量净额	21	375 835
二、投资活动产生的现金流量：		
收回投资所收到的现金	22	16 500
取得投资收益所收到的现金	23	30 000
处置固定资产、无形资产和其他长期资产所收回的现金净额	25	300 300
处置子公司及其他营业单位收到的现金净额	26	0
收到的其他与投资活动有关的现金	28	0
现金流入小计	29	346 800
购建固定资产、无形资产和其他长期资产所支付的现金	30	451 000
投资所支付的现金	31	0
取得子公司及其他营业单位支付的现金净额	32	0
支付的其他与投资活动有关的现金	35	0
现金流出小计	36	451 000
投资活动产生的现金流量净额	37	—104 200
三、筹资活动产生的现金流量：		

续表

项　目	行　次	金　额
吸收投资所收到的现金	38	0
取得借款所收到的现金	40	400 000
收到的其他与筹资活动有关的现金	43	0
现金流入小计	44	400 000
偿还债务所支付的现金	45	1 250 000
分配股利、利润和偿付利息所支付的现金	46	12 500
支付的其他与筹资活动有关的现金	52	0
现金流出小计	53	1 262 500
筹资活动产生的现金流量净额	54	−862 500
四、汇率变动对现金的影响	55	0
五、现金及现金等价物净增加额	56	−590 865

【任务活动】

1. 绘制本任务的知识思维导图。

要求：形式不限，至少整理至“1.”级标题。

2. 提取并整理本任务中的术语。

3. 以小组为单位，讨论本任务“任务导入”中的问题。

【巩固练习】

一、单项选择题

1. 在科目汇总表核算程序下，编制会计报表的根据是（　　）。

A. 原始凭证

B. 记账凭证

C. 科目汇总表

D. 原始凭证汇总表

2. 依照我国会计准则的要求，资产负债表采用的格式为（　　）。

A. 单步报告式

B. 多步报告式

C. 账户式

D. 混合式

3. 依照我国会计准则的要求，利润表所采用的格式为（　　）。

A. 单步报告式

B. 多步报告式

C. 账户式

D. 混合式

4. 资产负债表反映的企业的财务状况的期限是(　　)。

A. 某一特定日期

B. 一定时期内

C. 某一年份内

D. 某一月份内

5. 在下列各个会计报表中，属于反映企业对外的静态报表的是(　　)。

A. 利润表

B. 成本报表

C. 现金流量表

D. 资产负债表

6. 所有者权益变动表是(　　)。

A. 利润表的附表

B. 资产负债表的附表

C. 现金流量表的附表

D. 会计报表的主表

7. 下列各项中，属于资产负债表中"流动资产"项目的是(　　)。

A. 以公允价值计量且其变动计入当期损益的金融资产

B. 以公允价值计量且其变动计入其他综合收益的金融资产

C. 生产性生物资产

D. 以摊余成本计量的金融资产

8. 编制会计报表时，以"资产＝负债＋所有者权益"这一会计等式作为编制依据的会计报表是(　　)。

A. 利润表

B. 所有者权益变动表

C. 资产负债表

D. 现金流量表

9. 以"收入－费用＝利润"这一会计等式作为编制依据的会计报表是(　　)。

A. 利润表

B. 所有者权益变动表

C. 资产负债表

D. 现金流量表

10. 在利润表中，对主营业务和其他业务合并列示，而将各项利润单独列示，这一做法体现了（　　）。

A. 真实性原则

B. 配比原则

C. 权责发生制原则

D. 重要性原则

二、多项选择题

1. 对账工作的主要内容包括（　　）。

A. 账证核对

B. 账账核对

C. 账实核对

D. 账表核对

E. 表表核对

2. 在利润表中，应列入“税金及附加”项目中的税金有（　　）。

A. 增值税

B. 消费税

C. 城市维护建设税

D. 资源税

E. 教育费附加

3. 利润表提供的信息包括（　　）。

A. 实现的营业收入

B. 发生的营业成本

C. 资产减值损失

D. 利润或亏损总额

E. 企业的财务状况

4. 企业的下列报表中，属于对外会计报表的有（　　）。

A. 资产负债表

B. 利润表

C. 所有者权益变动表

D. 制造成本表

E. 现金流量表

5. 下列各项目中，属于资产负债表中“流动资产”项目的有（　　）。

A. 货币资金
B. 预付款项
C. 应收票据及应收账款
D. 投资性房地产
E. 预收款项
6. 构成营业利润的要素主要包括(　　)。
A. 营业收入
B. 营业成本
C. 税金及附加
D. 销售费用
E. 管理费用
7. 按照所反映的经济内容不同,会计报表可分为(　　)。
A. 反映财务状况的报表
B. 反映经营成果的报表
C. 个别会计报表
D. 合并会计报表
E. 反映费用成本的报表
8. 会计报表的使用者包括(　　)。
A. 债权人
B. 企业内部管理层
C. 投资者
D. 潜在的投资者
E. 国家政府部门
9. 下列各项中,不属于资产负债表中“非流动资产”项目的有(　　)。
A. 应收票据及应收账款
B. 存货
C. 在建工程
D. 油气资产
E. 以公允价值计量且其变动计入当期损益的金融资产
10. 现金及现金等价物主要包括的内容有(　　)。
A. 库存现金
B. 银行存款
C. 其他货币资金
D. 现金等价物

E. 商业汇票

三、判断题

1. 资产负债表是反映企业在一定时期内的资产、负债和所有者权益情况的报表。（　　）

2. 企业的财务会计报告分为年度、半年度、季度和月度财务会计报告。（　　）

3. 利润表是反映企业月末、季末或年末取得的利润或发生的亏损情况的报表。（　　）

4. 所有者权益变动表是反映企业在一定期间内所有者权益变动情况的会计报表，是资产负债表的附表。（　　）

5. 目前国际上比较普遍的利润表的格式主要有多步式利润表和单步式利润表两种。为简便明晰起见，我国企业采用的是单步式利润表格式。（　　）

6. 资产负债表的“期末数”栏各项目主要是根据总账或有关明细账期末贷方余额直接填列的。（　　）

7. 资产负债表中“货币资金”项目反映企业库存现金、银行结算户存款、外埠存款、银行汇票存款和银行本票存款等货币资金的合计数，因此，本项目应根据“库存现金”“银行存款”账户的期末余额合计数填列。（　　）

8. 资产负债表中“应收票据及应收账款”项目，应根据“应收票据”和“应收账款”账户所属各明细账户的期末借方余额合计填列。（　　）

9. 利润表中“营业成本”项目，反映企业销售产品和提供劳务等主要经营业务的各项销售费用和实际成本。（　　）

10. 现金流量表的现金净增加额应与资产负债表中的货币资金期末数相等。（　　）

四、业务处理题

1. 大华企业（一般纳税人）2023 年 8 月发生下列经济业务：

（1）企业销售甲产品 1 000 件，每件售价 80 元，货款已通过银行收讫。

（2）企业同城销售给红星厂乙产品 900 件，每件售价 50 元，但货款尚未收到。

（3）结转已售甲、乙产品的生产成本。其中：甲产品生产成本 65 400 元；乙产品生产成本 36 000 元。

(4)以银行存款支付本月销售甲、乙两种产品的销售费用 1 520 元(按销售数量分摊)。

(5)根据规定计算应缴纳城市维护建设税 8 750 元。

(6)王××外出归来报销因公务出差的差旅费 350 元(原已预支 400 元)。

(7)以现金 1 000 元支付厂部办公费。

(8)企业收到红星厂前欠货款 45 000 元并存入银行。

(9)没收某单位逾期未退回的包装物押金 6 020 元(不考虑相关税费)。

(10)月初,用银行存款支付车间今明两年的材料仓库租赁费 4 800 元。

(11)摊销应由本月负担的预付材料仓库租赁费。

(12)根据上述有关经济业务,结转本期主营业务收入、其他业务收入。

(13)根据上述有关经济业务结转本月主营业务成本、销售费用、税金及附加、管理费用。

(14)根据本期实现的利润总额,按 25%税率计算应交所得税并结转。

要求:根据上述资料编制会计分录和利润表。

2. A 企业按其预计营业额计算的业务招待费应列支 12 万元,否则其超支额须列入应纳税所得额中计算缴纳所得税。A 企业在当年 5 月底业务招待费实际支出额已达 10 万元,为了达到少缴税的目的,将招待费压缩到 12 万元以内,经理和会计人员商定,以报销劳保用品为名套取现金,用于业务招待费支出。会计人员随即从某劳保用品商店搞到几张空白发票,自行编造填列有关数据,共计 18 万元。会计人员依据这些伪造的发票,做了借记“制造费用”科目、贷记“银行存款”科目的会计分录。套取现金 18 万元,全部以个人名义存储,专门用于压缩业务招待费的超支。

要求:清查人员对上述违法行为应怎样进行查处?

3. 审计人员在查阅 U 企业 2023 年 10 月的会计报表时,发现利润表中“营业收入”项目较以前月份的发生额有较大的增加,资产负债表中的“应收账款”项目本期与前几期比较也发生了较大的变动。于是,审计人员查阅该企业的账簿,发现“应收账款”总账与明细账金额之和不相等,对总账所记载的一些“应收账款”数额,明细账中并未做登记。审计人员根据账簿记录调阅有关记账凭证,发现 3 张记账凭证后未附有原始凭证。其中：

10月12日凭证编制的会计分录为：

借：应收账款　　580 000

　　贷：主营业务收入　　500 000

　　　　应交税费——应交增值税（销项税额）　　80 000

10月17日凭证编制的会计分录为：

借：应收账款　　116 000

　　贷：主营业务收入　　100 000

　　　　应交税费——应交增值税（销项税额）　　16 000

10月23日凭证编制的会计分录为：

借：应收账款　　102 000

　　贷：应交税费——应交增值税（销项税额）　　102 000

经审查，U企业在上述10月份的3张会计凭证中虚列当期收入60万元，3笔业务中在“库存商品”明细账和“主营业务成本”明细账中均未做登记，准备于下年初做销货退回处理。

要求：

（1）U企业此举的目的是什么？说出你认为的该企业行为的几种可能性。

（2）上述问题在年终结账前发现，U企业应如何调账？

项目九

选择会计核算组织程序

学习目标

知识目标

1. 理解各种具体组织程序的异同。

2. 理解选用核算组织程序的原则。

3. 了解记账凭证核算组织程序。

4. 了解记账核算组织程序。

5. 了解科目汇总表核算组织程序。

能力目标

1. 掌握建账、记账、过账、对账、结账和报账六个阶段的相互关系。

2. 掌握各种会计核算组织程序流程。

素质目标

同学们能够把握实际工作中的多种多样的做法的基本原理。

项目描述

本项目主要阐述会计凭证、会计账簿、会计报表的结合使用方式，即会计核算组织程序。通过本项目的学习，使同学们了解明确合理建立会计核算组织程序的意义和基本要求，掌握各种会计核算组织程序的特点、账务处理步骤、优点、缺点及适用范围。

任务一　认识记账凭证核算组织程序

记账凭证核算组织程序

【任务导入】

记账凭证核算程序是最基本的会计核算程序，其他各种会计核算程序都是在此基础上根据经营管理的要求发展而成的。

【知识精编】

一、记账凭证核算组织程序的基本内容

（一）记账凭证核算组织程序的定义

记账凭证核算组织程序是指根据经济业务发生以后所填制的各种记账凭证直接逐笔登记总分类账，并定期编制会计报表的一种账务处理程序。

记账凭证核算组织程序是一种最基本的核算组织程序，其他核算组织程序都是在此基础上发展演变形成的。

（二）记账凭证核算组织程序下的记账凭证、会计账簿和会计报表的种类与格式

在记账凭证核算组织程序下采用的记账凭证、会计账簿和会计报表种类很多，其格式也各异。记账凭证可以采用收款凭证、付款凭证和转账凭证等专用记账凭证，也可采用通用记账凭证。会计账簿一般应设置借、贷、余（或收、付、余）三栏式库存现金日记账和银行存款日记账；各总分类账均采用借、贷、余三栏式；明细分类账可根据核算需要，采用借、贷、余三栏式、数量金额式或多栏式。

在记账凭证核算组织程序下使用的会计报表主要有资产负债表、利润表和现金流量表等。报表的种类不同，格式也不尽相同。各种会计报表的格式参见之前的有关内容。由于在国家颁布的会计准则或会

计制度中对会计报表的种类和格式已有统一规定，因而，不论在什么样的会计核算组织程序下，会计报表的种类与格式都不会有大的变动。因此，在研究会计核算组织程序的过程中，对会计报表的种类与格式问题不再做更多探讨。

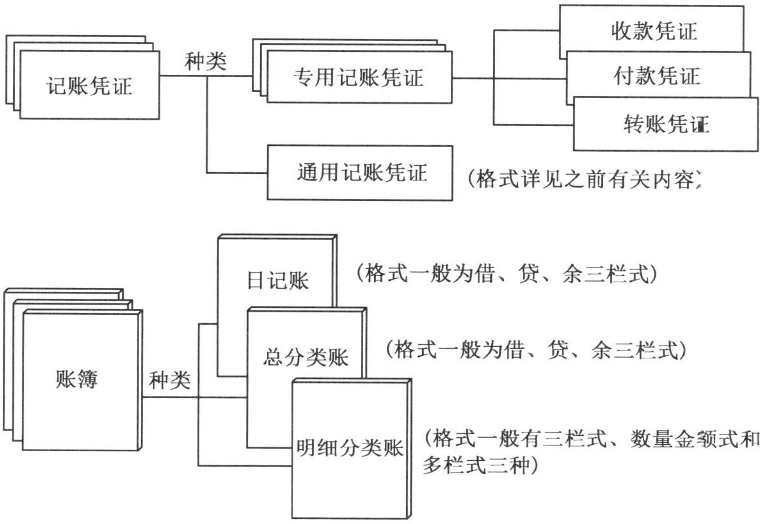

图 9—1　记账凭证核算组织程序下记账凭证与会计账簿系统示意图

(三)记账凭证核算组织程序下账务处理的基本步骤

在记账凭证核算组织程序下，对经济业务进行账务处理大体要经过以下六个步骤：

①经济业务发生以后，根据有关的原始凭证或原始凭证汇总表填制各种专用记账凭证(收款凭证、付款凭证和转账凭证)；

②根据收款凭证和付款凭证逐笔登记库存现金日记账和银行存款日记账；

③根据记账凭证并参考原始凭证或原始凭证汇总表，逐笔登记各种明细分类账；

④根据各种记账凭证逐笔登记总分类账；

⑤月末，将日记账、明细分类账的余额与总分类账中相应账户的余额进行核对；

⑥月末，根据总分类账和明细分类账的资料编制会计报表。

记账凭证核算组织程序账务处理步骤如图 9—2 所示。

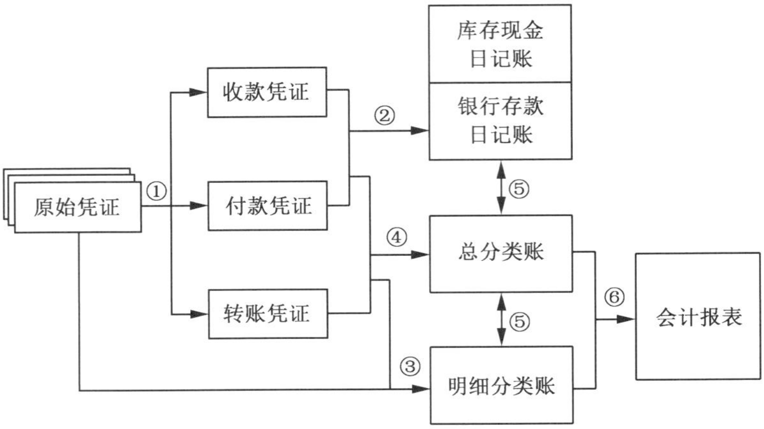

图 9—2 记账凭证核算组织程序账务处理步骤示意图

二、对记账凭证核算组织程序的评价

(一) 记账凭证核算组织程序的特点

记账凭证核算组织程序的特点:直接根据各种记账凭证逐笔登记总分类账。

各种会计核算组织程序在账务处理的做法上有共同之处,比如,登记各种日记账和明细分类账,不论是在记账凭证核算组织程序下,还是在其他核算组织程序下,做法上基本相同。将各种会计核算组织程序相比较,它们的特点主要体现在对总分类账户的登记依据和方法上。直接根据各种记账凭证逐笔登记总分类账,是记账凭证核算组织程序与其他核算组织程序截然不同的做法,是记账凭证核算组织程序的一个鲜明特点。

(二) 记账凭证核算组织程序的优点、缺点及适用范围

1. 记账凭证核算组织程序的优点

(1)在记账凭证上能够清晰地反映账户之间的对应关系。在记账凭证核算组织程序下,所采用的是专用记账凭证或通用记账凭证,当一笔简单的经济业务发生以后,利用一张记账凭证就可以编制出该笔经济业务的完整会计分录;而在比较复杂的经济业务发生以后,也可以利用多张凭证为其编制简单会计分录,或编制涉及两个以上会计科目的复杂会计分录。因而,在每一张记账凭证上,账户之间的对应关系都能一目了然。

(2)在总分类账上能够比较详细地反映经济业务的发生情况。在

记账凭证核算组织程序下，不仅对各种日记账和明细分类账采取逐笔登记的方法，对于总分类账的登记方法也是如此。因而，在总分类账上能够详细清晰地反映所发生的经济业务的情况。

（3）总分类账登记方法简单，易于掌握。如上所述，根据记账凭证直接逐笔登记总分类账，是记账凭证核算组织程序的特点，总分类账登记方法与明细分类账的登记方法是一样的，因而也是一种易于掌握的账户登记方法。

2. 记账凭证核算组织程序的缺点

（1）总分类账登记工作量过大。对发生的每一笔经济业务都要根据记账凭证逐笔在总分类账中进行登记，实际上与日记账和明细分类账登记的内容一致，是一种简单的重复登记，势必要增加登记总分类账的工作量，特别是在经济业务量比较多的情况下更是如此。

（2）账页耗用多，预留账页多少难以把握。由于总分类账对发生的所有经济业务要重复登记一遍，势必会耗用更多的账页，造成一定的账页浪费。特别是在一个账簿上设置多个账户时，由于登记业务的多少很难预先确定，对于每一个账户应预留多少账页很难把握，预留过多会造成浪费，预留过少又会影响账户登记的连续性。在预留账页比较多的情况下，由于在新的会计年度一般要更换新账簿，所有旧账簿中预留未用的账页也会被废止不用，在一定程度上形成了账页浪费。

3. 记账凭证核算组织程序的适用范围

记账凭证核算组织程序一般只适用于规模较小、经济业务量比较少、需要编制记账凭证不是很多的会计主体。如果业务量过小，也可使用通用记账凭证，以避免因凭证种类的多样化而造成凭证购买上的过多支出。

【任务活动】

1. 绘制本任务的知识思维导图。

要求：形式不限，至少整理至“1.”级标题。

2. 提取并整理本任务中的术语。

3. 以小组为单位，讨论本任务“任务导入”中的问题。

任务二　认识汇总记账凭证核算组织程序

【任务导入】

在记账过程中，我们需要遵循一定的组织程序，确保每一步都按照规定进行。这可能包括核对交易的凭证、审核金额的正确性等。这样的认知汇总记账凭证核算组织程序确保了公司财务数据的真实性，为制定预算、决策和报告提供了坚实的基础。那汇总记账凭证核算组织程序是什么呢？

【知识精编】

汇总记账凭证核算组织程序

一、汇总记账凭证核算组织程序的基本内容

（一）汇总记账凭证核算组织程序的定义

汇总记账凭证核算组织程序是指根据各种专用记账凭证定期汇总编制汇总记账凭证，然后根据汇总记账凭证登记总分类账，并定期编制会计报表的一种账务处理程序。

汇总记账凭证是对日常会计核算过程中所填制的专用记账凭证，按照凭证的种类，采用一定的方法定期进行汇总而重新填制的一种记账凭证。在采用汇总记账凭证核算组织程序的情况下，可以不必再根据各种专用记账凭证逐笔登记总分类账户，而是根据汇总记账凭证上的汇总数字登记有关的总分类账，这样可以减少登记总分类账的工作量。由此可见，汇总记账凭证核算组织程序是在记账凭证核算组织程序的基础上发展演变而来的一种会计核算组织程序。

（二）汇总记账凭证核算组织程序下的记账凭证、会计账簿的种类与格式

在汇总记账凭证核算组织程序下，采用的记账凭证与会计账簿种类也很多。从记账凭证角度来看，使用汇总记账凭证，包括汇总收款凭证、汇总付款凭证和汇总转账凭证，这是汇总记账凭证核算组织程序的独特之处。使用的会计账簿与记账凭证核算组织程序基本相同，不再重述。汇总记账凭证核算组织程序下记账凭证与会计账簿系统如图9—3所示。

（三）汇总记账凭证的编制方法

汇总记账凭证是在填制的各种专用记账凭证的基础上，按照一定的方法进行汇总编制而成的。汇总记账凭证的种类不同，汇总编制的

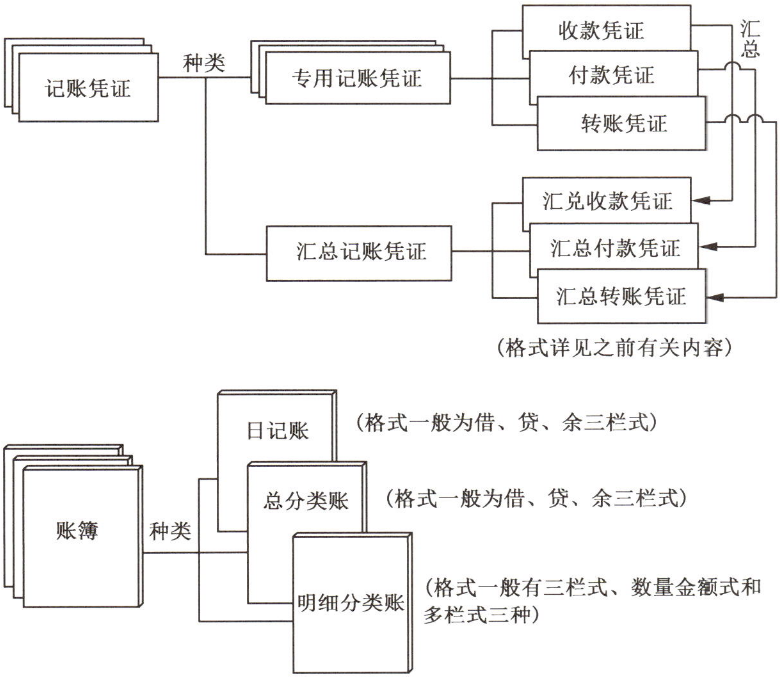

图 9—3　汇总记账凭证核算组织程序下记账凭证与会计账簿系统示意图

方法也有所不同。

1. 汇总收款凭证的编制方法

（1）编制汇总收款凭证的基本方法

汇总收款凭证的编制方法：按日常核算工作中所填制的专用记账凭证中的收款凭证上会计分录的借方科目设置汇总收款凭证，按分录中相应的贷方科目定期（如每 5 天或 10 天等）进行汇总，每月编制一张。汇总时计算出每一个贷方科目发生额合计数，填入汇总收款凭证的相应栏次，汇总收款凭证是根据专用记账凭证中的收款凭证汇总编制而成的。在编制汇总收款凭证时，应先确定是以记账凭证上的哪一个会计科目为主进行汇总。由于收款凭证上反映的是收款业务，因而必须围绕反映货币资金收入的会计科目（“库存现金”或“银行存款”等）进行汇总。在借贷记账法下，这些科目的增加又应在借方登记。因而，编制汇总收款凭证时要求按借方科目设置，实际上就是要求按“库存现金”或“银行存款”设置汇总记账凭证上的主体科目，以其为主进行汇总。

“按分录中相应的贷方科目汇总”，其中的贷方科目是指收款凭证上会计分录中“库存现金”或“银行存款”的对应科目。尽管在一定的会计期间内，企业可能会发生若干笔收款业务，但由于有些经济业务是重复发生的，就需要填制若干份在会计科目上完全相同的收款凭证。例如，企业每次销售产品收到货款存入银行，会计分录都是借记“银行存款”，贷记“主营业务收入”和“应交税费”等。这样，就可以根据贷方科目在一定会计期间内的若干次发生额定期进行汇总，编制汇总收款凭证。

经过上述汇总过程得到的各个贷方科目发生额的合计数，就是这些账户在一定会计期间发生额的总和。可以根据各次的汇总数分次登记到有关账户中去，也可以在月末时对各次汇总数字相加，求得该账户的全月发生额合计，一次性登记有关账户。对以上各账户的发生额合计数进行合计，也就是所汇总的主体科目“库存现金”或“银行存款”在该会计期间的借方发生额总额，可据其分次或月末一次登记“库存现金”账户或“银行存款”账户。

（2）编制汇总收款凭证的注意事项

为了便于编制汇总收款凭证，在日常编制收款凭证时，会计分录的形式最好是一借一贷、一借多贷，不宜多借一贷或多借多贷。这是由于汇总收款凭证是按借方科目设置的，多借一贷或多借多贷的会计分录都会给编制汇总收款凭证带来一定的不便，或者会造成收款凭证在汇总过程中由于被多次重复使用而产生汇总错误，或者使得会计账户之间的对应关系变得模糊难辨。

2. 汇总付款凭证的编制方法

（1）编制汇总付款凭证的基本方法

汇总付款凭证的编制方法：按日常核算工作中所填制的专用记账凭证中的付款凭证上会计分录中的贷方科目（“库存现金”或“银行存款”等）设置汇总付款凭证，按它们相应的借方科目定期（如每 5 天或 10 天等）进行汇总，每月编制一张。汇总时计算出每一个借方科目发生额合计数，填入汇总付款凭证的相应栏次。

（2）编制汇总付款凭证的注意事项

为了便于编制汇总付款凭证，在日常编制付款凭证时，会计分录的形式最好是一借一贷、多借一贷，不宜一借多贷或多借多贷。这是由于汇总付款凭证是按贷方科目设置的，一借多贷或多借多贷的会计分录都会给编制汇总付款凭证带来一定的不便，或者会造成付款凭证在汇总过程中由于被多次重复使用而产生汇总错误，或者使得会计账户之间的对应关系变得模糊难辨。

3. 汇总转账凭证的编制方法

(1)编制汇总转账凭证的基本方法

汇总转账凭证的编制方法：按日常核算工作中所填制的专用记账凭证中的转账凭证上会计分录的贷方科目(如“原材料”“固定资产”等)设置汇总转账凭证，按它们相应的借方科目定期(如每5天或10天等)进行汇总，每月编制一张。计算出每一个借方科目发生额合计数，填入汇总转账凭证的相应栏次。

(2)编制汇总转账凭证的注意事项

为便于进行汇总转账凭证的编制，在日常编制转账凭证时，会计分录的形式最好是一借一贷、一贷多借，不宜一借多贷或多借多贷。这是由于汇总转账凭证是按贷方科目设置的，一借多贷或多借多贷的会计分录会给编制汇总转账凭证带来一定的不便。

以上介绍了各种汇总记账凭证的编制方法。需要注意的是：虽然各种汇总记账凭证的编制方法不尽相同，但每一种汇总记账凭证都是依据同类专用记账凭证汇总编制而成的，即专用记账凭证有收款凭证、付款凭证和转账凭证三种，经汇总以后形成的汇总记账凭证相应地也有汇总收款凭证、汇总付款凭证和汇总转账凭证三种。在上一节中已经介绍了另外一种经过汇总以后形成的记账凭证，即科目汇总表，应注意二者在汇总上所采用的不同方法，以及汇总以后形成的不同形式。此外，采用汇总记账凭证时，凭证的编号方法有一定变化。应在汇总记账凭证种类前加“汇”字，如“汇现收字第×号”“汇现付字第×号”“汇银收字第×号”“汇银付字第×号”和“汇转字第×号”等。

(四)汇总记账凭证核算组织程序下账务处理的基本步骤

在汇总记账凭证核算组织程序下，对经济业务进行账务处理的程序大体要经过以下七个步骤：

(1)经济业务发生以后，根据有关的原始凭证或原始凭证汇总表填制各种专用记账凭证(收款凭证、付款凭证和转账凭证)；

(2)根据收款凭证和付款凭证逐笔登记库存现金日记账和银行存款日记账；

(3)根据记账凭证并参考原始凭证或原始凭证汇总表，逐笔登记各种明细分类账；

(4)根据各种记账凭证分别编制汇总收款凭证、汇总付款凭证和汇总转账凭证；

(5)根据各种汇总记账凭证汇总登记总分类账；

(6)月末，将日记账、明细分类账的余额与总分类账中相应账户的余额进行核对；

(7)月末,根据总分类账和明细分类账的记录编制会计报表。

汇总记账凭证核算组织程序下账务处理步骤如图 9—4 所示。

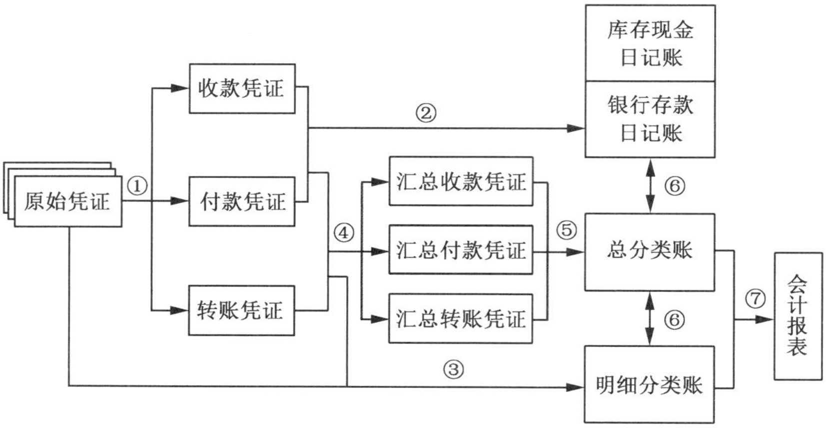

图 9—4　汇总记账凭证核算组织程序下账务处理步骤示意图

二、对汇总记账凭证核算组织程序的评价

(一)汇总记账凭证核算组织程序的特点

汇总记账凭证核算组织程序的特点:定期将全部记账凭证分别编制汇总收款凭证、汇总付款凭证和汇总转账凭证,根据各种汇总记账凭证上的汇总数字登记总分类账。

(二)汇总记账凭证核算组织程序的优点、缺点及适用范围

1. 汇总记账凭证核算组织程序的优点

(1)在汇总记账凭证上能够清晰地反映账户之间的对应关系。在汇总记账凭证核算组织程序下,所采用的是专用记账凭证和汇总记账凭证。汇总记账凭证是采用按会计科目对应关系进行分类汇总的办法,能够清晰地反映有关会计账户之间的对应关系。

(2)可以大大减少登记总分类账的工作量。在汇总记账凭证核算组织程序下,可以根据汇总记账凭证上有关账户的汇总发生额,在月份当中定期或月末一次性登记总分类账,可以使登记总分类账的工作量大为减少。

2. 汇总记账凭证核算组织程序的缺点

(1)定期编制汇总记账凭证的工作量比较大。对发生的经济业务首先要填制专用记账凭证,即收款凭证、付款凭证和转账凭证,在此基础上,还需要定期对这些专用记账凭证进行分类汇总,编制作为登记总

分类账依据的汇总记账凭证，增加了编制汇总记账凭证的工作量。

(2)对汇总过程中可能存在的错误难以发现。编制汇总记账凭证是一项比较复杂的工作，容易产生汇总错误。而且汇总记账凭证本身又不能体现有关数字之间的平衡关系，即使存在汇总错误也很难发现。

3. 汇总记账凭证核算组织程序的适用范围

由于汇总记账凭证核算组织程序具有能够清晰地反映账户之间的对应关系和能够减轻登记总分类账的工作量等优点，它一般只适用于规模较大、经济业务量比较多、专用记账凭证也比较多的会计主体。

【任务活动】

1. 绘制本任务的知识思维导图。

要求：形式不限，至少整理至“1.”级标题。

2. 提取并整理本任务中的术语。

3. 以小组为单位，讨论本任务“任务导入”中的问题。

任务三　认识科目汇总表核算组织程序

【任务导入】

认知科目汇总表核算组织程序是财务会计中的关键步骤，它涉及将不同会计科目下的交易和信息进行整合和核算，以生成全面的财务报表。其确保了财务数据的准确性和可靠性，为内部管理和外部报告提供了有力的依据。无论是小型制造公司还是大型企业，认知科目汇总表核算组织程序都是维护财务透明度和决策支持的关键一环。那什么是科目汇总表核算组织程序呢？

【知识精编】

一、科目汇总表核算组织程序的基本内容

科目汇总表核算组织程序

(一)科目汇总表核算组织程序的定义

科目汇总表核算组织程序是指根据各种记账凭证先定期(或月末一次)按会计科目汇总编制科目汇总表，然后根据科目汇总表登记总分类账，并定期编制会计报表的账务处理程序。科目汇总表核算组织程序是在记账凭证核算组织程序的基础上发展和演变而来的。

(二)科目汇总表核算组织程序下的记账凭证、会计账簿的种类与格式

在科目汇总表核算组织程序下采用的记账凭证与记账凭证核算组织程序相比,存在着较大差别。独特的做法是要设置"科目汇总表"这种具有汇总性质的记账凭证。使用的会计账簿与记账凭证核算组织程序基本相同。在科目汇总表核算组织程序下,记账凭证与会计账簿系统如图 9—5 所示。

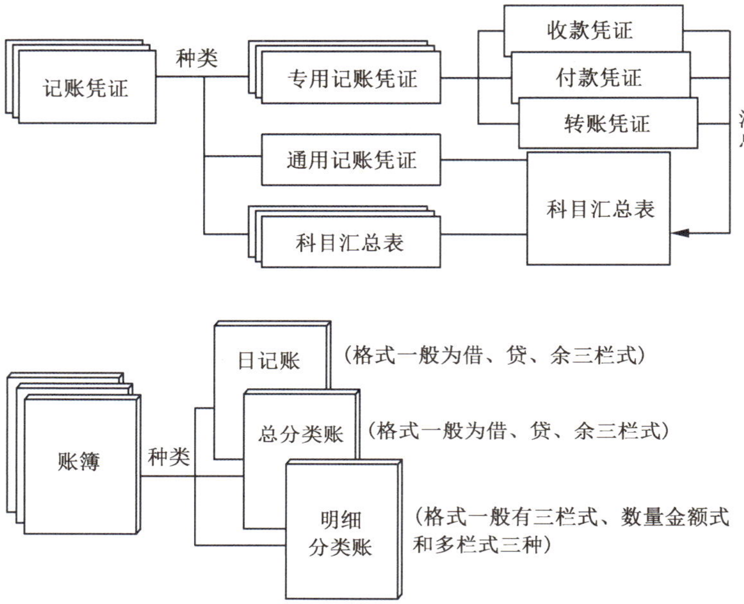

图 9—5　科目汇总表核算组织程序下记账凭证与会计账簿系统示意图

(三)科目汇总表的编制方法

1. 编制科目汇总表的基本方法

科目汇总表是根据专用记账凭证(或通用记账凭证)汇总编制而成的。基本的编制方法是:根据一定会计期间编制的全部记账凭证,按照相同会计科目进行归类,定期(每 10 天或 15 天,或每月一次)分别汇总每一个账户的借、贷双方的发生额,并将其填列在科目汇总表的相应栏内,借以反映全部账户的借、贷方发生额。根据科目汇总表登记总分类账时,只需要将该表中汇总起来的各科目的本期借、贷方发生额的合计数,分次或月末一次记入相应总分类账的借方或贷方即可。

科目汇总表的编制举例如下:

【例 9—1】 某企业在 2023 年 6 月发生如下经济业务,在记账凭

证上编制的会计分录如图 9—6 所示。

凭证	会计分录	借方金额	贷方金额
现收 1	借：库存现金	80	
	贷：其他应收款		80
现付 1	借：应付职工薪酬	85 000	
	贷：库存现金		85 000
现付 2	借：管理费用	813	
	贷：库存现金		813
银付 1	借：在途物资	73 000	
	应交税费	11 680	
	贷：银行存款		84 680
银付 2	借：长期待摊费用	6 000	
	贷：银行存款		6 000
银付 3	借：在建工程	120 000	
	贷：银行存款		120 000
银付 4	借：在途物资	7 000	
	贷：银行存款		7 000
银付 5	借：库存现金	85 000	
	贷：银行存款		85 000
银付 6	借：预付账款	2 400	
	贷：银行存款		2 400
银付 7	借：制造费用	3 000	
	管理费用	2 500	
	贷：银行存款		5 500
转 1	借：管理费用	1 420	
	贷：其他应收款		1 420
转 2	借：在途物资	3 200	
	贷：应付账款		3 200
转 3	借：原材料	83 200	
	贷：在途物资		83 200
转 4	借：生产成本	3 000	
	贷：制造费用		3 000
转 5	借：生产成本	36 200	
	在建工程	10 000	
	贷：原材料		46 200

图 9—6　编制科目汇总表业务举例示意图

在前文所示的经济业务记账凭证中编制的会计分录涉及了很多会计科目。在对这些会计科目分别按借、贷方发生额进行汇总时，可利用编制科目汇总表工作底稿的方法进行。

库存现金

现收 1	80	现付 1	85 000
银付 5	85 000	现付 2	813
合计	85 080	合计	85 813

		银付 1	84 680
		银付 2	6 000
		银付 3	120 000
		银付 4	7 000
		银付 5	85 000
		银付 6	2 400
		银付 7	5 500
合计	0	合计	310 580

在途物资

银付 1	73 000	转 3	83 200
银付 4	7 000		
转 2	3 200		
合计	83 200	合计	83 200

应收账款

银付 6	2 400		
合计	2 400	合计	0

原材料

转 3	83 200	转 5	46 200
合计	83 200	合计	46 200

长期待摊费用

银付 2	6 000		
合计	6 000	合计	0

其他应收款

		现收 1	80
		转 1	1 420
合计	0	合计	1 500

在建工程

银付 3	120 000		
转 5	10 000		
合计	130 000	合计	0

管理费用

现付 2	813	银付 7	
银付 7	2 500		
转 1	1 420		
合计	4 733	合计	0

制造费用

银付 7	3 000	转 4	3 000
合计	3 000	合计	3 000

生产成本

转 4	3 000	银付 1	
转 5	36 200		
合计	39 200		

应交税费

银付 1	12 410		
合计	12 410	合计	0

应付账款

		转 2	3 200
合计	0	合计	3 200

应付职工薪酬

现付 1	85 000		
合计	85 000	合计	0

应注意的是：科目汇总表工作底稿中采用的汇总形式从表面上看酷似“T”字形账户，但实际并不是“T”字形账户。运用这种形式的目的是对各个会计科目的发生额(不包括余额)进行汇总，以便于编制科目汇总表。另外，科目汇总表可以每月编制一次，也可以根据会计核算的需要定期分次编制。本例假定是月末一次编制，见表 9—1。

表 9—1　　**科目汇总表**

2023 年 6 月

会计科目	本期发生额		总账页数
	借　方	贷　方	
库存现金	85 080	85 813	
银行存款	0	310 580	
在途物资	83 200	83 200	
原材料	83 200	46 200	
应收账款	2 400	0	
其他应收款	0	1 500	
长期待摊费用	6 000	0	
在建工程	130 000	0	
管理费用	4 733	0	

续表

会计科目	本期发生额		总账页数
	借　方	贷　方	
生产成本	39 200	0	
制造费用	3 000	3 000	
应交税费	12 410	0	
应付账款	0	3 200	
应付职工薪酬	85 000	0	
合计	534 223	534 223	

编制科目汇总表的作用是可以对总分类账进行汇总登记。根据科目汇总表登记总分类账时，只需要将科目汇总表中有关各科目的本期借、贷方发生额合计数，分次或月末一次记入相应总分类账的借方或贷方即可。这样，可以大大简化登记总分类账的工作量，提高账簿登记的准确性。另外，采用科目汇总表时，登记总分类账所依据凭证的编号方法有一定变化，应以“科汇字第×号”字样按月连续编号。

（四）科目汇总表核算组织程序下账务处理的基本步骤

在科目汇总表核算组织程序下，对经济业务进行账务处理大体要经过以下七个步骤：

（1）经济业务发生以后，根据有关的原始凭证或原始凭证汇总表填制各种专用记账凭证（收款凭证、付款凭证和转账凭证）；

（2）根据收款凭证和付款凭证逐笔登记库存现金日记账和银行存款日记账；

（3）根据记账凭证并参考原始凭证或原始凭证汇总表，逐笔登记各种明细分类账；

（4）根据各种记账凭证汇总编制科目汇总表；

（5）根据科目汇总表汇总登记总分类账；

（6）月末，将日记账、明细分类账的余额与总分类账中相应账户的余额进行核对；

（7）月末，根据总分类账和明细分类账的记录编制会计报表。

科目汇总表核算组织程序下账务处理步骤如图 9—8 所示。

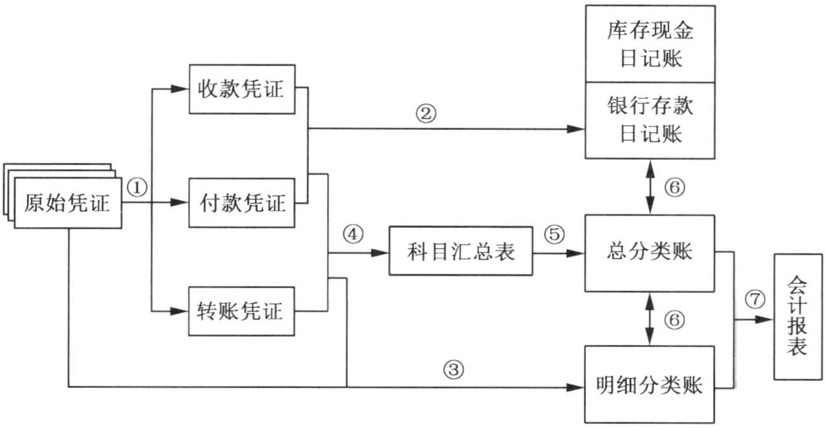

图 9—8 科目汇总表核算组织程序下账务处理步骤示意图

二、对科目汇总表核算组织程序的评价

(一) 科目汇总表核算组织程序的特点

科目汇总表核算组织程序的特点是:定期根据所有记账凭证汇总编制科目汇总表,根据科目汇总表上的汇总数字登记总分类账。

(二) 科目汇总表核算组织程序的优点、缺点及适用范围

1. 科目汇总表核算组织程序的优点

(1)可以利用该表的汇总结果进行账户发生额的试算平衡。科目汇总表上的汇总结果体现了一定会计期间内所有账户的借方发生额和贷方发生额之间的相等关系,利用这种发生额的相等关系,可以进行全部账户记录的试算平衡,借以检验账户发生额的准确性。

(2)在试算平衡的基础上记账能够保证总分类账登记的正确性。在科目汇总表核算组织程序下,总分类账是根据科目汇总表上的汇总数字登记的。由于在登记总分类账之前,能够通过科目汇总表的汇总结果检验所填制的记账凭证是否正确,就等于在记账前进行了一次试算平衡,也容易发现汇总过程中可能存在的错误。在所有账户借、贷方发生额相等的基础上再记账,在一定程度上能够保证总分类账登记的正确性。

(3)可以大大减轻登记总分类账的工作量。在科目汇总表核算组织程序下,可根据科目汇总表上有关账户的汇总发生额,在月中定期或月末一次性登记总分类账,可以使登记总分类账的工作量大为减轻。

(4)适用性比较强。与记账凭证核算组织程序和汇总记账凭证核

算组织程序相比较，由于科目汇总表核算组织程序优点较多，任何规模的会计主体都可以采用。

2. 科目汇总表核算组织程序的缺点

(1)编制科目汇总表的工作量比较大。在科目汇总表核算组织程序下，对发生的经济业务也要先填制各种专用记账凭证，在此基础上，还需要定期对这些专用记账凭证进行汇总，编制作为登记总分类账依据的科目汇总表，增加了编制科目汇总表的工作量。

(2)科目汇总表不能够清晰地反映账户之间的对应关系。科目汇总表是按各个会计科目归类汇总其发生额的，在该表中不能清楚地显示出各个账户之间的对应关系，不能够清晰地反映经济业务的来龙去脉。在这一点上，科目汇总表不及专用记账凭证和汇总记账凭证。

3. 科目汇总表核算组织程序的适用范围

由于科目汇总表核算组织程序账务处理程序清楚，又具有能够进行账户发生额的试算平衡，减轻总分类账登记工作量等优点，因而，不论规模大小的会计主体都可以使用。

【任务活动】

1. 绘制本任务的知识思维导图。

要求：形式不限，至少整理至“1.”级标题。

2. 提取并整理本任务中的术语。

3. 以小组为单位，讨论本任务“任务导入”中的问题。

【巩固练习】

一、单项选择题

1. 记账凭证核算组织程序下登记总分类账的根据是(　　)。

A. 记账凭证

B. 日记账

C. 报表

D. 原始凭证

2. 在下列核算组织程序中，被称为最基本的会计核算组织程序的是(　　)。

A. 记账凭证核算组织程序

B. 汇总记账凭证核算组织程序

C. 科目汇总表核算组织程序

D. 日记总账核算组织程序

3. 科目汇总表的基本编制方法是(　　)。
A. 按照不同会计科目进行归类定期汇总
B. 按照相同会计科目进行归类定期汇总
C. 按照借方会计科目进行归类定期汇总
D. 按照贷方会计科目进行归类定期汇总
4. 科目汇总表核算组织程序的特点是(　　)。
A. 根据各种记账凭证直接登记总分类账
B. 根据科目汇总表登记总分类账
C. 根据汇总记账凭证登记总分类账
D. 根据科目汇总表登记明细分类账
5. 汇总收款凭证是按(　　)。
A. 收款凭证上的借方科目定期汇总的
B. 收款凭证上的贷方科目定期汇总的
C. 付款凭证上的借方科目定期汇总的
D. 付款凭证上的贷方科目定期汇总的
6. 汇总付款凭证是按(　　)。
A. 收款凭证上的借方科目定期汇总的
B. 收款凭证上的贷方科目定期汇总的
C. 付款凭证上的借方科目定期汇总的
D. 付款凭证上的贷方科目定期汇总的
7. 汇总转账凭证是按(　　)。
A. 收款凭证上的贷方科目设置的
B. 付款凭证上的贷方科目设置的
C. 转账凭证上的贷方科目设置的
D. 转账凭证上的借方科目设置的
8. 汇总记账凭证核算组织程序的特点是(　　)。
A. 根据各种汇总记账凭证直接登记明细分类账
B. 根据各种汇总记账凭证直接登记总分类账
C. 根据各种汇总记账凭证直接登记日记账
D. 根据各种记账凭证直接登记总分类账
9. 日记总账核算组织程序的特点是(　　)。
A. 根据各种记账凭证直接逐笔登记总分类账
B. 根据各种记账凭证直接逐笔登记日记总账
C. 根据各种记账凭证直接逐笔登记明细分类账
D. 根据各种记账凭证直接逐笔登记日记账

10. 所有核算组织程序在做法上的相同点是(　　)

A. 根据各种记账凭证直接逐笔登记总分类账

B. 根据各种记账凭证直接逐笔登记日记总账

C. 根据各种记账凭证直接逐笔登记明细分类账

D. 根据各种记账凭证上的记录编制会计报表

二、多项选择题

1. 会计循环的主要环节有(　　)。

A. 设置账户

B. 填制会计凭证

C. 成本计算

D. 登记账簿

E. 编制会计报表

2. 在会计循环中，属于会计主体日常会计核算工作内容的有(　　)。

A. 根据原始凭证填制记账凭证

B. 根据编制的记账凭证登记分类账

C. 根据编制的会计报表进行报表分析

D. 根据分类账记录编制结账前试算表

E. 根据编制的会计报表进行盈利预测

3. 在会计循环中，属于会计主体期末会计核算工作内容的有(　　)。

A. 编制盈利预测

B. 编制调整分录并予以过账

C. 编制结账后试算表

D. 编制结账分录并登记入账

E. 编制会计报表

4. 记账凭证核算组织程序的优点有(　　)。

A. 在记账凭证上能够清晰地反映账户之间的对应关系

B. 在总分类账上能够比较详细地反映经济业务的发生情况

C. 总分类账登记方法易于掌握

D. 可以减轻总分类账登记的工作量

E. 账页耗用较少

5. 科目汇总表核算组织程序的优点有(　　)。

A. 可以进行账户发生额的试算平衡

B. 可减轻登记总账的工作量

C. 能够保证总分类账登记的正确性

D. 适用性比较强

E. 可清晰地反映账户之间的对应关系

6. 汇总记账凭证核算组织程序的优点主要有(　　)。

A. 在汇总记账凭证上能够清晰地反映账户之间的对应关系

B. 不必再填制各种专用记账凭证

C. 可以大大减少登记总分类账的工作量

D. 定期编制汇总记账凭证的工作量比较小

E. 对汇总过程中存在的错误能够及时发现

7. 汇总记账凭证核算组织程序的缺点主要有(　　)。

A. 在汇总记账凭证上不能清晰地反映账户之间的对应关系

B. 需要填制大量的各种专用记账凭证

C. 不能够大大减少登记总分类账的工作量

D. 定期编制汇总记账凭证的工作量比较大

E. 对汇总过程中存在的错误难以及时发现

8. 为便于编制汇总收款凭证，日常编制收款凭证时，分录形式最好是(　　)。

A. 一借一贷

B. 一借多贷

C. 多借一贷

D. 多借多贷

E. 多借两贷

9. 为便于汇总转账凭证的编制，日常编制转账凭证时，分录形式最好是(　　)。

A. 一借一贷

B. 一贷多借

C. 一借多贷

D. 多借多贷

E. 一借两贷

10. 在以下各项中，所有核算组织程序在做法上的相同点有(　　)。

A. 根据各种记账凭证直接逐笔登记总分类账

B. 根据各种记账凭证直接逐笔登记库存现金日记账

C. 根据各种记账凭证直接逐笔登记各种明细分类账

D. 根据各种分类账簿的记录资料编制会计报表

E. 根据各种记账凭证直接逐笔登记银行存款日记账

三、判断题

1. 每一个会计循环一般都是在一个特定的会计期间内完成的。（　　）

2. 记账凭证核算组织程序是最基本的一种会计核算组织程序。（　　）

3. 科目汇总表也是一种具有汇总性质的记账凭证。（　　）

4. 可以根据科目汇总表的汇总数字登记相应的总分类账。（　　）

5. 科目汇总表的汇总结果体现了所有账户发生额的平衡相等关系。（　　）

6. 汇总记账凭证是根据各种专用记账凭证汇总而成的。（　　）

7. 汇总收款凭证、汇总付款凭证和汇总转账凭证应每月分别编制一张。（　　）

8. 多借多贷的会计分录会使账户之间的对应关系变得模糊不清。（　　）

9. 编制汇总记账凭证的作用是可以对总分类账进行汇总登记。（　　）

10. 日记总账是一种兼具序时账簿和分类账簿两种功能的联合账簿。（　　）

四、业务处理题

1. 某企业在2023年12月发生如下经济业务：

(1)2日，购入甲材料2 000千克，单价14元/千克，买价28 000元；乙材料5 000千克，单价9元/千克，买价45 000元。应交增值税进项税额11 680元。全部款项已经用银行存款支付。

(2)3日，用银行存款10 500元支付本月行政管理部门办公经费。

(3)5日，技术科张利民公出归来，报销差旅费1 420元。（注：张利民在公出前已从企业财务部门借款1 500元）

(4)5日，收到张利民退回借款余款80元。

(5)6日，用银行存款购入需要安装的M设备1台，买价100 000元，运输费3 000元。（假定运费不考虑增值税）

(6)6日，用银行存款7 000元支付购入上述甲、乙两种材料的运费。运费按材料的重量比例分配。

(7)8 日，甲、乙两种材料按计划成本入库。其中，甲材料计划成本为 31 200 元，乙材料的计划成本为 52 000 元。

(8)9 日，计算并结转甲、乙两种材料的成本差异。

(9)10 日，从银行提取现金 85 000 元，准备发放工资。

(10)10 日，用现金 85 000 元发放工资。

(11)11 日，安装 M 设备，用银行存款支付外聘技术人员安装费 9 800 元。

(12)12 日，材料仓库发出材料计划成本 42 000 元。其中：生产 S 产品耗用甲材料计划成本 12 000 元、乙材料计划成本 18 000 元，生产车间一般性耗用甲材料计划成本 2 000 元、乙材料计划成本 6 000 元，企业管理部门耗用乙材料计划成本 4 000 元。

(13)14 日，用现金 500 元购买企业管理部门用办公用品。

(14)14 日，企业管理部门发生邮费 313 元，用现金支付。

(15)15 日，销售 S 产品一批，价款 280 000 元，增值税销项税额 44 800 元。货款尚未收到。

(16)15 日，用银行存款为上述购买本企业 S 产品的单位代垫运输费 2 400 元。(假定运费不考虑增值税)

(17)16 日，销售 S 产品一批，价款 140 000 元，增值税销项税额 22 400 元。货款已收到并已存入银行。

(18)16 日，从银行提取现金 2 000 元，备作零星开支使用。

(19)16 日，用银行存款 4 919 元支付产品展销费。

(20)17 日，M 设备安装完毕，经验收合格交付使用，结转实际成本 112 800 元。

(21)17 日，经批准，将经过清查确认的确实无法收回的应收账款 30 000 元转作坏账损失。

(22)18 日，提取本月固定资产折旧 6 500 元。其中，生产车间使用设备折旧额为 4 500 元，企业管理部门使用设备折旧额为 2 000 元。

(23)19 日，分配本月职工工资 79 200 元。其中，生产 S 产品工人工资 50 000 元，生产车间管理人员工资 18 000 元，企业管理人员工资 11 200 元。

(24)19 日，按以上各类人员工资总额的 14%提取职工福利费。

(25)20 日，应由本月负担的借款利息 1 500 元，暂未支付。

(26)21 日，假定本企业销售的 S 产品为应纳税消费品，税率为 5%。

(27)23 日，用银行存款 5 500 元支付水电费。其中，车间耗用 3 000 元，企业管理部门耗用 2 500 元。

(28)31 日,经计算,本月发出材料应分担的成本差异为节约差 1 220 元。其中,生产 S 产品应负担 900 元,生产车间应负担 200 元,企业管理部门应负担 120 元。

(29)31 日,将本月发生的制造费用 35 820 元结转入产品生产成本。

(30)31 日,本月完工的 S 产品实际成本为 121 920 元,已办理验收入库手续。

(31)31 日,结转本月销售产品成本 150 000 元。

(32)31 日,按规定提取坏账准备 51 023 元。

(33)31 日,将本月实现的"主营业务收入"420 000 元结转入"本年利润"账户。

(34)31 日,将本月发生的"主营业务成本"150 000 元,"税金及附加"21 000 元,"销售费用"4 919 元,"管理费用"33 881 元,"财务费用"1 500 元,"资产减值损失"51 023 元结转入"本年利润"账户。

(35)31 日,按照 25%的税率计算出本月应交所得税为 39 419.25 元。

(36)31 日,将计算出来的应交所得税 39 419.25 元结转入"本年利润"账户。

(37)31 日,按规定的比例 10%提取法定盈余公积金 11 825.78 元。

(38)31 日,经批准,向股东分配现金股利 68 000 元。

(39)31 日,将"本年利润"账户中确认的净利润 118 257.75 元结转入"利润分配——未分配利润"账户。

(40)31 日,将"利润分配——提取盈余公积"11 825.78 元和"利润分配——应付现金股利"账户的本年发生额 68 000 元结转入"利润分配——未分配利润"账户。

要求:

(1)为每一笔经济业务编制会计分录。在编制分录前,应先说明对该业务应填制何种专用记账凭证,并采用五种编号方法按业务发生顺序对专用记账凭证进行连续编号。

(2)根据以上会计分录(记账凭证)登记"库存现金日记账"和"银行存款日记账"。

2. 资料见业务处理题 1。

要求:

根据以上会计分录(记账凭证)登记经济业务所涉及的"原材料"明细账户(采用数量金额式账页)和"利润分配"明细账户(采用借、贷、余三栏式账页),并进行结账。试说明"利润分配——未分配利润"明细账户月末余额的含义。

3. 资料见业务处理题 1。

要求：

(1)开设 T 字形账户，根据以上会计分录(记账凭证)登记经济业务涉及的所有总账账户，并进行结账。

(2)编制该企业 2023 年 12 月的“总分类账户发生额及余额试算表”

4. 资料见业务处理题 1。

要求：

(1)编制专用记账凭证，并登记相关日记账、明细账。

(2)登记科目汇总表，根据科目汇总表的汇总数字登记所涉及的所有总账账户，说明在科目汇总表核算组织程序下总账的登记方法与记账凭证核算组织程序有什么不同。

5. 资料见业务处理题 1。

假定该企业采用汇总记账凭证核算组织程序，每 10 天对各种记账凭证汇总一次编制汇总记账凭证。

要求：根据业务处理题 1 的经济业务填制的专用记账凭证(会计分录)，编制该企业 2023 年 12 月的各种汇总记账凭证(为简便起见，可只编制“库存现金”“银行存款”“原材料”“材料成本差异”“应交税费”和“应付职工薪酬”几个账户的汇总记账凭证)。

项目十

管理会计档案

学习目标

知识目标

1. 了解会计档案的定义和重要性。

2. 了解会计档案的管理流程。

能力目标

掌握归档和保管会计档案的工作方法。

素质目标

能够正确认识管理会计档案的重要性。

项目描述

本章重点介绍了会计工作组织的重要内容——管理会计档案，通过本章的学习使同学们了解会计档案的重要性，以及如何有效地管理会计档案，使同学们在实践中能够合理地进行会计档案的管理工作。

任务一　归档和保管会计档案

【任务导入】

会计档案是企业重要的财务信息来源，是企业财务状况和经营成果的重要依据。为了确保会计档案的完整性、准确性和可靠性，同时满足法律法规的要求，企业应当建立健全的会计档案保管制度。那么，同学们在日常工作中，该如何进行会计档案的归档和保管工作呢？

【知识精编】

一、会计档案的定义和重要性

（一）会计档案的定义

会计档案是指按照一定的规范和要求，对企业的会计凭证、账簿和其他相关会计资料进行整理、归类、编号、保管和管理的记录和文件集合。

（二）会计档案的重要性

会计档案对企业及其相关方具有重要意义，主要体现在以下几个方面：

（1）法律合规性：会计档案作为企业经营管理的依据之一，对企业进行法律合规性审核和监督具有重要意义。

（2）决策支持：会计档案提供了企业过去的财务状况、经营成果和现金流量等信息，对企业管理层的决策具有重要的支持作用。

（3）审计验证：会计档案是审计工作的重要依据，能够提供企业经济活动的真实性和合规性的证明。

（4）知识传承：会计档案记录了企业的财务信息和经营历程，对后续的会计工作和知识传承具有重要作用。

二、 会计档案的归档和保管原则

(一)归档原则

(1)完整性原则:会计档案应包含企业全部的会计凭证、账簿和其他相关会计资料,反映企业经济活动的全貌。

(2)时效性原则:会计档案应及时归档,确保会计信息的及时性和准确性。

(3)有序性原则:会计档案应按照一定的顺序和分类进行归档,方便查阅和管理。

(4)一致性原则:会计档案的归档规范和要求应一致,避免混乱和错误。

(二)保管原则

(1)安全性原则:会计档案应妥善保管,防止遗失、损坏、篡改和丢失。

(2)完整性原则:会计档案应完整无缺,避免遗漏和缺失。

(3)机密性原则:会计档案应保护企业商业秘密和敏感信息,防止泄露。

(4)持久性原则:会计档案应采用耐久的材料和技术,确保长期保存和使用。

三、会计档案的保管期限

各单位当年形成的会计档案,在会计年度终了后,可由单位会计管理机构临时保管 1 年,再移交单位档案管理机构保管。因工作需要确需推迟移交的,应当经单位档案管理机构同意。

单位会计管理机构临时保管会计档案最长不超过 3 年。临时保管期间,会计档案的保管应当符合国家档案管理的有关规定,且出纳人员不得兼管会计档案。

会计档案的保管期限分为永久、定期两类。定期保管期限一般分为 10 年和 30 年。会计档案的保管期限,从会计年度终了后的第一天算起。

企业和其他组织会计档案的具体保管期限见表 10—1。

表 10—1　　企业和其他组织会计档案保管期限表

序号	档案名称	保管期限	备　注
一	会计凭证		

序号	档案名称	保管期限	备　注
1	原始凭证	30 年	
2	记账凭证	30 年	
二	会计账簿		
3	总账	30 年	
4	明细账	30 年	
5	日记账	30 年	
6	固定资产卡片		固定资产报废清理后保管 5 年
7	其他辅助性账簿	30 年	
三	财务会计报告		
8	月度、季度、半年度财务会计报告	10 年	
9	年度财务会计报告	永久	
四	其他会计资料		
10	银行存款余额调节表	10 年	
11	银行对账单	10 年	
12	纳税申报表	10 年	
13	会计档案移交清册	30 年	
14	会计档案保管清册	永久	
15	会计档案销毁清册	永久	
16	会计档案鉴定意见书	永久	

四、会计档案的组成和管理流程

(一)会计档案的组成会计档案由以下几个部分组成:

(1)会计凭证:包括原始凭证和复制凭证。

(2)会计账簿:包括总账、明细账、日记账等。

(3)会计报表和财务分析报告。

(4)其他相关会计资料:包括银行对账单、发票、合同等。

(二)会计档案的管理流程

(1)归档程序:将会计凭证、账簿和其他会计资料按照一定的规则和流程进行整理、归类、编号和记录。

(2)保管措施:采取适当的物理和电子手段,确保会计档案的安全性和完整性。

(3)查阅与利用：建立合理的查阅和利用制度，确保会计信息的及时提供和正确使用。

(4)销毁与报废：根据法律法规和企业规定，对无用的会计档案进行销毁和报废处理。

五、会计档案的电子化和信息化

(一)电子化管理的优势

会计档案数字化，有以下优势：

(1)空间节约：电子化档案不占用实体空间，节约了存储成本。

(2)查阅便捷：电子化档案可以通过计算机网络进行远程查阅和利用，提高了工作效率。

(3)安全性提升：电子化档案可以进行加密和备份，保障信息安全。

(4)环保节能：电子化档案减少了纸张和印刷消耗，有利于环境保护。

(二)信息化管理的趋势

随着信息技术的不断发展，会计档案的信息化管理已成为趋势。信息化管理包括以下方面：

(1)电子档案管理系统的建设和应用。

(2)数据库和云计算技术的应用。

(3)智能化工具的使用，如人工智能、大数据分析等。

(4)数据安全和隐私保护的措施。

六、会计档案的审计和检查

(1)审计会计档案的目的和程序。会计档案的审计是对会计档案的真实性、准确性和合规性进行核实和验证的过程。审计的目的是确保会计档案的可靠性和一致性。

(2)会计档案的检查方法和要求。会计档案的检查是对会计档案的规范性和合规性进行检查和评估的过程。检查的方法包括文件检查、物理检查、系统检查等。

(3)相关法律法规和规章制度的遵守。对于会计档案的归档和保管，企业应遵守相关的法律法规和规章制度，如《会计法》《档案法》等，确保会计档案的合规性和安全性。

【任务活动】

1. 绘制本任务的知识思维导图。

要求：形式不限，至少整理至“1.”级标题。

2. 提取并整理本任务中的术语。

3. 以小组为单位，讨论本任务“任务导入”中的问题。

任务二　查阅和销毁会计档案

【任务导入】

查阅和销毁会计档案是会计部门中重要的任务，涉及财务数据的访问、保密性和合规性。那么如何才能正确地查阅和销毁会计档案呢？

【知识精编】

一、查阅会计档案

各单位应当严格按照相关制度规定利用会计档案，在进行会计档案查阅、复制、借出时履行登记手续，严禁篡改和损坏。

单位保存的会计档案一般不得对外借出。确因工作需要且根据国家有关规定必须借出的，应当严格按照规定办理相关手续。会计档案借用单位应当妥善保管和利用借入的会计档案，确保借入会计档案的安全完整，并在规定时间内归还。

二、销毁会计档案

保管期满的会计档案，要进行销毁的，应当按照下列程序办理手续：

(1)由档案管理专员提出销毁意见，编制会计档案销毁清单，列明销毁会计档案的名称、编号、数量、起止年度和应保管期限、已保管期限、销毁时间等内容，并上报财务经理。

(2)财务经理在会计档案销毁清单上签注意见，经总经理审批，并上报当地财政部门审批后执行。

(3)销毁档案时由财务经理和审计经理共同监销。

(4)监销人员在销毁会计档案前，应当按照会计档案销毁清单所列明内容进行清点核对所要销毁的会计档案；销毁后应当在会计档案销毁清单上签章，并将毁销情况报告总经理。在销毁前，审计经理有权力和责任对会计档案提出审计，以确保企业债权债务不受损失。

档案销毁前应当进行审计，主要审计应收应付账务是否有对账确认，资产是否流失，以确保企业债权债务不受损失。企业总经理应当重视这项工作。保管期满但未结清的债权债务的原始凭证和涉及其他未了事项的原始凭证不得销毁，应当单独抽出立卷保管到未了事项完结为止。单独抽出立卷的会计档案，应在会计档案销毁清单和会计档案保管清单中列明。

【任务活动】

1. 绘制本任务的知识思维导图。

要求：形式不限，至少整理至“1.”级标题。

2. 提取并整理本任务中的术语。

3. 以小组为单位，讨论本任务“任务导入”中的问题。

【巩固练习】

一、单项选择题

1. 下列属于单位和其他会计组织应定期保管的会计档案是(　　)。

A. 会计档案销毁清册

B. 会计档案保管清册

C. 年度财务报告

D. 原始凭证

2. 下列各项中，属于定期会计档案的是(　　)。

A. 年度财务会计报告

B. 行政单位和事业单位的决算

C. 财政总决算

D. 行政事业单位的会计月度、季度报表

3. 各单位保存的会计档案不得借出，如有特殊需要，经批准后可以提供查阅或者复制，并办理登记手续。下列人员或机构中，有权进行批准的是(　　)。

A. 单位负责人

B. 单位会计主管

C. 单位档案机构负责人

D. 财政部门

4. 其他单位如果因特殊原因需要使用原始凭证时，经本单位负责人批准，下列行为中，正确的是(　　)。

A. 可以借阅

B. 只可以查阅不能复制

C. 不可查阅或复制

D. 可以查阅或复制

5. 下列各项中，属于定期会计档案的是(　　)。

A. 年度财务会计报告

B. 行政单位和事业单位的决算

C. 财政总决算

D. 行政事业单位的会计月度、季度报表

6. 下列各项中，保管期限为15年的会计档案是(　　)。

A. 企业和其他组织的月度或季度财务报告

B. 企业和其他组织的银行对账单

C. 财政总预算会计单位的总账、明细分类账、分户账或登记簿

D. 税收会计的税收会计报表

7. 下列关于行政事业单位总账、明细账保管期限的表述中，正确的是(　　)。

A. 永久

B. 5年

C. 15年

D. 10年

8. 下列各项中，属于会计档案的是(　　)。

A. 财务预算

B. 财务计划

C. 财务制度

D. 财务报告

9. 会计档案销毁时，要在会计档案销毁清册上签署意见的人员是(　　)。

A. 单位负责人

B. 会计负责人

C. 负责销毁的人员

D. 负责会计档案保管的人员

二、多项选择题

1. 下列关于企业会计档案销毁的表述中，正确的有(　　)。

A. 会计档案保管期满需要销毁的，由本单位档案部门提出意见，然后编制会计档案销毁清册

B. 销毁会计档案时，应当由财政部门派员监销

C. 单位负责人应当在会计档案销毁清册上签署意见

D. 正在建设期间的建设单位，其保管期满的会计档案不得销毁

2. 下列各项中，会计档案按保管期限分，正确的类别有（　　）。

A. 永久会计档案

B. 定期会计档案

C. 预算会计档案

D. 企业会计档案

3. 下列会计档案中，需要永久保存的有（　　）。

A. 会计档案保管清册

B. 会计档案销毁清册

C. 会计移交清册

D. 年度财务报告

4. 下列各项中，属于会计档案的有（　　）。

A. 固定资产卡片

B. 月度财务会计报告

C. 会计档案移交清册

D. 会计档案销毁清册

5. 下列各项中，不属于会计档案的有（　　）。

A. 年度财务会计报告

B. 财政总预算

C. 财务计划

D. 财务管理制度

6. 下列各项中，属于会计档案销毁清册中应列明所销毁会计档案内容的有（　　）。

A. 起止年度和档案编号

B. 应保管期限

C. 已保管期限

D. 销毁时间

7. 下列各项中，保管期限为10年的会计档案有（　　）。

A. 各收入机关编送的报表

B. 财政总预算保管的行政单位和事业单位决算

C. 财政总预算拨款凭证

D. 国家金库编送的各种报表

8. 下列各项中，属于应在会计档案销毁清册上签署意见的人员有

(　　)。

A. 单位负责人

B. 档案管理机构负责人

C. 会计管理机构负责人

D. 档案管理机构负责人

9. 下列会计档案保管期限为30年的有(　　)。

A. 原始凭证

B. 记账凭证

C. 总账

D. 纳税申报表

10. 按照《会计档案管理办法》的规定，下列说法中正确的有(　　)。

A. 在会计档案销毁清册上必须有单位负责人签署的意见

B. 财政部门销毁会计档案时，应当由同级审计部门派员参加监销

C. 固定资产卡片于固定资产报废清理后保管10年

D. 正在项目建设期间的建设单位，其保管期满的会计档案不得销毁

三、判断题

1. 总账、明细账和日记账是会计档案，固定资产卡片和辅助账簿不是会计档案。(　　)

2. 会计档案是各单位档案的重要种类之一，也是国家全部档案的重要组成部分。(　　)

3. 财务报告类会计档案具体包括：月度、季度、年度财务报告、会计报表、附表、附注及文字说明，其他财务报告。(　　)

4. 各级人民政府财政部门不得参与会计档案工作的指导、监督和检查。(　　)

5. 会计凭证组卷时需要填写凭证封面，如单位名称、起止时间、凭证编号、起止号码、页数、经办人、会计主管及档号等。(　　)

6. 会计账簿组卷时，订本式账簿中的空白页需要拆除。(　　)

7. 会计档案因专业性较强，其档号的编制不应纳入单位档案的整个编号系统。(　　)

8. 实际操作中，会计档案分类方法往往是采用“复式结构分类法”，即将两种或两种以上的分类方法结合使用。(　　)

9. 采用电子计算机进行会计核算的单位，只能保存磁性介质的会

计档案，不能保存打印出的纸质会计档案。　　　　　　（　　）

10. 单位合并后原各单位解散或一方存续其他方解散的，原各单位的会计档案应当由合并后的单位统一保管。　　　　　　（　　）

参考文献

[1]中华人民共和国会计法(2020).

[2]企业会计准则——基本准则(2006).

[3]程琳.基础会计[M].北京:中国言实出版社,2022.

[4]财政部会计资格评价中心.初级会计实务[M].北京:经济科学出版社,2019.

[5]中华会计网校.会计基础[M].北京:人民出版社,2019.

[6]吴淑芳,毕春晖,傅义.基础会计[M].沈阳:辽宁大学出版社,2018.

[7]吴晓燕.会计基础[M].上海:立信会计出版社,2018.

[8]马建军.会计基础与实务[M].北京:北京邮电大学出版社,2020.

[9]黄慧馨,李琦.会计学[M].北京:北京大学出版社,2018.

[10]徐经长,孙蔓莉,周华.会计学(第6版)[M].北京:中国人民大学出版社,2019.

[11]刘永泽,陈文铭.会计学[M].大连:东北财经大学出版社,2018.

[12]夏冬林,秦玉.会计学——原理与方法(第3版)[M].北京:中国人民大学出版,2019.

[13]朱小平,周华,秦玉熙.初级会计学(第10版)[M].北京:中国人民大学出版,2019.

[14]王化成,刘俊彦,荆新.财务管理学[M].北京:中国人民大学出版,2021.

[15]徐玮,赵栓文.财务管理学[M].北京:中国财政经济出版社,2021.

[16]孙茂竹,支晓强,戴璐.管理会计学[M].北京:中国人民大学出版,2020.